Medidas em Telecomunicações e Eletrônica

Manoel Gibson Maria Diniz Navas

Medidas em Telecomunicações e Eletrônica

Senac

Editora Senac Rio de Janeiro – Rio de Janeiro – 2015

Medidas em Telecomunicações e Eletrônica

SISTEMA COMÉRCIO-RJ
SENAC RIO DE JANEIRO

Editora Senac Rio de Janeiro
Rua Pompeu Loureiro, 45/11º andar
Copacabana – Rio de Janeiro
CEP: 22061-000 – RJ
comercial.editora@rj.senac.br
editora@rj.senac.br
www.rj.senac.br/editora

PUBLISHER: Manuel Vieira

EDITORA: Karine Fajardo

PRODUÇÃO EDITORIAL: Ana Carolina Lins, Camila Simas, Cláudia Amorim e Jacqueline Gutierrez

REVISÃO: Cecilia Setubal

CAPA, PROJETO GRÁFICO E DIAGRAMAÇÃO: Estúdio Insólito

FOTOS DAS ABERTURAS DOS CAPÍTULOS: Getty Images

ILUSTRAÇÕES E FOTOS DAS PÁGINAS 59, 127, 135, 139, 140 E 183: Manoel Gibson Maria Diniz Navas

IMPRESSÃO: Finaliza Gráfica e Editora Ltda.

1ª EDIÇÃO: abril de 2015

CIP-BRASIL. CATALOGAÇÃO NA PUBLICAÇÃO
SINDICATO NACIONAL DOS EDITORES DE LIVROS, RJ

N236m

Navas, Manoel Gibson Maria Diniz
Medidas em Telecomunicações e Eletrônica / Manoel Gibson Maria Diniz Navas. - 1. ed. - Rio de Janeiro: Ed. Senac Rio de Janeiro, 2015.
264 p. ; 23 cm.

Apêndice
Inclui bibliografia e índice
ISBN 978-85-7756-312-8

1. Telecomunicações. 2. Eletrônica. 3. Eletromagnetismo. 4. Radiofrequência. I. Título.

15-20469 CDD: 621.3

A todos os meus professores, dentro e fora da sala de aula.

A todos que possibilitaram a realização desta obra.

Aos alunos e ex-alunos, pelas sugestões que moldaram este texto.

A você, leitor, motivo maior para este livro existir.

Prepara-te, pois, para cortar a carne; não derrames sangue e não cortes, nem mais, nem menos, do que uma libra de carne; se tiras mais, ou menos, do que uma libra exata, mesmo que não seja mais do que a quantidade suficiente para aumentar ou diminuir o peso da vigésima parte de um simples escrópulo, ou, então, se a balança se desequilibrar com o peso de um cabelo, tu morrerás e todos os teus bens serão confiscados.

– Shakespeare
O mercador de Veneza

Sumário

Prefácio

Foi com extrema honra que recebi o convite do estimado professor Manoel Gibson Maria Diniz Navas para prefaciar esta obra que já considero referência na área, permitindo-me participar, ainda que minimamente, do presente e do futuro de milhares de jovens rumo a mais um salto no preparo para a vida – motivo maior de satisfação de um educador.

Na qualidade de presidente chanceler do Instituto Interamericano de Fomento à Educação, Cultura e Ciência (Ifec), afirmo que nos orgulhamos de tê-lo como professor. O autor tem longa trajetória tanto acadêmica quanto profissional na área educacional, em cursos de níveis técnico, de graduação e pós-graduação, em um dos nossos mais significativos projetos de formação profissional, realizado em parceria com o Instituto Embratel Claro e a Secretaria de Estado de Educação do Rio de Janeiro.

Como educador há mais de trinta anos, percebo a importância de recursos que possibilitem o esclarecimento didático, a fim de que os alunos tenham condições mais propícias para enfrentar o desafiador, porém fascinante, mundo do conhecimento – sim, "conhecimento", palavra-chave de uma sociedade da informação como a nossa. Afinal, neste alvorecer do terceiro milênio, temos o desafio diário de lidar com uma quantidade infinda de novas situações, as quais nos levam, necessariamente, a um exercício diário e permanente de reflexão acerca de tudo o que ouvimos, lemos, observamos, entre outros.

A área do conhecimento científico à qual este livro se reporta representa um passo maior na evolução humana, já que caminhamos centenas de milhares de anos para organizarmos e/ou identificarmos princípios que regem de forma efetiva a realidade circundante da qual não somos senhores, e sim partes. Daí nossa necessidade imperiosa de nos relacionarmos com tais princípios para o bem do presente e do futuro de nossa civilização.

Os desafios encontrados pelos jovens no seu caminho de aprendizagem são muitos. Em uma sociedade cada vez mais tecnológica, esta obra nos traz um verdadeiro alento, na medida em que podemos levar os estudantes a um patamar mais significativo de apreensão de conhecimentos estratégicos, portanto indispensáveis, em sua formação profissional, sobretudo quando a inserção no mercado de trabalho se torna a cada dia mais competitiva.

Tenho observado em diversos coletivos de que participo – entre os quais o Comitê Nacional de Educação em Direitos Humanos, da Secretaria Nacional de Direitos Humanos da Presidência da República (em que represento a Associação Brasileira de Educação, da qual sou membro do Conselho Diretor) e o Conselho Estadual de Educação (no qual represento a União dos Professores Públicos no Estado como um de seus diretores) – as dificuldades que a educação contemporânea tem enfrentado. Tudo isso aliado aos grandes e maiores desafios encontrados na busca de uma preparação profissional consistente, ética, com compromisso humano e percepção clara do mercado de trabalho.

Acredito piamente na nossa capacidade humana de superar os desafios científicos para que possamos desenvolver uma condição mais justa de vida, para todos, em nosso planeta. Assim sendo, torna-se imperativo que a educação estabeleça um critério de base sólida na questão dos conhecimentos, para que os que por ela passam estejam em plenas condições de colaborarem com esse processo civilizatório humano, aliando tais conhecimentos aos inalienáveis princípios éticos de sua utilização a favor da vida como um todo.

Ao prezado professor, pesquisador e educador Manoel Gibson Maria Diniz Navas, nosso reconhecimento público pela obra, e, aos que vão utilizá-la, nossos parabéns pela possibilidade de terem acesso a um conhecimento categorizado e didático que lhes servirá de modo efetivo para seu crescimento profissional e sua realização plena como profissionais, com a possibilidade de galgar a felicidade em suas vidas.

Prof. Raymundo Nery Stelling Júnior

Agradecimentos

Um muito obrigado especial à professora Daisy do Carmo Braga Dias, por sua orientação pedagógica, suas observações precisas e sua amizade.

Ao corpo de profissionais da Editora Senac Rio de Janeiro, pela competência e pelo zelo em transformar anotações de aula em um livro.

Ao Senac Rio de Janeiro, pelo apoio e pela oportunidade de transformar um professor em autor.

Introdução

Entre os professores nos diversos níveis de ensino de Telecomunicações e Eletrônica, é notória a carência de recursos didáticos técnicos acessíveis aos alunos: um material, em língua portuguesa, que espelhe a realidade de nosso país, de nossa cultura e de nosso mercado de trabalho; um material no qual o conceito de interdisciplinaridade não fique apenas no discurso, mas que seja concretizado em exemplos contextualizados.

Com esse intuito, esta obra foi elaborada para oferecer a você, professor ou estudante dos níveis Técnico, Pós-médio, Politécnico ou Superior em Telecomunicações e Eletrônica, uma fonte de consulta que abrangesse as diversas e correlatas áreas de Engenharia de Telecomunicações e Eletrônica. Entre essas, podemos citar: sistemas de satélite, micro-ondas e ópticos, com aplicações em áudio, radiofrequência, resposta de circuitos, filtros, amplificadores, atenuadores, divisores de potência, propagação de ondas eletromagnéticas, antenas, cabos metálicos e ópticos, análise espectral e blindagem eletromagnética, sendo o foco comum o decibel (dB) e suas unidades derivadas.

Este livro pode ser utilizado de modo independente, como complemento e pré-requisito das disciplinas Teoria das Comunicações, Medidas em Comunicações e Eletrônica, Sistemas de Telecomunicações, Comunicações Digitais, Telefonia, Propagação e Antenas, Sistemas via Satélite, Sistemas de Micro-ondas, Sistemas de Radiodifusão, Sistemas Ópticos, Circuitos Elétricos. É útil tanto em cursos introdutórios em Telecomunicações quanto na preparação para concursos em todos os níveis.

O conhecimento de matemática exigido é similar ao necessário no cotidiano das atividades de projeto, análise, instalação e manutenção. Além disso, uma calculadora científica com a função logarítmica nas bases decimal e neperiana é o único instrumento de que você vai precisar para fazer os exercícios propostos, cujas respostas encontram-se ao fim dos respectivos capítulos.

Medidas em Telecomunicações e Eletrônica está dividido em quatro capítulos, como exposto a seguir.

O Capítulo 1 é uma revisão da função logarítmica, nas bases decimal, binária e neperiana. O Capítulo 2 aborda o decibel. O Capítulo 3 discorre sobre as unidades derivadas do decibel com aplicações em sistemas de telecomunicações, medidas, eletrônica e áudio. Por fim, o Capítulo 4 apresenta aplicações do dB e unidades derivadas do dB em telecomunicações e em eletrônica, sendo os temas principais: amplificadores, atenuadores, divisores de potência, linhas de transmissão metálicas, fibras ópticas, propagação de ondas eletromagnéticas, enlaces *wireless*, antenas, taxa máxima do canal, teoria da informação, ruído, taxa de onda estacionária, perda de transmissão, perda de retorno, satélite, TV a cabo e blindagem eletromagnética.

Boa leitura!

CAPÍTULO 1

Logaritmos

1.1 INTRODUÇÃO

Os níveis de amplitude dos sinais comuns em sistemas de telecomunicações e eletrônica podem variar em uma ampla escala de valores, desde transmissores com megawatts de potência de saída em sistemas de transmissão em radiodifusão até bilionésimos de watt, encontrados na recepção de sinais de satélite ou de telefonia móvel; desde alguns volts, na saída dos amplificadores de TV a cabo, até poucos microvolts, na recepção de sistemas sem fio.

Representar ou expressar tais variações pode ser facilitado pela utilização de uma notação especial, os logaritmos, e das unidades derivadas de dB, como dBW, dBm, dBμV e dBmV.

A invenção dos logaritmos é creditada a John Napier, comerciante escocês, que, em 1614, publicou um tratado em latim intitulado *Mirifici logarithmorum canonis descriptio*. A ideia básica era transformar os longos, tediosos e complexos cálculos de multiplicação e divisão em operações mais simples de adição e subtração. A palavra logaritmo significa *número proporcional*.

Em seguida, serão abordadas a função logarítmica e suas propriedades, nas bases decimal, neperiana e binária.

1.2 DEFINIÇÃO

A função logarítmica é definida por:

Sejam A: {Re, > 0}, B: {Re, > 0} e C: {Re}:

$$\text{Se } A^C = B, \text{ então } \log_A(B) = C$$

EQUAÇÃO 1.1: DEFINIÇÃO DE FUNÇÃO LOGARÍTMICA.

Com base na Equação 1.1, observa-se que:

- não se define o logaritmo de números negativos;
- o logaritmo de 0 é igual a menos infinito (−∞); e
- se A = B, então C = 1.

B é o argumento da função logarítmica, e A é a base logarítmica.

Os valores mais comuns para A nas áreas de Telecomunicações e Eletrônica são: ***10***, a base dos logaritmos decimais; ***e***, a base dos logaritmos neperianos; e **2**, a base binária.

Para a base decimal, tem-se que:

$$\text{Se } 10^C = B\text{, então } \log_{10}(B) = C$$

EQUAÇÃO 1.2: BASE DECIMAL.

A função logarítmica decimal, ou de base 10, ***log₁₀***, pode ser encontrada na calculadora como ***log***. Em planilhas, a função equivalente é ***LOG10(x)***.

Na figura a seguir, tem-se o gráfico da função logarítmica decimal, dos números compreendidos entre 0,1 e 10.000. Observe que o eixo das abscissas, ***eixo x***, está em escala logarítmica, ou seja, a distância de 1 para 10 é igual à de 10 para 100, que é a mesma de 100 para 1.000. O eixo das ordenadas, ***$log_{10}(x)$***, é linear. O resultado da função é uma reta por ter sido escolhida, para o eixo das abscissas, uma escala logarítmica, e, para o eixo das ordenadas, uma escala linear.

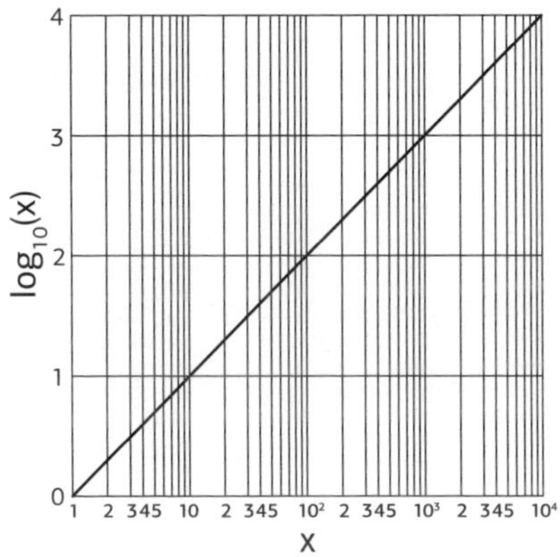

FIGURA 1.1: GRÁFICO DA FUNÇÃO LOGARÍTMICA, BASE 10.

Exercício 1: Determine o logaritmo de 2 na base 10.

Exercício 2: Determine $\log_{10}(5)$.

Exercício 3: Determine $\log_{10}(0{,}5)$.

Exercício 4: Determine $\log_{10}(0{,}2)$.

Exercício 5: Determine $\log_{10}(0)$.

Exercício 6: Determine $\log_{10}(-2)$.

Exercício 7: Determine o logaritmo decimal de 0,01.

Para a base neperiana, tem-se que:

$$\text{Se } e^C = B, \text{ então } \log_e(B) = C$$

EQUAÇÃO 1.3: BASE NEPERIANA.

Em que: ***e*** é a base neperiana 2,71828182845...

A função logarítmica neperiana ou de base e, ***log**$_e$* ou ***ln***, pode ser encontrada na calculadora como ***ln***. Em planilhas, a função equivalente é LN(x) ou LOG(x). Confira.

Exercício 8: Determine o logaritmo de 2 na base ***e***.

Exercício 9: Comprove a definição da função logarítmica, considerando o Exercício 8.

Exercício 10: Determine o logaritmo neperiano de 1.

Exercício 11: Determine o logaritmo neperiano de 0,2.

Para a base 2, binária, tem-se que:

$$\text{Se } 2^C = B, \text{ então } \log_2(B) = C$$

EQUAÇÃO 1.4: LOGARITMO NA BASE BINÁRIA.

Assim, $\log_2(8) = 3$, pois $2^3 = 8$.

Em seguida, são apresentadas algumas propriedades da função logarítmica.

1.3 PROPRIEDADES

A. O logaritmo de um número na base que é o próprio número é igual a 1. A equação é:

$$\log_A(A) = 1$$

EQUAÇÃO 1.5: LOGARITMO DA PRÓPRIA BASE.

Essa propriedade decorre de $A^1 = A$, desde que $A \neq 0$.

Aplicando-se essa propriedade, tem-se que $\log_{10}(10) = 1$.

B. O logaritmo de 1, em qualquer base válida, é igual a zero. A equação é:

$$\log_A(1) = 0$$

EQUAÇÃO 1.6: LOGARITMO DA UNIDADE.

Essa propriedade decorre de $A^0 = 1$, qualquer que seja A, desde que $A \neq 0$.

C. O logaritmo do produto de ***a*** e ***b*** é dado por:

$$\log_A(a \times b) = \log_A(a) + \log_A(b)$$

EQUAÇÃO 1.7: LOGARITMO DO PRODUTO.

Essa é a propriedade que deu início à ideia dos logaritmos. Uma multiplicação é transformada em uma soma.

Usando-se a função logarítmica, tem-se que $\log_{10}(100) = \log_{10}(10) + \log_{10}(10) = 1 + 1 = 2$. Então $\log_{10}(100) = 2$.

D. O logaritmo da divisão de ***a*** por ***b*** é dado por:

$$\log_A(a/b) = \log_A(a) - \log_A(b)$$

EQUAÇÃO 1.8: LOGARITMO DA DIVISÃO.

O resultado de ***a/b*** deve ser maior que zero para a validade dessa propriedade.

Pela aplicação da função logarítmica, a divisão é transformada em subtração.

Exercício 12: Determine 10/5, utilizando logaritmos na base 10.

Da Equação 1.8, com a = 1, tem-se que:

$$\log_A(1/b) = -\log_A(b)$$

EQUAÇÃO 1.9: LOGARITMO DO INVERSO.

Exercício 13: Considerando-se que $\log_{10}(2) = 0{,}3$, determine $\log_{10}(0{,}5)$.

E. A função ***alog***, ou antilogaritmo, é a função inversa da função logarítmica definida por:

$$\text{Se } \log_A(B) = C,$$

então

$$\text{alog}_A(C) = B \text{ e } A^C = B$$

EQUAÇÃO 1.10: ANTILOGARITMO.

A função ***alog₁₀*** pode ser encontrada na calculadora na forma ***10ˣ***, geralmente acima da tecla ***log***. Ou seja, $\text{alog}_{10}(x) = 10^x$.

A função ***aln*** pode ser obtida na calculadora na forma ***eˣ***, geralmente acima da tecla ***ln***. Ou seja, $\text{aln}(x) = e^x$.

Se $\log_{10}(2) = 0{,}30103$, então $\text{alog}_{10}(0{,}30103) = 10^{0{,}30103} = 2$.

Exercício 14: Determine 2 × 5, utilizando logaritmos na base 10.

Se $\log_{10}(10) = 1$, então $\text{alog}_{10}(1) = 10^1 = 10$.

Exercício 15: Determine $\text{alog}_{10}(0{,}7)$.

Exercício 16: Determine aln(–2,35).

O antilogaritmo de 1 em qualquer base válida é igual à própria base. A equação é:

$$\text{alog}_A(1) = A$$

EQUAÇÃO 1.11: ANTILOGARITMO DA UNIDADE.

Essa propriedade decorre de $A^1 = A$, para qualquer base A (desde que A ≠ zero).

Exercício 17: Determine alog(1).

Exercício 18: Determine aln(1).

F. O logaritmo do exponencial é dado por:

$$\log_a(b^c) = c \times \log_a(b)$$

EQUAÇÃO 1.12: LOGARITMO DO EXPONENCIAL.

Tem-se, então, uma exponenciação transformada em multiplicação.

Exercício 19: Determine $10^{1/2}$, ***raiz quadrada de 10***, usando logaritmos na base 10.

Exercício 20: Determine 10^2, usando logaritmos na base 10.

Exercício 21: Determine $10^{-1/2}$, ***raiz quadrada de 1/10***, usando logaritmos na base 10.

G. A mudança de base logarítmica é obtida por:

$$\log_A(B) = \log_C(B) / \log_C(A)$$

EQUAÇÃO 1.13: MUDANÇA DE BASE LOGARÍTMICA.

Essa propriedade permite a mudança de base na função logarítmica.

Exercício 22: Determine uma equação para o cálculo do logaritmo na base 2 de B, com base no logaritmo na base 10 de B.

Exercício 23: Determine $\log_2(10)$.

Exercício 24: Com base no teorema de Shannon, a taxa teórica máxima em um canal limitado em banda e sujeito ao ruído branco aditivo gaussiano é dada por:

$$C = BW \times \log_2(1 + S/N)$$

EQUAÇÃO 1.14: TEOREMA DE SHANNON.

Em que ***C*** é expresso em bps, ***BW*** é a largura de banda do canal, expressa em hertz (Hz), e ***S/N*** é a relação sinal-ruído no canal, uma relação de potências. **S** é a potência do sinal, e **N** é a potência do ruído, ambas em watts (W). Determine a taxa teórica máxima para um canal cuja largura de banda é 4 kHz, e a relação sinal-ruído do canal é igual a 15.

1.4 EXERCÍCIOS COMPLEMENTARES

Exercício 25: Determine $\log_2(4)$.

Exercício 26: Determine o valor de ***n***, tal que $2^n = 16$.

Exercício 27: Determine o valor de ***n***, tal que $2^n = 9$.

Exercício 28: Determine o valor de ***n***, tal que $e^n = 10^{-2}$.

Exercício 29: Determine o valor de ***n***, tal que $e^n = 10^{-4}$.

Exercício 30: Determine o valor de ***n***, tal que $10^n = 10^{-2}$.

Exercício 31: Determine o valor de ***n***, tal que $10^n = 10^3$.

Exercício 32: Determine uma relação entre x e y, tal que $2^x = 10^y$.

Exercício 33: Determine o valor de ***n*** que atende à expressão $2^n = 10^6$.

Exercício 34: Determine o valor de ***n*** que atende à expressão $2^{10} = 10^n$.

Exercício 35: Considerando-se $e^{-t} = 0{,}3$, determine o valor de t.

Exercício 36: Considerando-se $e^{-1/\sigma} = 0{,}3$, determine o valor de σ.

Exercício 37: Considerando-se $e^{-2x} = 0{,}3$, determine o valor de x.

Exercício 38: Considerando-se $e^{-1/2x} = 0{,}3$, determine o valor de x.

Exercício 39: Determine $\log_3(3)$.

Exercício 40: Determine $\log_3(9)$.

Exercício 41: Determine $\log_4(4)$.

Exercício 42: Determine $\log_4(256)$.

Exercício 43: A tensão de saída para um circuito é dada por: $v_{saída}(t) = 5 \times e^{-t/\sigma}$ V, em que ***t*** é o tempo decorrido em segundos (s) e ***σ*** é a constante de tempo do circuito, também em segundos. Considerando-se que, em t = 2 ms, a tensão de saída é igual a 2 V, determine o valor da constante de tempo do circuito, ***σ***.

Exercício 44: A tensão de saída para um circuito é dada por: $v_{saída}(t) = 4 \times e^{-t/\sigma}$ V, em que ***t*** é o tempo decorrido em segundos (s) e ***σ*** é a constante de tempo do circuito, também em segundos. Considerando-se que a constante de tempo do circuito é igual a 3×10^{-3} s, determine o valor do tempo decorrido para o circuito alcançar o valor de saída de 2 V.

Exercício 45: A tensão de saída para um circuito é dada por: $v_{saída}(t) = 5 - 2 \times e^{-t/\sigma}$ V, em que t é o tempo decorrido em segundos (s) e σ é a constante de tempo do circuito, também em segundos. Considerando-se a constante de tempo igual a $1{,}7 \times 10^{-4}$ s e a tensão de saída igual a 4 V, determine o valor do tempo decorrido.

Exercício 46: A tensão de saída para um circuito é dada por: $v_{saída}(t) = 5 - 2 \times e^{-t/\sigma}$ V, em que t é o tempo decorrido em segundos (s) e σ é a constante de tempo do circuito, também em segundos. Considerando-se que a tensão atinge o valor de tensão de 4 V em 5 ms, determine o valor da constante de tempo do circuito.

Exercício 47: A tensão de saída para um circuito é dada por: $v_{saída}(t) = 4 \times e^{-t/\sigma}$ V, em que t é o tempo decorrido em segundos (s) e σ é a constante de tempo do circuito, também em segundos. Considerando-se que a tensão de saída alcança 2 V em 2 ms, determine a constante de tempo do circuito.

1.5 RESPOSTAS DOS EXERCÍCIOS

1. O objetivo é determinar $\log_{10}(2)$. Usando uma calculadora com função $\log_{10}$, logaritmo na base 10, geralmente *log*, tem-se $\log_{10}(2) = 0{,}301029995$, comumente arredondado para 0,30103. Assim, o logaritmo de 2 na base 10 é igual a 0,30103. Ou seja $10^{0{,}30103} = 2$.

2. $\log_{10}(5) = 0{,}69897$. Ou seja: $10^{0{,}69897} = 5$.

3. $\log_{10}(0{,}5) = -0{,}30103$. Ou seja: $10^{-0{,}30103} = 0{,}5$. O logaritmo de um número menor que 1 é negativo.

4. $\log_{10}(0{,}2) = -0{,}69897$.

5. O logaritmo de 0 em qualquer base é igual a $-\infty$.

6. Não se define o logaritmo de número negativo, qualquer que seja a base.

7. $\log_{10}(0{,}01) = -2$, ou seja, $10^{-2} = 0{,}01$.

8. O objetivo é determinar $\log_e(2)$ ou, como geralmente é expresso, ln(2). Usando uma calculadora com função $\log_e$, logaritmo na base *e*, geralmente ln, tem-se ln(2) = 0,69314718. Assim, o logaritmo de 2 na base neperiana é igual a 0,69314718.

9. Da definição da função logarítmica, tem-se que, se ln(2) = 0,69314718, então $e^{0{,}69314718} = 2$, confirmando a definição.

10. ln(1) = 0. O logaritmo de 1 em qualquer base é igual a zero.

11. ln(0,2) = −1,60943791.

12. $\log_{10}(10/5) = \log_{10}(10) - \log_{10}(5) = 1 - 0{,}69897 = 0{,}30103$. Logo $(10/5) = \text{alog}_{10}(0{,}30103) = 10^{0{,}30103} = 2$.

13. Considerando-se 0,5 = 1/2, tem-se $\log_{10}(0{,}5) = -\log_{10}(2) = -0{,}3$.

14. $\log_{10}(2 \times 5) = \log_{10}(2) + \log_{10}(5) = 0{,}30103 + 0{,}69897 = 1$. Então, $\log_{10}(10) = 1$. Aplicando-se agora a função antilog e a propriedade “c”, tem-se: $2 \times 5 = \text{alog}_{10}[\log 10(2 \times 5)] = \text{alog}_{10}[\log_{10}(10)] = \text{alog}_{10}(1) = 10$. Logo: $2 \times 5 = 10$. Parece um modo incrivelmente complicado de calcular um simples produto de dois números, mas a vantagem potencial dos logaritmos surge nas operações com números muito pequenos ou muito grandes.

15. $\text{alog}_{10}(0{,}7) = 10^{0{,}7} = 5{,}01$.

16. $\text{aln}(-2{,}35) = e^{-2{,}35} = 95{,}37 \times 10^{-3}$.

17. alog(1) = 10.

18. aln(1) = 2,71828.

19. $\log_{10}(10^{1/2}) = ½ \times \log_{10}(10) = 0{,}5$. Aplicando-se o antilogaritmo, tem-se $10^{1/2} = \text{alog}_{10}[\log_{10}(10^{1/2})] = \text{alog}_{10}(0{,}5) = 10^{0{,}5} = 3{,}16227$. Logo a raiz quadrada de 10 é igual a 3,16227.

20. $\log_{10}(10^2) = 2 \times \log_{10}(10) = 2$. Aplicando-se o antilogaritmo, tem-se $10^2 = \text{alog}_{10}[\log_{10}(10^2)] = \text{alog}_{10}(2) = 10^2 = 100$. Logo o quadrado de 10 é igual a 100.

21. $\log_{10}(10^{-1/2}) = -½ \times \log_{10}(10) = -0{,}5$. Aplicando-se o antilogaritmo, tem-se $10^{-0{,}5} = \text{alog}_{10}[\log_{10}(10^{-0{,}5})] = \text{alog}_{10}(-0{,}5) = 10^{-0{,}5} = 0{,}316$.

22. Aplicando-se a Equação 1.13, com A = 2, base binária, e C = 10, base decimal, tem-se $\log_2(B) = \log_{10}(B) / \log_{10}(2)$.

23. O objetivo é determinar o logaritmo de 10 na base 2, não disponível nas calculadoras científicas e muito importante no estudo da teoria da informação ou da taxa máxima de um canal, de acordo com o teorema de Shannon. Aplicando-se a Equação 1.13, tem-se: $\log_2(10) = \log_{10}(10) / \log_{10}(2) = 1 / 0{,}30103 = 3{,}322$.

24. A taxa máxima é dada por $C = 4.000 \times \log_2(1 + 15) = 4.000 \times 4 = 16.000$ bps ou 16 kbps.

25. $\log_2(4) = \log_{10}(4) / \log_{10}(2) = 2$. Observe que $2^2 = 4$.

26. Aplicando-se o logaritmo na base 2 em ambos os lados da equação, tem-se $n \times \log_2(2) = \log_2(16)$, mas $\log_2(2) = 1$, logo $n = \log_2(16)$ e, por conseguinte, $n = 4$.

27. Aplicando-se o logaritmo na base 2 em ambos os lados da equação, tem-se $n \times \log_2(2) = \log_2(9)$, mas $\log_2(2) = 1$, portanto $n = \log_2(9) = \log_{10}(9) / \log_{10}(2) = 3{,}169925001$.

28. Aplicando-se o logaritmo neperiano em ambos os lados da equação, tem-se $n \times \ln(e) = \ln(0{,}01)$, mas $\ln(e) = 1$ e assim $n = \ln(0{,}01) = -4{,}60517$.

29. Aplicando-se o logaritmo neperiano em ambos os lados da equação, tem-se $n \times \ln(e) = \ln(10^{-4})$, mas $\ln(e) = 1$, portanto $n = -9{,}210340372$.

30. Aplicando-se o logaritmo decimal em ambos os lados da equação, tem-se $n \times \log_{10}(10) = \log_{10}(0{,}01)$, logo $n = -2$.

31. Aplicando-se o logaritmo na base 10 em ambos os lados da equação, tem-se $n \times \log_{10}(10) = \log_{10}(1.000)$, mas $\log_{10}(10) = 1$, portanto $n = \log_{10}(1.000) = 3$.

32. Aplicando-se o logaritmo na base 10 em ambos os lados da equação, tem-se $n \times \log_{10}(2) = y \times \log_{10}(10)$, ou seja, $y / x = \log_{10}(2) = 0{,}30103$.

33. Com base no Exercício 32, tem-se $n = 6 / \log_{10}(2)$, logo $n = 19{,}93$.

34. Ainda com base no Exercício 32, tem-se n = 10 × $\log_{10}(2)$, logo n = 3,0103.

35. Aplicando-se o logaritmo neperiano em ambos os lados da igualdade, tem-se que −t × ln(e) = ln(0,3), mas ln(e) = 1 e ln(0,3) = −1,204, assim, tem-se que − t = − 1,204, ou seja, t = 1,204.

36. Aplicando-se o logaritmo neperiano em ambos os lados da igualdade, tem-se −1/σ = ln(0,3) = − 1,204, logo σ = 0,83.

37. Aplicando-se o logaritmo neperiano em ambos os lados da igualdade, tem-se −2x = −1,204, logo x = 0,602.

38. Aplicando-se o logaritmo neperiano em ambos os lados da igualdade, tem-se −1/2x = −1,204, logo x = 0,415.

39. O logaritmo de um número na base que é o próprio número é igual a 1 (um), então, $\log_3(3) = 1$ ($3^1 = 3$).

40. 2 ($3^2 = 9$).

41. $\log_4(4) = 1$ ($4^1 = 4$).

42. $\log_4(256) = 4$ ($4^4 = 256$).

43. 2/5 = $e^{-t/\sigma}$, logo ln(0,4) = −0,9163 = −t/σ. Assim σ = 2 × 10^{-3} / 0,9163 = 2,18 × 10^{-3} s. O valor da constante de tempo do circuito, ***σ***, é igual a 2,18 ms.

44. 2 = 4 × $e^{-t/\sigma}$, com σ = 3 × 10^{-3} s, logo ln(2/4) = −0,693 = − t / 3 × 10^{-3}. O tempo decorrido, ***t***, é igual a 2,079 ms.

45. 4 = 5 − 2 × $e^{-t/\sigma}$, com σ = 1,7 × 10^{-4} s, logo 0,5 = $e^{-t/\sigma}$. Aplicando-se o logaritmo neperiano em ambos os lados da equação, tem-se ln(0,5) = −t / 1,7 × 10^{-4}. O tempo decorrido, ***t***, é de 117,83 ***μ***s.

46. 4 = 5 − 2 × $e^{-t/\sigma}$, com t = 5 × 10^{-3} s, logo 0,5 = $e^{-t/\sigma}$. Aplicando-se o logaritmo neperiano em ambos os lados da equação, tem-se ln(0,5) = −5 × 10^{-3} / σ. A constante de tempo, ***σ***, do circuito é igual a 7,213 ms.

47. 2 = 4 × $e^{-t/\sigma}$, com t = 2 × 10^{-3} s, logo ln(2/4) = −0,693 = −2 × 10^{-3} / σ. A constante de tempo, ***σ***, do circuito é igual a 2,885 ms.

CAPÍTULO 2

Decibel (dB)

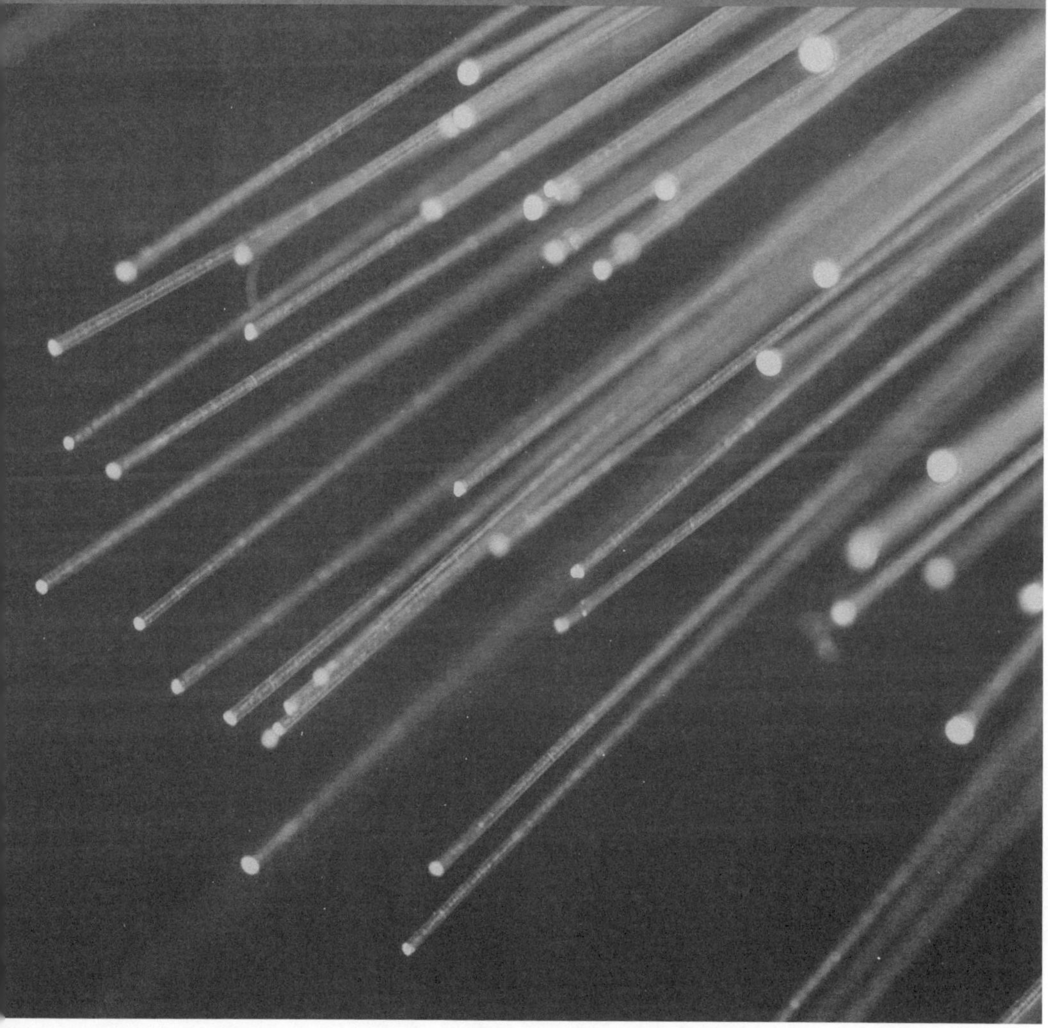

2.1 INTRODUÇÃO

O decibel, ***dB***, e suas unidades derivadas são largamente utilizados nas especificações e medidas nas áreas de Telecomunicações e Eletrônica.

2.2 DEFINIÇÃO

O decibel, ***dB***, a décima parte do Bell, é definido por:

$$dB = 10 \times \log_{10}\left(\frac{P_1}{P_2}\right)$$

EQUAÇÃO 2.1: RELAÇÃO DE POTÊNCIAS EM dB.

Observe:

- P_1 e P_2 são potências expressas em W.
- Logaritmo na base 10.
- Se a relação em dB for positiva, na Equação 2.1, tem-se que P_1 é maior P_2; se a relação for negativa, então P_2 é maior que P_1.
- A relação P_1/P_2 é adimensional. O dB não é uma unidade, é uma relação de potências.

Atenção: o dB **não** é uma potência; é, sim, uma **relação** entre **duas** potências.

O quadro a seguir apresenta algumas relações de potências expressas em dB.

Relação de potência	Relação, dB	Relação de potência	Relação, dB
$10^0 = 1$	0	$10^6 = 1.000.000$	+60
$10^1 = 10$	+10	$10^7 = 10.000.000$	+70
$10^2 = 100$	+20	$10^8 = 100.000.000$	+80
$10^3 = 1.000$	+30	$10^9 = 1.000.000.000$	+90
$10^4 = 10.000$	+40	$10^{10} = 10.000.000.000$	+100
$10^5 = 100.000$	+50	$10^{11} = 100.000.000.000$	+110

(continua)

(continuação)

Relação de potência	Relação, dB	Relação de potência	Relação, dB
10^{-1} = 1/10	–10	10^{-7} = 1/10.000.000	–70
10^{-2} = 1/100	–20	10^{-8} = 1/100.000.000	–80
10^{-3} = 1/1.000	–30	10^{-9} = 1/1.000.000.000	–90
10^{-4} = 1/10.000	–40	10^{-10} = 1/10.000.000.000	–100
10^{-5} = 1/100.000	–50	10^{-11} = 1/100.000.000.000	–110
10^{-6} = 1/1.000.000	–60	10^{-12} = 1/1.000.000.000.000	–120

QUADRO 2.1: RELAÇÕES EM dB.

Exercício 1: Determine quantos dB correspondem a uma relação de potência de 1 vez, ou seja, $P_1 / P_2 = 1$.

Exercício 2: Determine quantos dB correspondem a uma relação de potência de 4 vezes, ou seja, $P_1 / P_2 = 4$ ou $P_1 = 4 \times P_2$.

Exercício 3: Determine quantos dB correspondem a uma relação de potência de 0,25 vez, ou seja, $P_1 / P_2 = 0{,}25$ ou $P_1 = P_2 / 4$.

Exercício 4: Aplicando-se 1 W na entrada de uma rede, obtêm-se na saída 100 W. Determine a relação em dB entre as potências de saída e entrada.

Exercício 5: Aplicando-se 100 W na entrada de uma rede, obtém-se na saída 1 W. Determine a relação em dB entre as potências de saída e entrada.

Exercício 6: Aplicando-se 5 W na entrada de uma rede, obtêm-se na saída 10 W. Determine a relação em dB entre as potências de saída e entrada.

Exercício 7: Aplicando-se 1 W na entrada de um amplificador, obtém-se na saída 1 kW. Determine a relação em dB entre as potências de saída e entrada.

Exercício 8: Aplicando-se 2 W na entrada de um amplificador, obtêm-se na saída 45 W. Determine a relação em dB entre as potências de saída e entrada.

Os valores de potências, tensões, resistências e correntes encontrados nas áreas de Telecomunicações e Eletrônica requerem o uso de múltiplos e submúltiplos. Os valores mais usuais estão indicados no quadro a seguir.

Símbolo	Nome	Valor
T	tera	10^{12}
G	giga	10^{9}
M	mega	10^{6}
k	kilo ou quilo	10^{3}
m	mili	10^{-3}
µ	micro	10^{-6}
n	nano	10^{-9}
p	pico	10^{-12}

QUADRO 2.2: MÚLTIPLOS E SUBMÚLTIPLOS.

NOTA: APENAS GIGA, MEGA E TERA APRESENTAM SÍMBOLO COM LETRA MAIÚSCULA.
FONTE: INMETRO, PORTARIA Nº 590, DE 2 DE DEZEMBRO DE 2013.

Exercício 9: Aplicando-se 1 kW na entrada de uma rede, obtém-se na saída 1 W. Determine a relação em dB entre as potências de saída e entrada.

Exercício 10: Aplicando-se 1 mW na entrada de um amplificador, obtêm-se na saída 2 W. Determine a relação em dB entre as potências de saída e entrada.

Exercício 11: Aplicando-se 1 mW na entrada de um atenuador, obtêm-se na saída 100 µW. Determine a relação em dB entre as potências de saída e entrada.

Exercício 12: A figura a seguir apresenta um conjunto de medida de potência de saída para transmissores de radiofrequência. O sinal de saída do transmissor é aplicado na entrada do atenuador. O sinal na saída do atenuador é aplicado a um medidor de potência. A finalidade do atenuador é assegurar que a especificação de potência máxima de entrada do medidor seja atendida. Considere uma situação na qual a potência aplicada na entrada do atenuador é igual a 50 W e a potência na saída do atenuador é de 2,5 W. Determine a relação em dB entre as potências de saída e entrada do atenuador.

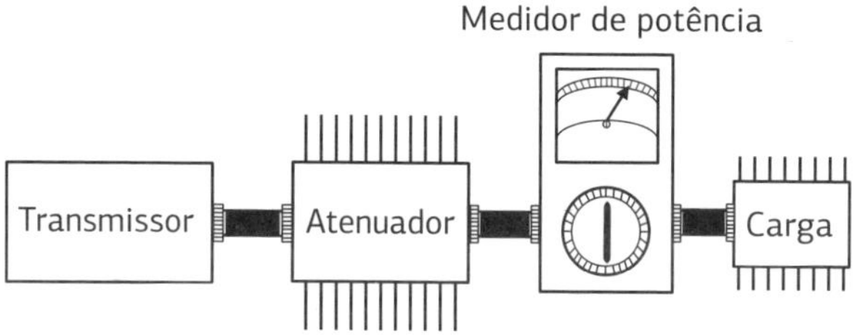

FIGURA 2.1: MEDIDA DE POTÊNCIA.

A relação entre as potências de saída e entrada de um amplificador caracteriza o ganho ou atenuação desse amplificador. Essa relação é adimensional e pode ser expressa como a relação direta entre as potências, $P_{saída} / P_{entrada}$, ou expressa em dB, dada por $10 \times \log_{10}(P_{saída} / P_{entrada})$.

Quando esse valor em dB é igual ou maior que zero, diz-se que o dispositivo apresenta ganho, ou seja, a rede é um amplificador. Quando a relação é inferior a 0 dB, diz-se que há atenuação, ou seja, a rede é um atenuador.

Exercício 13: Em uma rede, a potência de entrada é de 2,0 W e a potência de saída é de 100 mW. Determine se a rede é um atenuador ou um amplificador e o valor, em dB, da relação de potências de saída e entrada.

Exercício 14: A potência de saída em um dispositivo é de 18 W e a potência de entrada é de 40 W. Determine se a rede é um atenuador ou um amplificador e a relação, em dB, entre as potências de saída e entrada desse dispositivo.

Pode-se determinar a relação entre duas potências com base na relação expressa em dB pela seguinte equação:

$$\text{Relação de potências} = 10^{\text{Relação de potências, dB} / 10}$$

EQUAÇÃO 2.2: RELAÇÃO DE POTÊNCIAS.

Exercício 15: A relação entre duas potências medidas em pontos distintos de um circuito é igual a 0 dB. Determine a relação entre essas potências.

Exercício 16: A relação entre duas potências medidas em pontos distintos de um circuito é igual a 3 dB. Determine a relação entre essas potências.

Exercício 17: A relação entre duas potências medidas em pontos distintos de um circuito é igual a –3 dB. Determine a relação entre essas potências.

Exercício 18: A relação entre duas potências medidas em pontos distintos de um circuito é igual a 8,3 dB. Determine a relação entre essas potências.

Exercício 19: A relação entre duas potências medidas em pontos distintos de um circuito é igual a –0,07 dB. Determine a relação entre essas potências.

2.3 DECIBEL (dB) E RELAÇÕES DE TENSÃO

No circuito da figura a seguir, um resistor, *R*, é submetido a uma diferença de potencial, *V*, e percorrido por uma corrente, *i*.

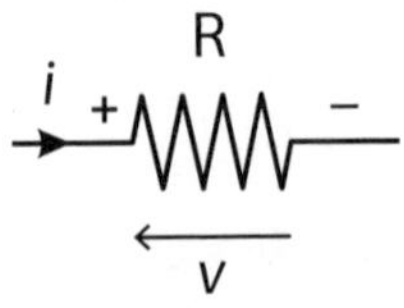

FIGURA 2.2: RESISTOR, TENSÃO E CORRENTE.

A relação entre a tensão aplicada e a corrente que circula no resistor é definida pela lei de Ohm:

$$V = R \times i$$

EQUAÇÃO 2.3: LEI DE OHM.

A relação entre a tensão de um sinal senoidal aplicada sobre o resistor e a potência por ele dissipada é definida por:

$$P = V^2_p / (2 \times R) = V^2_{rms} / R$$

EQUAÇÃO 2.4: POTÊNCIA DISSIPADA EM RESISTOR.

Em que:
P: potência eficaz dissipada pelo resistor em W;
V_p: tensão de pico em V;
R: resistência de carga em Ω; e
V_{rms}: valor eficaz, rms ou médio quadrático da tensão senoidal aplicada em V.

A figura a seguir apresenta um sinal senoidal, com valor médio igual a 0 e seus respectivos parâmetros: eficaz, de pico e pico a pico.

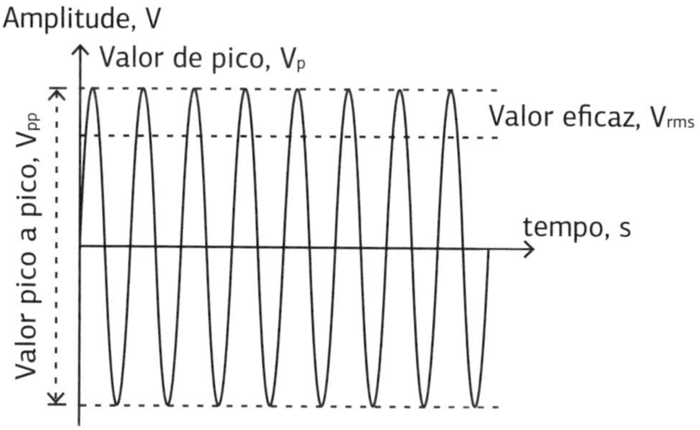

FIGURA 2.3: SINAL SENOIDAL – PARÂMETROS.

Para um sinal senoidal, o valor da tensão média eficaz, ou ***rms***, e o valor da tensão de pico relacionam-se por:

$$V_{rms} = V_{pico} / 2^{1/2}$$

EQUAÇÃO 2.5: VALOR rms E DE PICO.

Em que:
V_{rms}: valor eficaz, rms ou médio quadrático do sinal senoidal em V; e
V_{pico}: valor de pico do sinal senoidal em V.

Exercício 20: Seja $x(t) = A_p \times \cos(\omega_0 t + \varphi)$ V, um sinal periódico de tensão (sinal senoidal). Para esse sinal, determine:

a) o valor de pico;
b) o valor pico a pico;
c) o valor médio;
d) o valor médio quadrático;
e) a potência de pico;
f) a potência eficaz;
g) a frequência angular;
h) a frequência;
i) o período; e
j) a fase.

Exercício 21: Seja o sinal v(t) = 50 × cos(377t) V, mostrado na figura a seguir. Para esse sinal, determine:

a) o valor de pico;
b) a excursão pico a pico;
c) o valor médio;
d) o valor médio quadrático;
e) a potência de pico;
f) a potência eficaz;
g) a frequência; e
h) o período.

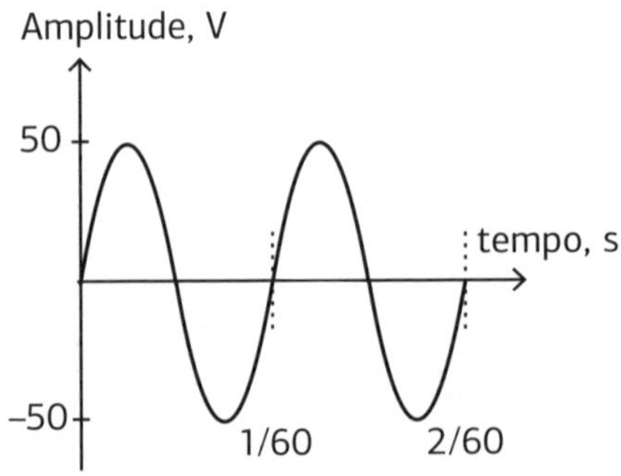

FIGURA 2.4: SINAL SENOIDAL.

Exercício 22: Para o circuito mostrado na figura a seguir, tem-se v(t) = 20cos(2.000 × π × t) V e R = 100 Ω. Para esse sinal, determine:

a) o valor médio da tensão aplicada em R;
b) o valor de pico de tensão aplicada em R;
c) o valor médio eficaz de tensão aplicada em R;
d) o valor médio da corrente aplicada em R;
e) o valor de pico da corrente aplicada em R;
f) o valor médio eficaz da corrente aplicada em R;
g) o valor de pico da potência dissipada por R;
h) o valor da potência média dissipada por R;
i) a frequência do sinal; e
j) o período do sinal.

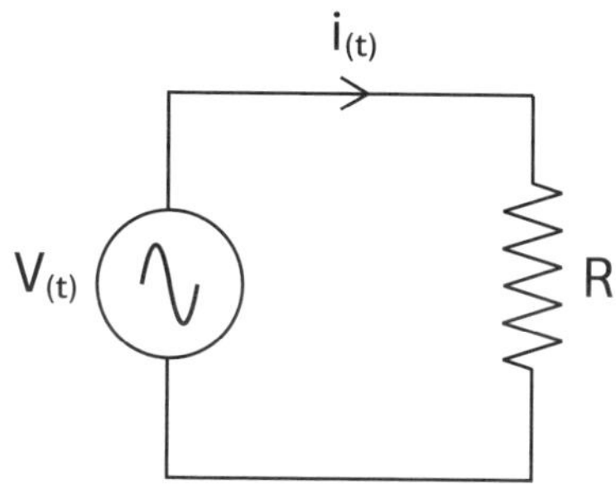

FIGURA 2.5: CIRCUITO RESISTIVO.

Observe que, em uma carga resistiva, a fase da corrente acompanha a fase da tensão.

Em algumas aplicações, o sinal senoidal é aplicado sobre um nível DC, denominado *off-set*.

Exercício 23: Um sinal da forma V(t) = 2,5 + 2,5 cos(377t) V é aplicado sobre um resistor de 100 Ω. Para esse sinal, determine:

a) a forma de onda;
b) a excursão;
c) o valor pico a pico;
d) a corrente que circula na carga;
e) a potência dissipada sobre a carga;
f) a potência de pico na carga; e
g) o período.

Exercício 24: Um sinal da forma V(t) = –1,5 + 2,5 cos(377t) V é aplicado sobre um resistor de 100 Ω. Para esse sinal, determine:

a) a forma de onda;
b) a excursão;
c) o valor pico a pico;
d) a corrente que circula na carga;
e) a potência eficaz dissipada sobre a carga; e
f) a potência de pico sobre a carga.

A figura a seguir representa um amplificador e seus respectivos sinais de potência, ***P***, de tensão, ***V***, e de impedância, ***Z***, de entrada e saída.

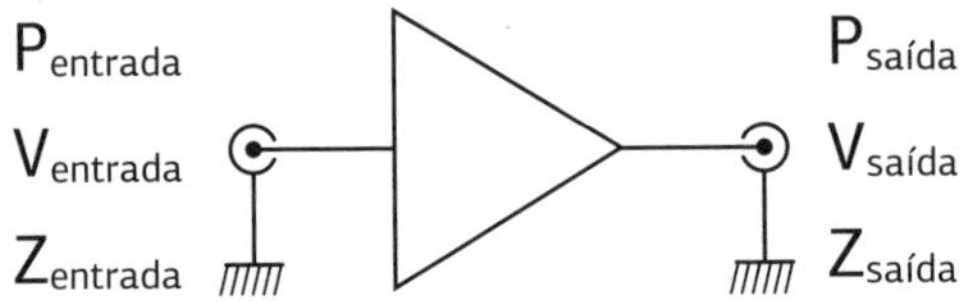

FIGURA 2.6: AMPLIFICADOR – PARÂMETROS.

Para o amplificador da Figura 2.6, é possível estabelecer relações de potência, tensão e impedância, conforme mostrado a seguir.

$$\text{Relação de potências em dB} =$$
$$= 10 \times \log_{10}(P_1 / P_2) =$$
$$= 10 \times \log_{10}[(V_1^2 / R_1) / (V_2^2 / R_2)] =$$
$$= 20 \times \log_{10}[(V_1 / V_2) + 10 \times \log_{10}(R_2 / R_1)$$

EQUAÇÃO 2.6: RELAÇÕES EM dB EM AMPLIFICADORES.

Em que:
P_1: potência de saída em W;
P_2: potência de entrada em W;
V_1: tensão de saída em V;
V_2: tensão de entrada em V;
R_1: resistência de saída em Ω; e
R_2: resistência de entrada em Ω.

Pode-se utilizar o valor eficaz ou o de pico das tensões, desde que se mantenha a consistência da equação. Isso significa utilizar apenas um de cada vez, ou seja, ambos os valores de tensão eficazes ou ambos os valores de tensão de pico.

Em sistemas de TV, as impedâncias de entrada e de saída são de 75 Ω. Em sistemas de radiofrequência, são de 50 Ω.

Para sistemas com a mesma impedância de entrada e saída, $R_1 = R_2$, a Equação 2.6 simplifica-se para:

$$\text{Relação de tensões, dB} =$$
$$= 20 \times \log_{10}(V_1 / V_2)$$

EQUAÇÃO 2.7: RELAÇÕES DE TENSÕES EM dB, $R_1 = R_2$.

Essa equação também fornece a relação de tensões entre dois pontos quaisquer de um circuito ou sistema.

A relação entre as tensões de saída e entrada de um amplificador caracteriza o ganho ou atenuação de tensão desse amplificador. Essa relação é adimensional e pode ser expressa como a relação direta entre as tensões, $V_{saída} / V_{entrada}$, ou expressa em dB por $20 \times \log_{10}(V_{saída} / V_{entrada})$.

Exercício 25: A tensão de saída em um amplificador é de 1,2 V, e a de entrada é de 35 mV. Determine a relação em dB entre as tensões de saída e entrada, e o ganho de tensão em dB.

Exercício 26: A tensão de saída em um amplificador é de 1,2 V e a de entrada é de 35 mV. A impedância de entrada é de 1.200 Ω, e a impedância de saída é de 350 Ω.

Determine:

a) a relação em dB entre as tensões de saída e entrada, e o ganho de tensão em dB; e
b) a relação em dB entre as potências de saída e entrada, e o ganho de potência.

De forma análoga para correntes:

$$\text{Relação de correntes, dB} = $$
$$= 20 \times \log_{10} (I_1 / I_2)$$

EQUAÇÃO 2.8: RELAÇÃO DE CORRENTES EM dB.

Exercício 27: Determine a relação em dB entre as tensões de saída e entrada para o circuito divisor resistivo da figura a seguir. Considere R_1 = 400 Ω, R_2 = 100 Ω e $V_{entrada}$ = 20 V.

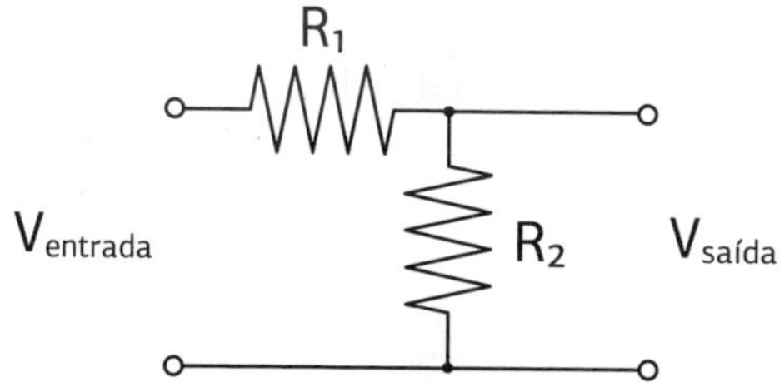

FIGURA 2.7: DIVISOR RESISTIVO.

No quadro a seguir, encontram-se algumas relações de tensões, expressas em dB.

dB	Atenuação	Ganho	dB	Atenuação	Ganho
0	1	1	9	0,355	2,818
0,5	0,944	1,059	9,5	0,335	2,985
1	0,891	1,122	10	0,316	3,162
1,5	0,841	1,189	11	0,28	3,55
2	0,794	1,259	12	0,25	3,98
2,5	0,750	1,334	13	0,22	4,47
3	0,708	1,413	14	0,20	5,01
3,5	0,668	1,496	15	0,18	5,62
4	0,631	1,585	16	0,16	6,31
4,5	0,596	1,679	17	0,14	7,08
5	0,562	1,778	18	0,13	7,94
5,5	0,531	1,884	19	0,11	8,91
6	0,501	1,995	20	0,10	10
6,5	0,473	2,113	30	0,032	31,62
7	0,447	2,239	40	0,01	100
7,5	0,422	2,371	50	0,0031	316,23
8	0,398	2,512	60	0,001	1.000
8,5	0,376	2,661			

QUADRO 2.3: ATENUAÇÃO E GANHO EM dB PARA TENSÕES.

A relação de tensões rms pode ser expressa por:

$$V_{1,rms} / V_{2,rms} = [(P_1 \times R_1)/(P_2 \times R_2)]^{1/2}$$

EQUAÇÃO 2.9: RELAÇÃO DE TENSÕES rms.

Em que:

$V_{1,rms}$: tensão média quadrática no ponto 1 em V;

$V_{2,rms}$: tensão média quadrática no ponto 2 em V;

P_1: potência no ponto 1 em W;

P_2: potência no ponto 2 em W;

R_1: resistência de carga de P_1 em Ω; e

R_2: resistência de carga de P_2 em Ω.

A relação de tensões rms, quando $R_1 = R_2$, é definida por:

$$V_{1,rms} / V_{2,rms} = (P_1 / P_2)^{1/2}$$

EQUAÇÃO 2.10: RELAÇÃO DE TENSÕES, $R_1 = R_2$.

Em que:

$V_{1,rms}$: tensão média quadrática no ponto 1 (P_1) em V;

$V_{2,rms}$: tensão média quadrática no ponto 2 (P_2) em V;

P_1: potência no ponto 1 em W; e

P_2: potência no ponto 2 em W.

Exercício 28: A potência de saída de um amplificador é igual a 100 mW, e a de entrada é igual a 1 mW. Determine a relação entre as tensões de saída e entrada, e o ganho de tensão. Considere as impedâncias de entrada e saída do amplificador iguais a 100 Ω.

Exercício 29: A potência de saída de um amplificador é igual a 100 mW, e a de entrada é igual a 10 mW. Determine a relação entre as tensões de saída e entrada, e o ganho de tensão. Considere as impedâncias de entrada e saída do amplificador iguais a 50 Ω.

Exercício 30: Determine a quantos dB corresponde uma relação de tensões igual a 10 vezes.

Exercício 31: Determine a quantos dB corresponde uma relação de tensões igual a 1 vez.

Exercício 32: Determine a quantos dB corresponde uma relação de tensões igual a 2 vezes.

Exercício 33: Determine a quantos dB corresponde uma relação de tensões igual a 0,1 vez.

Exercício 34: Em um ponto de um circuito, ponto 1, a impedância é igual a 100 Ω e a tensão medida é de 200 μV. Em outro ponto do circuito, ponto 2, a impedância é igual a 200 Ω e a tensão medida é de 400 μV. Determine a relação de potências em dB entre os pontos 1 e 2.

Exercício 35: Em um ponto de um circuito, ponto 1, a impedância é igual a 100 Ω e a tensão medida é de 200 μV. Em outro ponto do circuito, ponto 2, a impedância é igual a 200 Ω e a tensão medida é de 400 μV. Determine a relação de potências em dB entre os pontos 2 e 1.

Pode-se determinar a relação entre duas tensões com base na relação dessas tensões expressa em dB pela seguinte equação:

$$\text{Relação de tensões} = 10^{\text{Relação de tensões, dB} / 20}$$

EQUAÇÃO 2.11: RELAÇÃO DE TENSÃO.

Exercício 36: A relação entre duas tensões é igual a 10 dB. Determine a relação entre essas tensões.

Exercício 37: A relação entre duas tensões é igual a 12,8 dB. Determine a relação entre essas tensões.

Exercício 38: A relação entre duas tensões é igual a −6,4 dB. Determine a relação entre essas tensões.

Pode-se determinar a relação entre duas tensões com base na relação entre as potências, expressa em dB, para o caso geral, com impedâncias iguais ou não. Nesse caso, tem-se:

$$\text{Relação de tensões em dB} = 10^{\left[\frac{\text{Relação de potências em dB} - 10 \times \log_{10}\left(\frac{R_2}{R_1}\right)}{20}\right]}$$

EQUAÇÃO 2.12: RELAÇÃO DE TENSÕES EM dB.

Exercício 39: Um amplificador apresenta um ganho de 30 dB. Determine:

a) a relação entre as potências de saída e entrada; e
b) a relação entre as tensões de saída e entrada.

Suponha as impedâncias de saída e entrada do amplificador como idênticas.

Exercício 40: As impedâncias de entrada e saída de um amplificador são, respectivamente, 200 Ω e 600 Ω. A tensão rms do sinal de entrada é de 20 mV, e a tensão rms do sinal de saída é de 50 mV. Determine:

a) a potência de entrada;
b) a potência de saída;

c) o ganho de tensão do amplificador em dB; e
d) o ganho de potência do amplificador em dB.

Exercício 41: Após instalar um segmento de cabo de uma rede de distribuição de sinal de vídeo, surge um problema: aparentemente o sinal recebido pelo amplificador não está no nível correto. De acordo com as especificações, é necessário um sinal rms mínimo de 100 mV na entrada do amplificador. Determine o nível de potência de entrada mínimo esperado para o correto funcionamento da rede.

Exercício 42: Para um amplificador instalado em um sistema de distribuição de sinais de vídeo, o sinal de entrada rms é de 100 mV. De acordo com o fabricante, o ganho de tensão desse amplificador é de 20 dB. Determine:

a) o nível de tensão esperado na saída do amplificador; e
b) o nível de potência na saída.

Exercício 43: A relação entre as potências dos pontos 1 e 2 de um circuito é igual a 18 dB. As impedâncias nos pontos 1 e 2 são de 100 Ω e 50 Ω, respectivamente. Determine a relação entre as tensões nos pontos 1 e 2.

2.4 EXERCÍCIOS COMPLEMENTARES

Exercício 44: Um amplificador apresenta 40 dB de ganho. Determine o sinal de saída, caso seja aplicado um sinal de 10 mV na entrada desse amplificador.

Exercício 45: Para determinado amplificador, tem-se:
$P_{entrada} = 20\ mW$; $Z_{entrada} = 300\ \Omega$;
$V_{saída,rms} = 6\ V$; $Z_{saída} = 75\ \Omega$
Determine:

a) a tensão de pico de entrada;
b) a potência de saída;
c) a relação em dB entre as potências de saída e entrada; e
d) a relação em dB entre as tensões de saída e entrada.

Exercício 46: Para determinado amplificador, tem-se:
$V_{entrada,pico} = 200\ mV$; $Z_{entrada} = 50\ \Omega$;
$P_{saída} = 6\ mW$; $Z_{saída} = 75\ \Omega$

Determine:

a) a potência de entrada;
b) a tensão eficaz de saída;
c) a relação em dB entre as potências de saída e entrada; e
d) a relação em dB entre as tensões de saída e entrada.

Exercício 47: Na entrada de um atenuador, a tensão aplicada é igual a 40 V. As impedâncias de entrada e saída são iguais a 50 Ω. Considerando-se que a atenuação introduzida pelo dispositivo é igual a 23 dB, determine:

a) a potência de entrada;
b) a atenuação em relação de potências;
c) a potência de saída;
d) a relação em dB entre as potências de saída e entrada no atenuador;
e) a tensão de saída; e
f) a relação em dB entre as tensões de saída e entrada no atenuador.

Exercício 48: Um sinal senoidal com amplitude de 10 μV rms é aplicado a um amplificador cujo ganho de tensão é igual a 150,8. Determine a tensão de saída rms desse amplificador. Considere o dispositivo operando na linearidade e as impedâncias de entrada e saída iguais.

Exercício 49: Um sinal senoidal com amplitude de 10 μV rms é aplicado em um amplificador cujo ganho de tensão é igual a 23,7 dB. Determine a amplitude rms do sinal de saída. Considere o dispositivo operando na linearidade e as impedâncias de entrada e saída iguais.

Exercício 50: Na saída de um amplificador, o sinal é senoidal com amplitude rms de 1,4 V. O ganho do amplificador é igual a 150,8. Determine a amplitude rms do sinal de entrada. Considere o dispositivo operando na linearidade e as impedâncias de entrada e saída iguais.

Exercício 51: Na saída de um amplificador, o sinal é senoidal com amplitude rms de 1,4 V. O ganho de tensão do amplificador é igual a 23,7 dB. Determine a amplitude rms do sinal de entrada. Considere o dispositivo operando na linearidade e as impedâncias de entrada e saída iguais.

Exercício 52: Um sinal senoidal com amplitude de pico igual a 10 μV é aplicado em um amplificador cujo ganho de tensão é igual a 150,8.

Determine:

a) a tensão de pico de saída; e
b) a tensão eficaz de saída.

Considere o dispositivo operando na linearidade e as impedâncias de entrada e saída iguais.

Exercício 53: Um sinal senoidal com amplitude de pico igual a 10 μV é aplicado em um amplificador cujo ganho de tensão é igual a 23,7 dB. Determine:

a) a amplitude de pico do sinal de saída; e
b) a amplitude rms do sinal de saída.

Considere o dispositivo operando na linearidade e as impedâncias de entrada e saída iguais.

Exercício 54: Na saída de um amplificador, o sinal é senoidal com amplitude de pico igual a 1,4 V. O ganho do amplificador é igual a 150,8. Determine:

a) a amplitude de pico do sinal de entrada; e
b) a tensão rms do sinal de entrada.

Considere o dispositivo operando na linearidade e as impedâncias de entrada e saída iguais.

Exercício 55: Na saída de um amplificador, o sinal é senoidal com amplitude de pico igual a 1,4 V. O ganho de tensão do amplificador é igual a 23,7 dB. Determine:

a) a tensão de pico do sinal de entrada; e
b) a tensão rms do sinal de entrada.

Considere o dispositivo operando na linearidade e as impedâncias de entrada e de saída iguais.

Exercício 56: Determine qual o maior nível de potência: 20 dBμV @ 75 Ω ou 10 μV @ 50 Ω.

Exercício 57: Durante a realização de uma série de medidas em equipamentos sem fio, constatou-se que a intensidade mínima do sinal recebido para a taxa de dados especificada é de -65 dBm. A impedância de antena do receptor é igual a 50Ω. Determine o valor da tensão de pico no terminal da antena para essa potência.

Exercício 58: A especificação de sensibilidade de um receptor digital é de –75 dBm @ *BER* = 10^{-6}, na taxa de 2,048 Mbps. Isso significa que, quando o sinal de recepção for de –75 dBms, a taxa de bits errados, ***BER***, será de 1 bit errado a cada 1 milhão de bits recebidos. Considerando-se uma impedância de 50 Ω, determine o valor da tensão eficaz para esse valor de potência recebida.

Exercício 59: A especificação do sinal mínimo de operação de um receptor do serviço móvel pessoal é igual a –105 dBm. Considerando-se uma impedância de 50 Ω, determine o valor da tensão de pico para esse valor de potência recebida.

2.5 RESPOSTAS DOS EXERCÍCIOS

1. Relação em dB = 10 × $\log_{10}$ (1) = 0 dB.
   0 dB não é zero de potência por duas razões:

a) dB não é potência; e
b) 0 dB significa uma relação de potências igual a 1.

2. Relação em dB = $\log_{10}$(4) = 6,02 dB.

3. Relação em dB = $\log_{10}$(0,25) = $\log_{10}$(1 / 4) = $-\log_{10}$(4) = –6,02 dB.

4. Nesse caso, P_1 é a potência de saída e P_2 é a de entrada. Relação dB = 10 × $\log_{10}$(Potência de saída / Potência de entrada) = 10 × $\log_{10}$(100 W / 1 W) = 10 × $\log_{10}$(100) = 10 × 2 = +20 dB. Como a relação é positiva, a potência de saída é maior que a potência de entrada. Diz-se, então, que a malha apresenta um ganho de +20 dB, 100 vezes em potência.

5. Nesse caso, P_1 é a potência de saída e P_2 é a de entrada. Relação dB = 10 × $\log_{10}$(Potência de saída / Potência de entrada) = 10 × $\log_{10}$(1 W / 100 W) = 10 × $\log_{10}$(0,01) = 10 × (–2) = –20 dB. Como a relação é negativa, ou seja, nesse caso a saída é menor que a

entrada, diz-se que a malha apresenta uma atenuação de 20 dB, 1 centésimo em potência. O sinal "–" é subentendido ao utilizar-se a expressão "atenuação", assim como o sinal "+" é subtendido ao utilizar-se a expressão "ganho".

6. Relação dB = 10 × $\log_{10}$(Potência de saída / Potência de entrada) = 10 × $\log_{10}$(10 W / 5W) = 10 × $\log_{10}$(2) = 10 × 0,30103 = +3 dB. Como a relação é positiva, ou seja, nesse caso a saída é maior que a entrada, diz-se que a malha apresenta um ganho de 3 dB (o dobro), 2 vezes em potência.

7. Relação dB = 10 × $\log_{10}$(Potência de saída / Potência de entrada) = 10 × $\log_{10}$(1.000 W / 1 W) = 10 × $\log_{10}$(1.000) = 10 × 3 = +30 dB. Como a relação é positiva, ou seja, nesse caso a saída é maior que a entrada, diz-se que o amplificador apresenta um ganho de +30 dB, 1.000 vezes em potência.

8. Relação dB = 10 × $\log_{10}$(Potência de saída / Potência de entrada) = 10 × $\log_{10}$(45 W / 2 W) = 10 × $\log_{10}$(22,5) = +13,52 dB. Como a relação é positiva, ou seja, nesde caso a saída é maior que a entrada, diz-se que o amplificador apresenta um ganho de 13,52 dB, 22,5 vezes em potência.

9. Nesse caso, P_1 é a potência de saída e P_2 é a de entrada. Relação dB = 10 × $\log_{10}$(Potência de saída / Potência de entrada) = 10 × $\log_{10}$(1 W / 1.000 W) = 10 × $\log_{10}$(0,001) = 10 × (–3) = –30 dB ou 0,001 vez em potência. Como a relação é negativa, ou seja, nesse caso a saída é menor que a entrada, diz-se que a malha apresenta um ganho de –30 dB ou, mais comumente, uma atenuação de 30 dB, 1 milésimo.

10. Relação dB = 10 × $\log_{10}$(Potência de saída / Potência de entrada) = 10 × $\log_{10}$(2 W / 10^{-3} W) = 10 × $\log_{10}$(2.000) = 10 × (3,3) = 33 dB. Diz-se, então, que esse amplificador apresenta um ganho de 33 dB, 2.000 vezes em potência.

11. Relação dB = 10 × $\log_{10}$(Potência de saída / Potência de entrada) = 10 × $\log_{10}$(100 × 10^{-6} W / 10^{-3} W) = 10 × $\log_{10}$(100 × 10^{-3}) = 10 × $\log_{10}$(10^{-1}) = –10 dB, ou 0,1 vez em potência. Como a relação é negativa, ou seja, nesse caso a saída é menor que a entrada, diz-se

que a malha apresenta um ganho de –10 dB ou, mais comumente, uma atenuação de 10 dB.

12. A atenuação é definida pela relação entre as potências recebida e transmitida. Relação em dB = $10 \times \log_{10} (2{,}5 / 50) = -13{,}01$ dB. A atenuação introduzida pelo dispositivo atenuador é de 13,01 dB.

13. A rede apresenta uma relação entre as potências de saída e entrada igual a $10 \times \log_{10}(100 \times 10^{-3} / 2) = -13$ dB ou, como é geralmente especificado, “uma atenuação de 13 dB”. O sinal de “–” está implícito. A rede é um atenuador de 13 dB.

14. A atenuação é definida pela relação entre as potências recebida e transmitida. Relação em dB = $10 \times \log_{10} (18 / 40) = -3{,}46$ dB.

15. Relação de potências = $10^{\text{Relação de potências em dB} / 10} = 10^{0/10} = 1$. Uma relação de potências de 0 dB significa que as potências são iguais e a relação entre elas é igual a 1 ($P_1 = P_2$).

16. Relação de potências = $10^{\text{Relação de potências em dB} / 10} = 10^{3/10} = 2$. Uma relação de potências de 3 dB significa que a relação entre elas é igual a 2, logo $P_1 = 2 \times P_2$.

17. Relação de potências = $10^{\text{Relação de potências}}$ em dB / 10 = $10^{-3/10} = 0{,}5$. Uma relação de potências igual a –3 dB significa que a relação entre elas é igual a 50%, logo $P_1 = 0{,}5 \times P_2 = P_2 / 2$.

18. $10^{8{,}3/10} = 10^{0{,}83} = 6{,}76$ vezes maior. $P_1 = 6{,}76 \times P_2$.

19. $10^{-0{,}07/10} = 10^{-0{,}007} = 0{,}984$ ou 98,4%. $P_1 = 0{,}984 \times P_2$.

20. Para o sinal apresentado:

a) o valor de pico é igual a A_p V;

b) a excursão pico a pico desse sinal é igual a $2 \times A_p$;

c) o valor médio desse sinal é igual a 0 V;

d) o valor médio quadrático desse sinal é igual a $A_{rms} = A_p / (2^{1/2}) = A_p/1{,}414$ V;

e) a potência de pico desse sinal é igual a $(A_p)^2 / R_L$;

f) o valor da potência média ou eficaz desse sinal é igual $A_p^2 / (2 \times R_L) = A_{rms}^2 / R_L$ W;

g) a frequência angular desse sinal é igual a ω_0 rad/s;

h) a frequência desse sinal é igual a $f_0 = \omega_0/2\pi$ Hz;
i) o período desse sinal é igual a $T_0 = 1/f_0$ s; e
j) a fase desse sinal é igual a φ radianos.

21. Para o sinal apresentado:
a) o valor de pico desse sinal é igual a 50 V;
b) a excursão pico a pico é de 100 V;
c) o valor médio desse sinal é igual a 0 V;
d) o valor eficaz desse sinal é igual a 50 / 1,414 = 35,355 V.
e) a potência de pico desse sinal é igual a $P_p = (50)^2 / R_L$;
f) a potência eficaz desse sinal é definida por $(50 / 2^{1/2})^2 / R_L$;
g) a frequência desse sinal é igual a 377 / (2 × π) = 60 Hz, a frequência da rede de corrente alternada, ***CA***; e
h) o período desse sinal é igual a 1 / 60 = 16,67 ms.

22. Para o sinal apresentado:
a) o valor médio da tensão aplicada em R é igual a 0 V;
b) o valor de pico de tensão aplicada em R é igual a 20 V;
c) o valor médio eficaz de tensão aplicada em R é igual a 14,14 V;
d) o valor médio da corrente aplicada em R é igual a 0 A;
e) o valor de pico da corrente aplicada em R é igual a 200 mA;
f) o valor médio eficaz da corrente aplicada em R é igual a 141,4 mA;
g) o valor de pico da potência dissipada por R é igual a 4 W;
h) o valor da potência média dissipada por R é igual a 2 W;
i) a frequência do sinal é igual a 1 kHz; e
j) o período do sinal é igual a 1 ms.

23.
a) A representação desse sinal no tempo é:

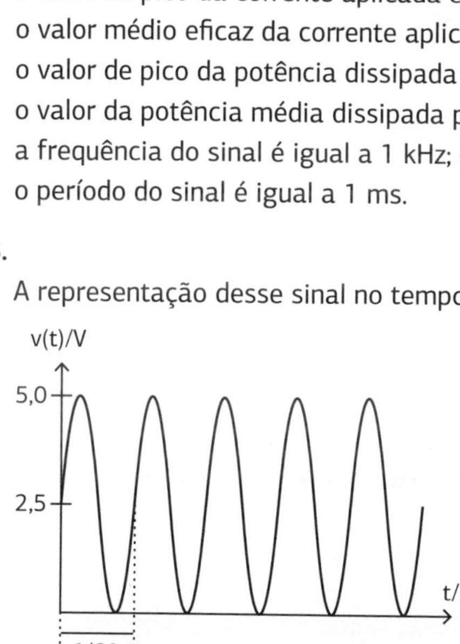

b) 0 a 5,0 V;

c) 5,0 V;

d) i(t) = 25 + 25 cos(377t) mA;

e) $P_{L,rms}$ = $(2,5)^2$ / 100 + $(2,5 / 2^{1/2})^2$ / 100 = 93,75 mW;

f) $P_{L,P}$ = $(5)^2$/100 = 250 mW;

g) T = 1/f = 1/60 = 16,67 ms.

24.

a) A representação desse sinal no tempo é:

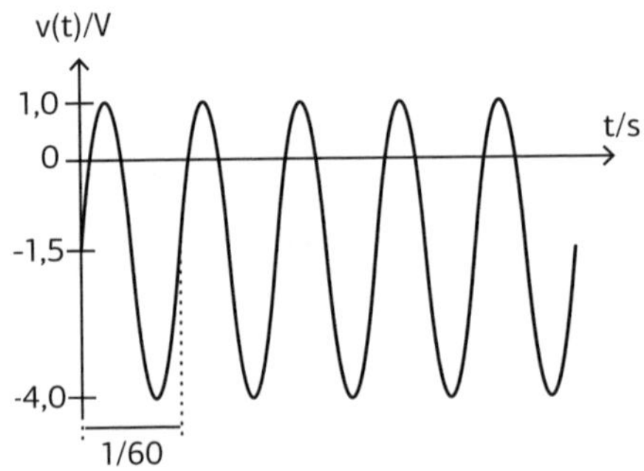

b) –4,0 V a 1,0 V;

c) 5,0 V;

d) i(t) = –15 + 25 × cos(377t) mA;

e) $P_{L,rms}$ = $(1,5)^2$ / 100 + $(2,5 / 2^{1/2})^2$ / 100 = 53,75 mW;

f) $P_{L,P}$ = 4^2 / 100 = 160 mW.

25. A relação de tensões em dB é definida por 20 × $\log_{10}(1{,}2 / 35 \times 10^{-3})$ = 30,7 dB. O ganho de tensão do circuito é de 30,7 dB.

26.

a) A relação de tensão, em dB, entre a saída e a entrada é igual a 20 × $\log_{10}(V_{saída} / V_{entrada})$ = 20 × $\log_{10}(1{,}2 / 35 \times 10^{-3})$ = 30,7 dB. O ganho de tensão do circuito é de 30,7 dB.

b) A relação, em dB, entre as potências de saída e entrada é definida por 20 × $\log_{10}(1{,}2 / 35 \times 10^{-3})$ – 10 × $\log_{10}(350 / 1.200)$ = 30,7 dB + 5,3 dB = 36 dB. O ganho de potência do dispositivo é de 36 dB.

Alternativamente, pode-se calcular a potência de saída por $P_{saída}$ = $(1{,}2)^2$ / 350 = 4,11 mW e a de entrada por $P_{entrada}$ = $(35 \times 10^{-3})^2$ / 1.200 = 1,1 µW e, em seguida, calcular a relação entre as potências de saída e entrada por 10 × $\log_{10}(4{,}11 \times 10^{-3} / 1{,}1 \times 10^{-6})$ = 35,7 dB. O ganho de potência do dispositivo é de 35,7 dB. Observe a diferença de 0,3 dB resultante dos arredondamentos. **Cuidado:** fique atento ao fazer arredondamentos (aproximações) de valores!

27. $V_{saída} = V_{entrada} \times R_2 / (R_1 + R_2) = 20 \times 100 / (400 + 100) = 4$ V. A tensão de saída do circuito é igual a 4 V. Relação de tensão em dB = $20 \times \log_{10}(4 / 20) = -13{,}98$ dB.

28. Relação de tensão = $[100 \times 10^{-3} / 10^{-3}]^{1/2} = (100)^{1/2} = 10$.

29. Relação de tensão = $[100 \times 10^{-3} / 10 \times 10^{-3}]^{1/2} = (10)^{1/2} = 3{,}16$.

30. Relação em dB = $20 \times \log_{10} (V_1 / V_2) = 20 \times \log_{10}(10) = 20$ dB. Observe que 20 dB equivalem a uma relação de potência igual a 100 e de tensão igual a 10.

31. Relação em dB = $20 \times \log_{10} (V_1 / V_2) = 20 \times \log_{10}(1) = 0$ dB.

32. Relação em dB = $20 \times \log_{10} (V_1 / V_2) = 20 \times \log_{10}(2) = 6$ dB. Observe que 6 dB equivalem a uma relação de potência igual a 4.

33. Relação em dB = $20 \times \log_{10} (V_1 / V_2) = 20 \times \log_{10}(10^{-1}) = -20$ dB. Observe que –20 dB equivalem a uma relação de potência igual a 1/100 e de tensão igual a 1/10.

34. Método 1: aplicando-se a equação da relação de tensões. Relação em dB = $20 \times \log_{10}(V_1 / V_2) + 10 \times \log_{10}(R_2 / R_1) = 20 \times \log_{10}(200 \times 10^{-6}/ 400 \times 10^{-6}) + 10 \times \log_{10}(200 / 100) = -6$ dB + 3 dB = –3 dB. A relação entre as tensões dos pontos 1 e 2 é igual a –3 dB.

Método 2: aplicando-se a equação da relação de potências.

Cálculo da potência no ponto 1:
$P_1 = V_1^2 / R_1 = (200 \times 10^{-6})^2 / 100 = 4 \times 10^{-10}$ W;

Cálculo da potência no ponto 2:
$P_2 = V_2^2 / R_2 = (400 \times 10^{-6})^2 / 200 = 8 \times 10^{-10}$ W;

Relação de potências em dB entre os pontos 1 e 2 = $10 \times \log_{10}(P_1/P_2) = 10 \times \log_{10}(4 \times 10^{-10} / 8 \times 10^{-10}) = -3$ dB, confirmando o resultado pelo método 1.

35. Método 1: aplicando a equação da relação de tensões. Relação em dB = $20 \times \log_{10}(V_2 / V_1) + 10 \times \log_{10}(R_1 / R_2) = 20 \times \log_{10}(400 \times 10^{-6}/ 200 \times 10^{-6}) + 10 \times \log_{10}(100 / 200)$ = 6 dB – 3 dB = 3 dB. A relação de tensões entre os pontos 2 e 1 é igual a 3 dB ou + 3 dB.

Método 2: aplicando-se a equação da relação de potências.

Cálculo da potência no ponto 1:
$P_1 = V_1 2 / R_1 = (200 \times 10^{-6})^2 / 100 = 4 \times 10^{-10}$ W;

Cálculo da potência no ponto 2:
$P_2 = V_2 2 / R_2 = (400 \times 10^{-6})^2 / 200 = 8 \times 10^{-10}$ W;

Relação de potências em dB entre os pontos 2 e 1 = $10 \times \log_{10}(P_2/P_1) = 10 \times \log_{10}(8 \times 10^{-10} / 4 \times 10^{-10})$ = 3 dB, confirmando o resultado pelo método 1.

36. Relação $(V_1/V_2) = 10^{Relação,dB/20} = 10^{10/20} = 3{,}16$. Logo V_1 é igual a $3{,}16 \times V_2$.

37. Relação de tensões $(V_1/V_2) = 10^{Relação,dB/20} = 10^{12{,}8/20} = 4{,}36$ vezes. Logo V_1 é igual a $4{,}36 \times V_2$.

38. Relação de tensões $(V_1/V_2) = 10^{Relação,dB/20} = 10^{-6{,}4/20} = 0{,}479$ vez. Logo V_1 é igual a 47,9% de V_2.

39.

a) Uma relação de 30 dB em potência equivale a $10^{30/10} = 10^3 = 1.000$ vezes. Logo $P_{saída} = 1.000 \times P_{entrada}$.

b) Uma relação de 30 dB de tensão equivale a $10^{30/20} = 31{,}62$ vezes. Logo $V_{saída} = 31{,}62 \times V_{entrada}$.

40.

a) $P_{entrada} = (20 \times 10^{-3})^2 / 200 = 2$ μW.
b) $P_{saída} = (50 \times 10^{-3})^2 / 600 = 4{,}167$ μW.
c) Ganho de tensão, em dB = $20 \times \log_{10}(50 / 20) = 7{,}96$ dB. O ganho de tensão do circuito é de 7,96 dB.
d) Ganho de potência = $10 \times \log_{10}(4{,}167 \times 10^{-3} / 2 \times 10^{-6}) = 3{,}18$ dB. O ganho de potência do dispositivo é de 3,18 dB.

41. $P_{mínima} = (100 \times 10^{-3})^2 / 75 = 133{,}33 \times 10^{-6}$ W. A potência mínima é de 133,33 μW.

42.

a) Um ganho de tensão de 20 dB equivale a $10^{20/20}$ = 10 vezes. $V_{saída}$ = $V_{entrada}$ × Ganho = 100 × 10^{-3} × 10 = 1 V. A tensão na saída do amplificador é 1 V.

b) A potência na saída é definida por $(1)^2$ / 75 = 0,01333 W ou 13,33 mW.

43. A relação entre as tensões é definida pela Equação 2.12, V_1/V_2 = $10^{[(P_1 / P_2),dB - 10 \times \log_{10} (R_2/R_1)]/20}$ = $10^{[18 - 10 \times \log_{10}(50/100)]/20}$ = $10^{21,0103/20}$ = $10^{1,0505}$ = 11,22. A relação entre as tensões entre os pontos 1 e 2 (V_1 / V_2) é igual a 11,22, ou seja, V_1 = 11,22 × V_2.

44. Um ganho de 40 dB em tensão é equivalente a $10^{40/20}$ = 10^2 = 100 vezes; $V_{saída}$ = $V_{entrada}$ × $G_{tensão}$ = 10 mV × 100 = 1 V. A tensão de saída é igual a 1 V.

45.

a) Tensão de entrada de pico = [Potência de entrada × Impedância de entrada]$^{1/2}$ × 1,414 = [20 × 10^{-3} × 300]$^{1/2}$ × 1,414 = 2,44948 × 1,414 = 3,46 V.

b) Potência de saída = Tensão de saída rms^2 / Impedância de saída = 6^2 / 75 = 0,48 W ou 480 mW.

c) Relação de potência em dB = 10 × $\log_{10}$(0,48 / 0,02) = 13,8 dB.

d) Relação de tensão em dB = 20 × $\log_{10}$(6 / 2,44948) = 7,78 dB.

46.

a) $P_{entrada}$ = $(200 \times 10^{-3})^2$ / (2 × 50) = 0,4 mW;

b) $V_{saída,rms}$ = $(6 \times 10^{-3} \times 75)^{1/2}$ = 670,82 mV;

c) Relação de potência em dB = 10 × $\log_{10}$(6 / 0,4) = 11,76 dB.

d) $V_{saída,pico}$ = 670,82 × 10^{-3} × $(2)^{1/2}$ = 948,68 mV. Relação de tensão em dB = 20 × $\log_{10}$(948,68 / 200) = 13,52 dB.

47.

a) $P_{entrada}$ = 40^2 / 50 = 32 W.

b) Atenuação = $10^{-23/10}$ = 5 × 10^{-3} ou 1 / 200.

c) P_n = 32 W / 200 = 160 mW.

d) −23 dB.

e) $V_{saída,rms}$ = $(0,16 \times 50)^{1/2}$ = 2,83 V.

f) −23 dB (as impedâncias de entrada e de saída são iguais).

48. $V_{saída,rms} = V_{entrada,rms} \times$ Ganho $= 10 \times 10^{-6} \times 150{,}8 = 1{,}508$ mV. A tensão eficaz de saída é igual a 1,508 mV.

49. Um ganho de tensão de 23,7 dB é equivalente a $10^{23,7/20} = 15{,}31$. $V_{saída,rms} = V_{entrada,rms} \times$ Ganho $= 10 \times 10^{-6} \times 15{,}31 = 153{,}1 \times 10^{-6}$ V. A tensão eficaz de saída é igual a 153,1 μV.

50. $V_{entrada,rms} = V_{saída,rms}$ / Ganho = 1,4 / 150,8 = 0,928 mV. A tensão eficaz de saída deste amplificador é igual a 0,928 mV.

51. Um ganho de tensão de 23,7 dB equivale a $10^{23,7/20} = 15{,}31$. $V_{entrada,rms} = V_{saída,rms}$ / Ganho $= 1{,}4 / 15{,}31 = 91{,}44 \times 10^{-3}$ V. A amplitude eficaz do sinal de entrada é igual a 91,44 mV.

52.

a) $V_{saída,pico} = V_{entrada,pico} \times$ Ganho $= 10 \times 10^{-6} \times 150{,}8 = 1{,}508 \times 10^{-3}$. A amplitude de pico do sinal de saída é igual a 1,508 mV.

b) $V_{saída,rms} = V_{saída,pico} / 2^{1/2} = 1{,}066 \times 10^{-3}$ V. A tensão eficaz de saída é igual a 1,066 mV.

53.

a) Um ganho de tensão de 23,7 dB equivale a $10^{23,7/20} = 15{,}31$. $V_{saída,pico} = V_{entrada,pico} \times$ Ganho $= 10 \times 10^{-6} \times 15{,}31 = 153{,}1 \times 10^{-6}$ V. A amplitude de pico do sinal de saída é igual a 153,1 μV.

b) $V_{saída,rms} = V_{saída,pico} / 2^{1/2} = 153{,}1 \times 10^{-6} / 1{,}414 = 108{,}27$ μV.

54.

a) $V_{entrada,pico} = V_{saída,pico}$ / Ganho = 1,4 / 150,8 = 9,28 mV. A tensão de pico de entrada é igual a 9,28 mV.

b) $V_{entrada,rms} = V_{entrada,pico}/2^{1/2} = 6{,}56$ mV.

55.

a) Um ganho de tensão de 23,7 dB equivale a $10^{23,7/20} = 15{,}31$. $V_{entrada,pico} = V_{saída,pico}$ / Ganho $= 1{,}4 / 15{,}31 = 91{,}44 \times 10^{-3}$ V. A amplitude de pico do sinal de entrada é igual a 91,44 mV.

b) $V_{entrada,rms} = V_{entrada,pico}/2^{1/2} = 64{,}67$ mV.

56. Uma tensão de 20 dBμ equivale a $102^{20/20} = 10$ μV. Sobre uma impedância de 75 Ω, essa tensão dissipa uma potência igual a $(10 \times 10^{-6})^2 / 75 = 1{,}33$ pW. Uma tensão de 10 μV sobre 50 Ω dissipa uma potência igual a $(10 \times 10^{-6})^2 / 50 = 2$ pW. Logo 10 μV @ 50 Ω é a maior potência. O dBμV será abordado no Capítulo 3.

57. -65 dBm $= 10^{-65/10}$ mW $= 3{,}16 \times 10^{-7}$ mW $= 3{,}16 \times 10^{-10}$ W; $V_{rms} = (3{,}16 \times 10^{-10} \times 50)^{1/2} = 1{,}26 \times 10^{-4}$ V. $V_{pico} = V_{rms} \times 2^{1/2} = 177{,}83$ μV. O dBm será abordado no Capítulo 3.

58. -75 dBm $= -105$ dBW $= 10^{-105/10} = 10^{-10{,}5} = 31{,}6 \times 10^{-12}$ W; $V_{rms} = (31{,}6 \times 10^{-12} \times 50)^{1/2} = 39{,}8$ μV. O valor da tensão eficaz é 39,8 μV. O dBW será abordado no Capítulo 3.

59. -105 dBm $= -135$ dBW $= 10^{-135/10} = 10^{-13{,}5} = 3{,}16 \times 10^{-14}$ W; $V_{rms} = (3{,}16 \times 10^{-14} \times 50)^{1/2} \times (2)^{1/2} = 1{,}78$ μV. O dBm, o dBW e respectivas relações serão abordados no Capítulo 3.

CAPÍTULO 3

Unidades e relações derivadas do decibel (dB)

3.1 INTRODUÇÃO

Com base no decibel, ***dB***, é possível obter as unidades e relações aplicáveis em sistemas de radiofrequência, de satélite, ópticos, de áudio, de televisão, de telefonia e radar, a saber: *dBW, dBk, dBm, dBμV, dBmV, dBU, dBmO, dBr, dBSPL, dBA, dBB, dBC, dBD, dBmP, dBc, dBi, dBd, dBmV/m, dBμV/m, dBJ, dBW/m², dBi/K, dBrn, dB/pé, dB/m, dB/km, dB/oitava* e *dB/década*. Confira a seguir.

3.2 dBW

Esta unidade de potência relativa ao watt, ***dBW***, é mais utilizada para sinais transmitidos. É expressa por:

$$\text{Potência em dBW} = 10 \times \log_{10}(\text{Potência em W} / 1\text{W})$$

EQUAÇÃO 3.1: POTÊNCIA EM dBW.

O quadro a seguir apresenta alguns valores de potência em watts (W) e o equivalente em dBW.

Potência, W	Potência, dBW	Potência, W	Potência, dBW
0,001 (1 mW)	–30	5	7
0,002 (2 mW)	–27	10	10
0,005 (5 mW)	–23	20	13
0,01 (10 mW)	–20	50	17
0,02 (20 mW)	–17	100	20
0,05 (50 mW)	–13	200	23
0,1 (100 mW)	–10	500	27
0,2	–7	1.000 (1 kW)	30
0,5	–3	2.000 (2 kW)	33
1	0	5.000 (5 kW)	37
2	3	10.000 (10 kW)	40

QUADRO 3.1: POTÊNCIAS EM dBW.

Exercício 1: Determine o equivalente em dBW de uma potência de 1,5 W.

Exercício 2: Determine o equivalente em dBW de uma potência de 20 pW.

Exercício 3: Na saída de um amplificador, é obtida uma potência de 120 mW. Determine a potência em dBW.

Exercício 4: Na saída de um amplificador, é obtida uma potência de 0,1 mW. Determine a potência em dBW.

A conversão de uma potência expressa em dBW para a equivalente em W é definida pela equação:

$$\text{Potência em W} = 10^{P,dBW/10}$$

EQUAÇÃO 3.2: CONVERSÃO DE dBW PARA W.

Exercício 5: Determine o equivalente em W de uma potência de 0 dBW.

Exercício 6: Determine o equivalente em W de uma potência de −107 dBW.

Exercício 7: Determine o equivalente em W de uma potência de −4,7 dBW.

Exercício 8: Determine o equivalente em W de uma potência de 17,29 dBW.

Exercício 9: A impedância de entrada de um receptor é de 50 Ω. A potência aplicada sobre essa impedância é de −100 dBW. Considere o sinal senoidal. Determine:

a) a tensão eficaz; e
b) a tensão de pico.

Exercício 10: A potência sobre uma impedância de 600 Ω é de −30 dBW. Considere o sinal senoidal. Determine:

a) a tensão eficaz; e
b) a tensão de pico.

3.3 dBk

Esta unidade, ***dBk***, é mais utilizada em radiodifusão, na especificação da potência de transmissão. É expressa por:

$$\text{Potência em dBk} = 10 \times \log_{10}(\text{Potência em kW} / 1\ \text{kW})$$

EQUAÇÃO 3.3: POTÊNCIA EM dBk.

O quadro a seguir apresenta a correspondência entre alguns valores em dBk e em W.

dBk	W
–60	0,001 (1 mW)
–50	0,01 (10 mW)
–40	0,1 (100 mW)
–30	1
–20	10
–10	100
0	1.000 (1 kW)
10	10.000 (10 kW)
20	100.000 (100 kW)
30	1.000.000 (1 MW)

QUADRO 3.2: VALORES EM dBK E EM W.

Exercício 11: Na saída de um amplificador, é obtida uma potência de 120 W. Determine a potência em dBk.

Exercício 12: Na saída de um amplificador, é obtida uma potência de 2 kW. Determine a potência em dBk.

Exercício 13: Determine o equivalente em dBk de uma potência de 1,5 MW.

Exercício 14: Na saída de um amplificador, é obtida uma potência de 500 W. Determine a potência em dBk.

A conversão de uma potência expressa em dBk para a equivalente em kW é definida pela equação:

$$\text{Potência em kW} = 10^{P,dBk/10}$$

EQUAÇÃO 3.4: CONVERSÃO DE dBk PARA kW.

Exercício 15: Determine o equivalente em kW de uma potência de 3 dBk.

Exercício 16: Determine o equivalente em kW de uma potência de –8,5 dBk.

3.4 dBm

Esta unidade de potência, dBm, relativa ao mW, é mais utilizada para sinais recebidos ou de baixa amplitude e usualmente é empregada na sensibilidade de receptores de alta frequência. É expressa e definida por:

$$\text{Potência em dBm} =$$
$$= 10 \times \log_{10}(\text{Potência em mW} / 1 \text{ mW})$$

EQUAÇÃO 3.5: POTÊNCIA EM dBm.

O quadro a seguir apresenta alguns valores de dBm, dBW, mW e W, e a relação entre essas unidades de potência.

dBm	dBW	mW	W
+60	+30	1.000.000	1.000
+50	+20	100.000	100
+40	+10	10.000	10
+30	0	1.000	1
+20	-10	100	0,1
+10	-20	10	0,01
0	-30	1	0,001
-10	-40	0,1	10^{-4}
-20	-50	0,01	10^{-5}
-30	-60	0,001	10^{-6}

dBm	dBW	mW	W
-40	-70	10^{-4}	10^{-7}
-50	-80	10^{-5}	10^{-8}
-60	-90	10^{-6}	10^{-9}
-70	-100	10^{-7}	10^{-10}
-80	-110	10^{-8}	10^{-11}
-90	-120	10^{-9}	10^{-12}
-100	-130	10^{-10}	10^{-13}
-110	-140	10^{-11}	10^{-14}
-120	-150	10^{-12}	10^{-15}
-130	-160	10^{-13}	10^{-16}

QUADRO 3.3: dBm, dBW, mW E W.

Exercício 17: Na saída de um amplificador, é obtida uma potência de 2 mW. Determine a potência em dBm.

Exercício 18: Na saída de um amplificador, é obtida uma potência de 20 mW. Determine a potência em dBm.

Exercício 19: Na saída de um amplificador, é obtida uma potência de 500 μW. Determine a potência em dBm.

Exercício 20: Na saída de um amplificador, é obtida uma potência de 20 W. Determine a potência em dBm.

Exercício 21: Um dispositivo somador de potências apresenta duas entradas e uma saída. Dois sinais de 10 dBm são aplicados nas portas de entrada. Determine a potência na porta de saída. Considere que não há perda no processo de soma dos sinais.

Exercício 22: Em sistemas de telefonia discada, a impedância nominal característica da linha é 600 Ω. O nível máximo de potência recomendado é 0 dBm. Determine o valor da tensão eficaz nessa situação.

A figura a seguir apresenta o painel de um multímetro analógico que permite a medida de dBm em linhas de 600 Ω. O nível de referência está indicado no painel do instrumento, onde se lê 0 dB: 1 mW 600 Ω, o que significa que o nível de referência, ***0 dB***, equivale à aplicação de 1 mW sobre uma carga de 600 Ω.

FIGURA 3.1: PAINEL DE MULTÍMETRO.
FABRICANTE: ICEL MANAUS, MODELO IK-180.

As medidas são feitas na escala ACV, tensão de corrente alternada. A escala em dBm está graduada para a escala de 10 V de tensão alternada, sinais senoidais. Observe as correções de escalas no lado direito do painel do instrumento:

- 10 V: $20 \times \log_{10}(10/10)$, correção de 0 dB;
- 50 V: $20 \times \log_{10}(50/10)$, correção de 14 dB;
- 250 V: $20 \times \log_{10}(250/10)$, correção de 28 dB; e
- 1.000 V: $20 \times \log_{10}(1.000/10)$, correção de 40 dB.

Exercício 23: Na escala de 10 ACV em 0 dB: 1 mW 600 Ω, leem-se 16 dB. Determine os valores de tensão eficaz e de pico.

Exercício 24: Para o instrumento da Figura 3.1, uma medida foi realizada na escala de 50 ACV, e o resultado indicado pela posição do ponteiro é de +12 dBm. Determine o valor real da medida de tensão de pico realizada.

Exercício 25: Para o instrumento da Figura 3.1, uma medida foi realizada na escala de 250 ACV, e o resultado indicado pela posição do ponteiro é de +12 dBm. Determine o valor real da medida de tensão realizada.

A conversão de uma potência de dBW para dBm é definida pela equação:

$$P_{dBm} = P_{dBW} + 30 \text{ dB}$$

EQUAÇÃO 3.6: CONVERSÃO dBW PARA dBm.

Exercício 26: Determine o equivalente em dBm de uma potência de 0,2 pW.

Exercício 27: Determine o equivalente em dBm de uma potência de 6,92 W.

A conversão de uma potência de dBm para mW é definida pela equação:

$$\text{Potência em miliwatts} = 10^{P,dBm/10}$$

EQUAÇÃO 3.7: CONVERSÃO DE dBm PARA mW.

Exercício 28: Determine o equivalente em mW de uma potência de 0 dBm.

Exercício 29: Determine o equivalente em mW de uma potência de –17 dBm.

Exercício 30: Determine o equivalente em mW de uma potência de –107 dBm.

Exercício 31: A impedância de entrada de um receptor *wireless* é de 50 Ω. O sinal recebido é de –85 dBm. Determine a tensão eficaz sobre a impedância de entrada desse receptor.

Exercício 32: A impedância de entrada de um receptor de satélite é de

50 Ω. O sinal recebido é de −115 dBm. Determine a tensão eficaz sobre a impedância de entrada desse receptor.

Exercício 33: A impedância de entrada de um receptor de telefonia móvel celular é de 50 Ω. O sinal recebido é de −95 dBm. Determine a tensão eficaz sobre a impedância de entrada desse receptor.

Exercício 34: A figura a seguir representa o *set-up* da medida de potência e composição espectral de saída de um transmissor de radiofrequência, RF.

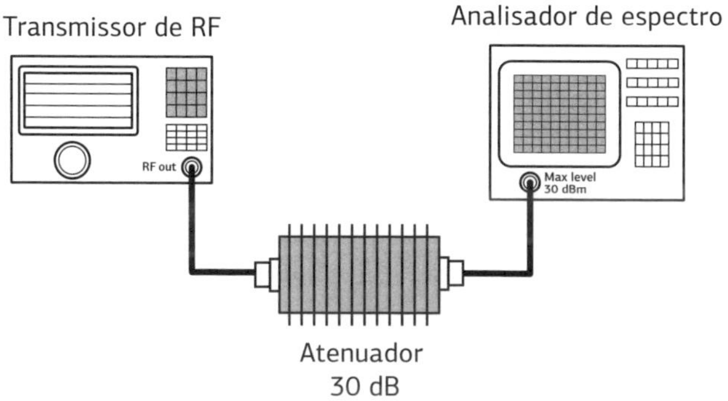

FIGURA 3.2: MEDIDA COM ANALISADOR DE ESPECTRO.

Na figura a seguir, tem-se a tela do analisador de espectro para a medida realizada.

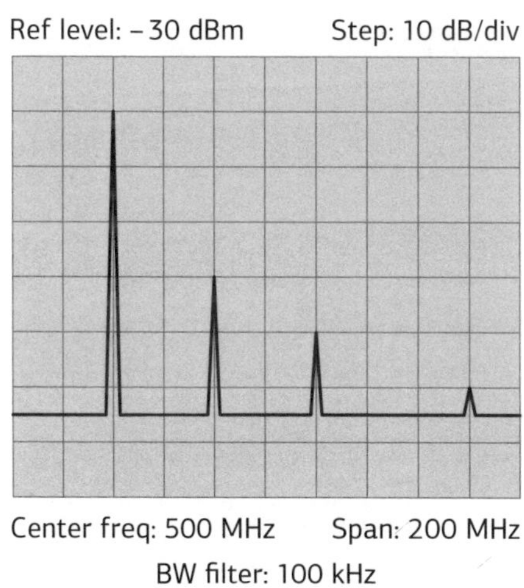

FIGURA 3.3: TELA DE ANALISADOR DE ESPECTRO.

Na Figura 3.3, a raia espectral mais à esquerda é a portadora de saída de um transmissor, e as demais raias são os sinais espúrios. O sinal foi atenuado 30 dB antes de ser aplicado no instrumento, a fim de evitar a saturação e ultrapassar-se o nível máximo de entrada do instrumento, que é de 30 dBm.

As impedâncias dos instrumentos e dispositivos são de 50 Ω.

Na tela do analisador, observam-se os ajustes do instrumento em que:

- ***Ref level:*** nível de referência na linha horizontal superior da tela do instrumento para medida de potência de sinal, em dBm. Nesse caso, há –30 dBm como nível de referência;
- ***Step:*** degrau ou intervalo de potência, em dB por divisão. Indica o valor dos intervalos do nível de potência da quadrícula na vertical. Nesse caso, há 10 dB por divisão ou quadrícula;
- ***Center freq:*** indica a frequência no meio da tela do instrumento, em MHz. Nesse caso, a frequência central é de 500 MHz;
- ***Span:*** faixa de varredura ou faixa de medida de frequências, em MHz. Nesse caso, a faixa é de 200 MHz; e
- ***BW filter:*** largura de banda do filtro, em kHz. Nesse caso, 100 kHz.

O intervalo de frequência de cada quadrícula na horizontal é definido pelo valor de Span dividido pelo número de quadrículas, nesse caso: 200×10^6 Hz / 10 = 20 MHz. Determine:

a) a faixa de excursão de frequência na tela do analisador de espectro;
b) a frequência da portadora;
c) o nível de potência da raia espectral da portadora, conforme indicado na tela;
d) o nível de potência real da portadora;
e) as frequências e os níveis de potência reais dos sinais espúrios;
f) se, não considerando a segurança, seria possível realizar-se a medida sem o uso do atenuador de 30 dB;
g) a tensão eficaz real do sinal em 480 MHz; e
h) a tensão de pico real do sinal em 480 MHz.

Exercício 35: Durante a medida da pureza espectral de um transmissor de RF, obteve-se na tela do analisador de espectro a distribuição de potência mostrada na Figura 3.4, em que a raia mais à esquerda é a portadora, e a mais à direita é um espúrio. O atenuador de entrada do analisador de espectro está ajustado para 30 dB, e a impedância é de 50 Ω. Determine:

a) a potência real dos sinais;
b) a tensão eficaz, em mV, real dos sinais;
c) a relação dBc do espúrio; e
d) a frequência da portadora e do espúrio.

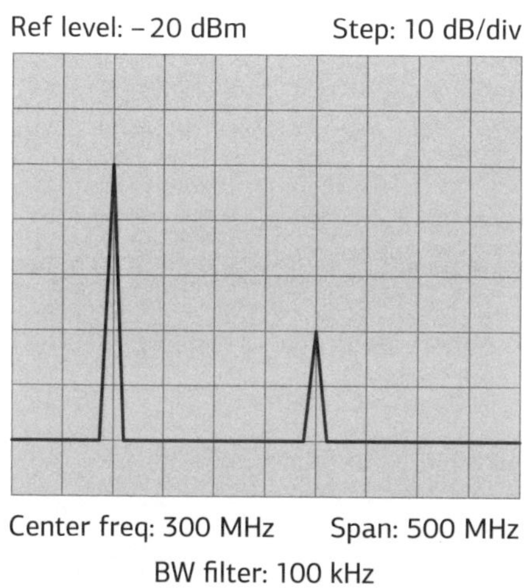

FIGURA 3.4: MEDIDA DE ESPÚRIOS.

3.5 dBμV

O ***dBμV***, dB em relação ao μV, é uma medida relativa de tensão, expressa por:

$$\text{Sinal em dB}\mu\text{V} =$$
$$= 20 \times \log_{10}(\text{Sinal em } \mu\text{V} / 1\ \mu\text{V})$$

EQUAÇÃO 3.8: TENSÃO EM dBμ.

O quadro a seguir apresenta valores de dBμV e a equivalência em V.

Nível	Tensão	Nível	Tensão
0 dBμV	1,00 μV	20 dBμV	10,0 μV
1 dBμV	1,12 μV	30 dBμV	31,6 μV
2 dBμV	1,26 μV	40 dBμV	100 μV
3 dBμV	1,41 μV	50 dBμV	316 μV
4 dBμV	1,58 μV	60 dBμV	1,00 mV
5 dBμV	1,78 μV	70 dBμV	3,16 mV
6 dBμV	2,00 μV	80 dBμV	10 mV
7 dBμV	2,24 μV	90 dBμV	31,6 mV
8 dBμV	2,51 μV	100 dBμV	100 mV
9 dBμV	2,82 μV	120 dBμV	1,00 V
10 dBμV	3,16 μV		

QUADRO 3.4: NÍVEL EM dBmV.

Exercício 36: A amplitude de um sinal é de 1,5 μV. Determine a amplitude em dBμV.

Exercício 37: A amplitude de um sinal é de 200 μV. Determine a amplitude em dBμV.

Em sistemas de 50 Ω, pode-se relacionar o nível em dBμ com o nível em dBm por:

$$\text{Nível em dBm @ } 50\ \Omega =$$
$$= -107\ \text{dB} + \text{Nível em dB}\mu\text{V @ } 50\ \Omega$$

EQUAÇÃO 3.9: NÍVEL EM dBm @ 50Ω.

Exercício 38: Determine o nível em dBm sobre uma carga de 50 Ω de um sinal de + 20 dBμV.

Exercício 39: Na saída de um gerador cuja impedância é igual a 50 Ω, tem-se um nível de potência de 10 dBm. Determine a amplitude desse sinal em dBμV.

Pode-se obter o valor em μV com base no valor em dBμV com:

$$\text{Tensão em } \mu V = 10^{\text{Tensão,dB}\mu V/20}$$

EQUAÇÃO 3.10: CONVERSÃO DE dBμV PARA μV.

Exercício 40: O valor indicado por um medidor de tensão é de −20 dBμV. Determine o valor da amplitude do sinal em μV.

Exercício 41: O valor indicado por um medidor de tensão é de −18,5 dBμV. Determine o valor da amplitude do sinal em μV e em nV.

3.6 dBmV

O ***dBmV***, dB em relação ao mV, é uma medida relativa de tensão, expressa por:

$$\text{Sinal em dBmV} =$$

$$= 20 \times \log_{10}(\text{Sinal em mV} / 1 \text{ mV})$$

EQUAÇÃO 3.11: TENSÃO EM dBmV.

Observe que a multiplicação do logaritmo é por 20, uma vez que é uma relação de tensão. O sinal deve ser expresso em milivolts para poder ser transformado em dBmV. Essa unidade é utilizada em sistemas de TV a cabo, ***CATV***.

Exercício 42: Em uma medição, obteve-se uma tensão de 1 mV. Determine esse valor em dBmV.

Exercício 43: Em uma medição, obteve-se uma tensão de 2 mV. Determine esse valor em dBmV.

Exercício 44: Um voltímetro foi calibrado de modo que o ponto 0 dB de sua escala corresponde a 775 mV para uma potência de 1 mW. Determine o valor em dB indicado por esse voltímetro ao medir-se um sinal de +9 dBm sobre uma impedância de 150 Ω.

Exercício 45: Uma medida de tensão realizada sobre uma impedância de 75 Ω resultou em 10 dBmV. Determine a potência sobre a carga em dBm.

Exercício 46: A potência sobre uma carga de 75 Ω é igual a −60 dBm. Determine a tensão de pico sobre a carga em dBmV.

Exercício 47: O resultado da medida de tensão eficaz sobre uma carga de 75 Ω indicou 15 dBmV. Determine:

a) o valor da tensão eficaz sobre a carga em mV;
b) o valor da tensão de pico sobre a carga em mV; e
c) a potência sobre a carga, em dBm.

O quadro a seguir apresenta alguns valores equivalentes de μV, mV e dBmV.

Sinal, μV/mV/V	Sinal, dBmV	Sinal, μV/mV/V	Sinal, dBmV
1 μV	-60,0	100 μV	-20,0
2 μV	-53,9	1 mV	0
3 μV	-50,4	2 mV	6,0
4 μV	-47,9	10 mV	20,0
5 μV	-46,0	20 mV	26,0
6 μV	-44,4	100 mV	40,0
7 μV	-43,0	200 mV	46,0
8 μV	-41,9	1 V	60,0
9 μV	-40,9	2 V	66,0
10 μV	-40,0	3 V	69,5

QUADRO 3.5: NÍVEL DE SINAL EM dBmV.

Em sistemas de 75 Ω, pode-se relacionar o nível de tensão em dBmV com o nível de potência em dBm pela seguinte equação:

$$U_{dBmV} = P_{dBm@75\Omega} + 48{,}75\ dB$$

EQUAÇÃO 3.12: TENSÃO EM dBmV.

Exercício 48: Em um ponto de um sistema de distribuição de sinais de vídeo em 75 Ω, a potência é de 1 mW. Determine a tensão em dBmV.

Exercício 49: Em um ponto de um sistema de distribuição de sinais de vídeo em 75 Ω, o nível do sinal é 56 dBmV. Determine a potência em mW.

3.7 dBU OU dBV

O *dBU* ou *dBV* é uma relação de tensões em dB, em que a tensão de referência é igual a 0,775 V, e a impedância de referência é de 600 Ω. Essa tensão sobre 600 Ω leva a uma potência de 1 mW ou 0 dBm. A equação de definição é:

$$dBU = 20 \times \log_{10}\left(\frac{U_V}{0,775}\right)$$

EQUAÇÃO 3.13: TENSÃO EM dBU.

Em que U_V é a tensão em V.

Calculando-se o valor do logaritmo, tem-se a equação final:

$$\text{Valor em dBU ou dBV} =$$
$$= 2,2 \text{ dB} + 20 \times \log_{10}(U_V)$$

EQUAÇÃO 3.14: TENSÃO EM dBU / dBV.

Exercício 50: O valor de tensão medido em um ponto é igual a 1,2 V. Determine o valor desse sinal em dBU.

Exercício 51: Determine o valor em volts de um sinal cujo nível é de 15,3 dBU.

O dBm e o dBU relacionam-se por:

$$\text{Relação de potências em dBm} =$$
$$= P_{dBm} \text{ @ } 600\ \Omega = U_{dB\mu V}$$

EQUAÇÃO 3.15: RELAÇÃO ENTRE dBm E dBU/dBV.

Em que:

U_{dBU}: tensão em dBU ou dBV; e

A tensão de referência é igual a 0,775 V, e a impedância de referência é de 600 Ω.

3.8 dBmO

O ***dBmO*** é a abreviatura de *decibels referenced to 1 mW and corrected to a 0 dBm effective power level* (nível em dB referenciado a 1 mW e corrigido para um nível de potência efetiva de 0 dBm). É definido como o nível de potência absoluta, referente a 1 mW aplicado na origem ou no ponto de transmissão Zero OLPT, normalmente na central interurbana ou em um dos extremos da linha de transmissão do canal de voz.

É utilizado em sistemas de telecomunicações para indicar um nível de referência como sinal piloto ou frequências de sinalização em conjunto com o dBr, apresentado a seguir.

3.9 dBr

O valor em ***dBr*** refere-se ao nível do sinal em um ponto qualquer do circuito considerado. É definido como a diferença entre o nível de potência absoluta, ***dBm***, e o nível de potência de referência, ***dBmO***.

O dBr indica ganho ou atenuações entre pontos do circuito, com base em um nível de referência.

A equação a seguir apresenta a relação entre dBmO, dBm e dBr.

$$\text{dBmO} = \text{dBm} - \text{dBr}$$

EQUAÇÃO 3.16: RELAÇÃO ENTRE dBmO, dBm E dBr.

A Figura 3.5 apresenta um exemplo da relação entre dBr, dBmO e dBm.

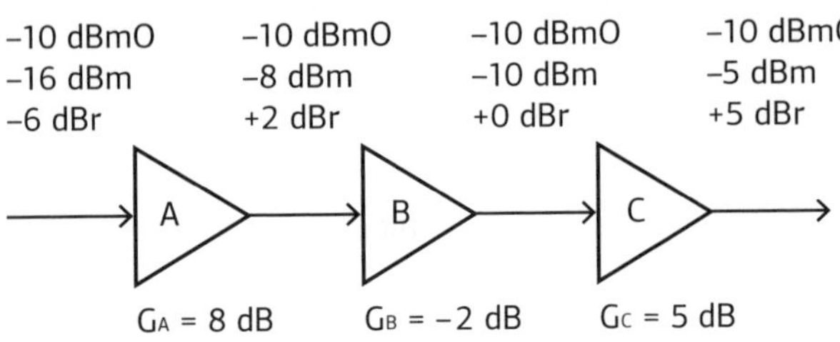

FIGURA 3.5: dBr, dBmO E dBm.

Nessa figura, observa-se que:

a) o valor de referência, no ponto de referência, é igual a –10 dBm0;
b) o nível do sinal de entrada no amplificador A é de –16 dBm, ou –6 dBr, já que este sinal está 6 dB abaixo do nível de referência;
c) o nível na saída do amplificador A é 8 dB acima do nível de entrada decorrente do ganho deste amplificador. O nível, então, é de 2 dBr; e
d) o nível de saída do amplificador B é o mesmo da referência, logo 0 dBr.

3.10 dBSPL

O termo ***dBSPL*** é a abreviatura de *decibels sound pressure level* (nível de pressão sonora em dB). É a pressão eficaz relativa a um nível de referência de 20 μPa na frequência de 1 kHz; a menor intensidade sonora percebida pelo aparelho auditivo humano, o limiar de audição humana. O Pa, ***pascal***, é uma unidade de pressão igual a 1 N/m^2.

O valor em dBSPL é obtido de:

$$dBSPL = 20 \times \log_{10}\left(\frac{p_1}{p_{ref}}\right)$$

EQUAÇÃO 3.17: dBSPL.

Em que:
p_1: nível de pressão sonora, expresso em Pa; e
p_2: nível de pressão sonora de referência: 2×10^{-5} Pa.

Cabe ressaltar-se que p_1 e p_2 não são níveis de potência, e sim níveis de pressão sonora, por isso o 20.

O nível de 0 dBSPL é definido como o limite inferior do nível de percepção auditiva.

O quadro a seguir apresenta alguns valores típicos.

dBSPL	Origem
30	Biblioteca silenciosa, sussurro leve
40	Sala de estar, geladeira, quarto longe do trânsito
50	Trânsito leve, conversação normal, escritório silencioso
60	Ar-condicionado com 6 m de distância, máquina de costura
70	Aspirador de pó, secador de cabelo, restaurante barulhento, 1m de distância
80	Tráfego médio de cidade, coletor de lixo, despertador com 60 cm de distância
90	Metrô, motocicleta, tráfego de caminhão, máquina de cortar grama
100	Caminhão de lixo, serra elétrica, furadeira pneumática, 1m de distância
120	Show de rock em frente às caixas de som, trovão. Limiar de desconforto
140	Espingarda de caça, avião a jato, 50 m de distância
160	Estouro de balão, disparo de rifle
180	Lançamento de foguete

QUADRO 3.6: NÍVEIS dBSPL.
FONTE: U.S. DEPARTMENT OF HEALTH AND HUMAN SERVICES, 1998.

Os níveis acima de 85 dBSPL por mais de 8 horas seguidas são extremamente perigosos, requerendo a utilização de equipamentos de proteção individual.

3.11 dBA, dBB, dBC e dBD

O *dBA* é empregado em áudio. A resposta de frequência da audição humana não é linear; ela varia entre cada indivíduo e decresce com a idade. Observou-se que sons com baixa intensidade são mais significativos para a compreensão da voz que níveis mais elevados. Na medição da intensidade sonora, são usados filtros de ponderação que se ajustam à resposta do aparelho auditivo humano.

Observe a figura a seguir.

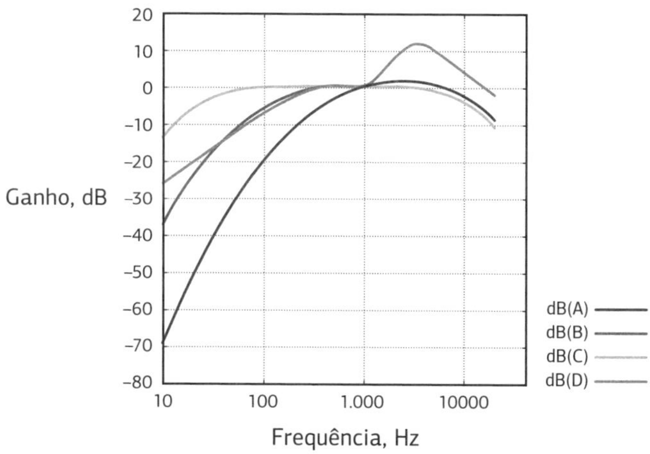

FIGURA 3.6: RESPOSTA DE ÁUDIO.
FONTE: WEIGHTED HEARING RESPONSE, 2015.

O filtro de ponderação A é comumente utilizado para realçar as frequências na faixa de 3 a 6 kHz, na qual é maior a sensibilidade de resposta da audição humana. É particularmente adequado para medições em ambientes com baixa intensidade de ruídos e tons senoidais.

Os filtros B e C são pouco usados, e o filtro D é utilizado na medição de níveis sonoros de grande intensidade referente a turbinas e motores de aeronaves.

A leitura em dBA corresponde à leitura em dB, afetada pela curva de resposta do ouvido a 40 dBSPL.

3.12 dBmP

O termo ***dBmP*** é a abreviação do termo em inglês *decibel relative to 1 mW psophometrically weighted* (ponderação psofométrica em dB em relação a 1 mW). Corresponde ao nível de potência de ruído absoluto ponderado psofometricamente. O P da sigla significa que o nível de potência de ruído foi medido dentro do canal telefônico, por meio de um medidor com filtro ponderado com características de amplitude *versus* frequência igual ao do ouvido humano de referência.

A Figura 3.7 apresenta a curva do filtro de ponderação psofométrica para voz. Observam-se o pico de resposta em cerca de 1 kHz e a referência em 800 Hz.

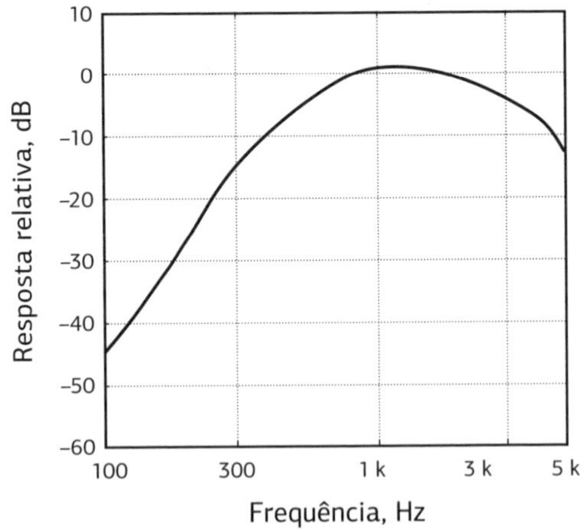

FIGURA 3.7: CURVA DE PONDERAÇÃO PSOFOMÉTRICA – VOZ.
FONTE: CALIXTO, 2015.

É comum também a unidade ***dBmOp***, que é a abreviatura do termo em inglês *decibel relative to origin psophometrically weighted* (nível psofometricamente ponderado em dB relativo à origem).

3.13 dBc

O ***dBc*** não é uma unidade relativa derivada do dB, e sim uma relação, expressa em dB, entre o nível de um sinal, denominado portadora, *carrier*, e o nível de outro sinal, quer seja harmônico ou espúrio. O dBc indica o grau de pureza espectral de um transmissor. Uma indicação de –60 dBc é lida como *60 dB abaixo da portadora*, significando que o nível do sinal considerado está 60 dB abaixo do nível de referência, definido pela portadora.

Exercício 52: Na medição do nível de harmônicos e espúrios de um transmissor, observaram-se na tela do analisador de espectro três raias espectrais: a frequência portadora e duas raias de componentes espúrias. A frequência mais próxima da portadora está a 30 dB abaixo do nível da portadora, e a frequência mais distante a 50 dB abaixo do nível da portadora. Considerando-se que a potência de saída portadora é de 1 kW, determine a potência das raias espúrias.

Exercício 53: Durante a medida da pureza espectral de um transmissor, obteve-se a distribuição espectral mostrada na Figura 3.8, na qual a raia espectral mais à esquerda é a portadora, e a raia seguinte é um sinal espúrio. Determine:

a) a potência da portadora;
b) a potência do sinal espúrio; e
c) a relação dBc para esse espectrograma.

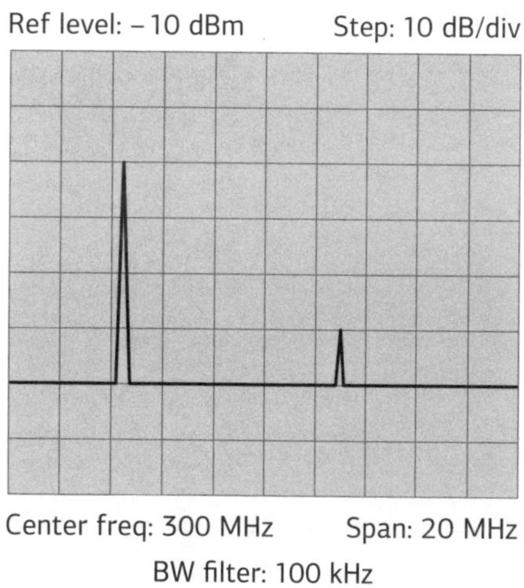

FIGURA 3.8: MEDIDA DE PUREZA ESPECTRAL.

Exercício 54: A especificação de um oscilador requer que o segundo e terceiro harmônicos permaneçam abaixo de 30 dB e 40 dB, respectivamente, em relação à fundamental (–30 dBc e –40 dBc). Considerando-se que a frequência fundamental é de 800 MHz e que o nível de saída da fundamental é de –10 dBm, determine o nível máximo de sinal nas frequências de 1.600 MHz e 2.400 MHz.

Exercício 55: A especificação de um transmissor indica que a irradiação de harmônicos e espúrios deverá ser mantida abaixo de 30 dB em relação à portadora, ou, equivalentemente, –30 dBc. Considerando-se uma potência de saída da portadora igual a 100 W, determine o nível máximo de harmônicos e espúrios tolerado.

Exercício 56: A Figura 3.9 representa a tela de um analisador de espectro durante a medida de atenuação de harmônicos e espúrios de um transmissor de radiofrequência. A raia espectral mais à esquerda é a portadora. A raia imediatamente à direita da portadora é o primeiro sinal espúrio, e a raia espectral mais à direita na tela é o segundo sinal espúrio. Determine:

a) a potência da fundamental, em dBm e dBc;
b) o nível de potência, em dBm e dBc, do primeiro sinal espúrio; e
c) o nível de potência, em dBm e dBc, do segundo sinal espúrio.

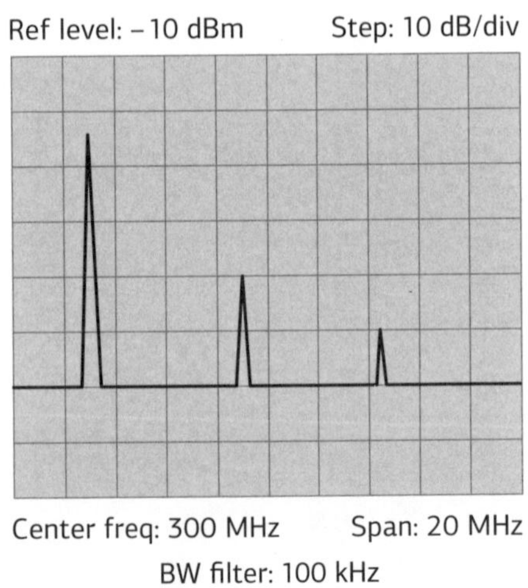

FIGURA 3.9: MEDIDA DE HARMÔNICOS.

3.14 dBi

O ***dBi*** é uma unidade de ganho de antenas relativa ao ganho da antena isotrópica que é de 0 dB. Um exemplo de antena aproximadamente isotrópica é uma antena curta, observada a distância, como o monopolo vertical curto. O ganho de um monopolo é de 0 dBi ou 1. O ganho de uma antena dipolo é de 2,15 dBi.

O ganho de uma antena em dBi é obtido por:

$$G_{dBi} = 10 \times \log_{10}(G_i)$$

EQUAÇÃO 3.18: GANHO DE ANTENA EM dBi.

Em que G_i é o ganho da antena em relação à isotrópica.

Nos sistemas de telecomunicações via rádio, os transmissores são ligados a antenas por meio de cabos de radiofrequência. Um parâmetro importante é a potência equivalente irradiada em relação à isotrópica, *EIRP*, sigla do termo em inglês *equivalent isotropically radiated power*.

A *EIRP* é a potência que é irradiada por uma antena em uma determinada direção. É definida como:

$$P_{EIRP} = P_{tr} \times G_{ti} \times A_c$$

EQUAÇÃO 3.19: EIRP EM W.

Em que:
P_{tr}: potência de saída do transmissor em W;
G_{ti}: ganho da antena transmissora em relação à isotrópica na direção considerada, adimensional (> 1); e
A_c: perdas por cabos, conectores e descasamento, na frequência de operação, adimensional (< 1).

Exercício 57: Um transmissor de 10 W é ligado a uma antena cujo ganho é de 6,3 vezes em relação à isotrópica em dada direção por um cabo curto, tido como sem perdas. Determine a EIRP na direção considerada.

Exercício 58: Um transmissor de 10 W é ligado a uma antena cujo ganho é de 6,3 vezes em relação à isotrópica em dada direção por um cabo cuja perda é de 0,89. Determine a EIRP na direção considerada.

Exercício 59: Um transmissor cuja potência de saída é de 20 W é ligado a uma antena do tipo monopolo vertical por um cabo cuja perda é desprezível. Determine a EIRP na direção considerada.

O mais usual é operar com os valores de ganho e atenuação em dB e de potência em dBW. Nesse caso, a equação da EIRP é definida por:

$$EIRP_{dBW} = P_{tr,dBW} + G_{dBi} - A_{dB}$$

EQUAÇÃO 3.20: EIRP EM DBW.

Em que:

$P_{tr,dBW}$: potência de saída do transmissor em dBW;

G_{dBi}: ganho da antena em dBi; e

A_{dB}: atenuação por cabos, conectores e descasamento em dB.

Exercício 60: Um transmissor de 10 W é ligado a uma antena cujo ganho é igual a 8 dBi em dada direção por um cabo curto, tido como sem perdas. Determine a EIRP na direção considerada.

Exercício 61: Um transmissor de 10 W é ligado a uma antena cujo ganho é igual a 8 dBi em dada direção por um cabo cuja perda é de 0,5 dB. Determine a EIRP na direção considerada.

Exercício 62: Um transmissor de 100 W é ligado a uma antena cujo ganho é igual a 8 dBi em dada direção por um cabo cuja perda é de 0,5 dB. Determine a EIRP na direção considerada.

Exercício 63: Um transmissor de 1.000 W é ligado a uma antena cujo ganho é igual a 3 dBi em dada direção por um cabo cuja perda é de 1,25 dB. Determine a EIRP na direção considerada.

Exercício 64: Um transmissor cuja potência de saída é de 20 W é ligado a uma antena do tipo monopolo vertical por um cabo cuja atenuação para o comprimento e na frequência de operação é de 3 dB. Determine a EIRP na direção considerada.

3.15 dBd

O ***dBd*** é uma unidade de ganho de antenas relativa ao ganho do dipolo, cujo ganho é de 2,15 dBi, ou 1,64. O ganho de uma antena em dBi e o em dBd relacionam-se pela equação:

$$G_{dBi} = G_{dBd} + 2{,}15\ dB$$

EQUAÇÃO 3.21: GANHO EM dBi / dBd.

Exercício 65: Um transmissor cuja potência de saída é de 20 W é ligado a uma antena do tipo dipolo por um cabo cuja perda é desprezível. Determine a EIRP na direção considerada.

Exercício 66: Um transmissor cuja potência de saída é de 20 W é ligado a uma antena do tipo dipolo por um cabo cuja perda é de 0,82. Determine a EIRP na direção considerada.

Exercício 67: Um transmissor cuja potência de saída é de 20 W é ligado a uma antena dipolo por um cabo cuja atenuação para o comprimento e frequência de operação é de 3 dB. Determine a EIRP na direção considerada.

Exercício 68: Duas antenas com ganhos iguais a 12 dBd são ligadas por um combinador de potências sem perdas, conforme mostrado na figura a seguir. Determine o ganho total do conjunto de antenas em dBi.

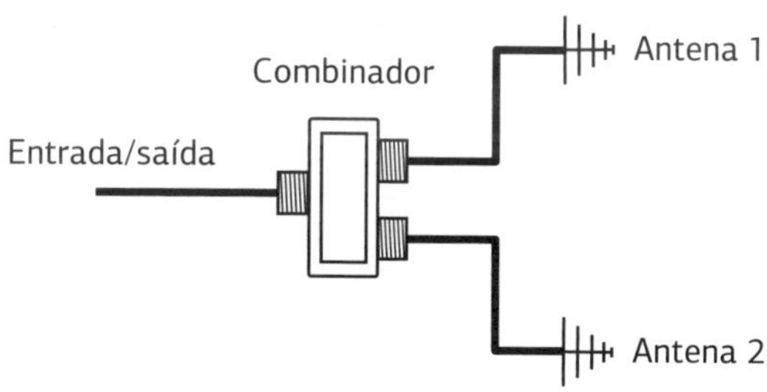

FIGURA 3.10: COMBINADOR DE POTÊNCIAS.

3.16 dBmV/m

O ***dBmV/m*** é uma unidade de intensidade de campo elétrico relativa a 1 mV/m. É utilizada na caracterização da intensidade de campo elétrico em uma região distante do transmissor. A conversão de campo em mV/m para dBmV/m é definida por:

$$E_{dBmV/m} = 20 \times \log_{10}(E_{V/m} \,/\, 1\ mV \,/\, m)$$

EQUAÇÃO 3.22: CAMPO ELÉTRICO EM dBmV/m.

A intensidade de campo elétrico em espaço livre é definida por:

$$E_{rms,mV/m} = 173{,}2 \times \frac{\sqrt{EIRP_{kW}}}{d_{km}}$$

EQUAÇÃO 3.23: INTENSIDADE DE CAMPO ELÉTRICO – ESPAÇO LIVRE.

Em que:
$E_{rms,mV/m}$: intensidade do campo elétrico rms no espaço livre em mV/m;
$EIRP_{kW}$: potência equivalente irradiada em relação à isotrópica em kW; e
d_{km}: distância até o ponto considerado em km.

Exercício 69: Determine a intensidade de campo elétrico. em ***dBmV/m***, em condições de espaço livre, à distância de 2 km de um transmissor cuja EIRP é igual a 3 kW.

Com base na Equação 3.23, obtém-se:

$$E_{rms,dBmV/m} =$$
$$= EIRP_{dBk} + 44{,}78 \text{ dB} - 20 \times \log_{10}(d_{km})$$

EQUAÇÃO 3.24: CAMPO ELÉTRICO *VERSUS* EIRP.

Exercício 70: Determine a intensidade de campo elétrico eficaz, na condição de espaço livre, cuja origem é um sistema transmissor com EIRP igual a 18 dBk, na distância de 10 km.

Exercício 71: Na condição de espaço livre, a intensidade de um campo elétrico cuja origem é um sistema transmissor com EIRP igual a 33 dBk e igual a 62,5 dBmV/m. Determine a distância entre o sistema irradiante e a região considerada.

A relação entre o valor eficaz da intensidade do campo elétrico e o valor de pico respectivo pode ser obtida de:

$$E_{rms,dBmV/m} = E_{pico,dBmV/m} - 3 \text{ dB}$$

EQUAÇÃO 3.25: CAMPO ELÉTRICO – PICO E rms.

Em que:

$E_{rms,dBmV/m}$: intensidade eficaz do campo elétrico em dBmV/m; e

$E_{pico,dBmV/m}$: intensidade de pico do campo elétrico em dBmV/m.

Exercício 72: Em uma região, a intensidade de pico do campo elétrico é de 45,6 dBmV/m. Determine o valor eficaz desse campo, na região considerada.

3.17 dBµV/m

O *dBµV/m* é uma unidade de intensidade de campo elétrico relativa a 1 µV/m. É utilizada na caracterização da intensidade de campo elétrico em uma região distante do transmissor.

A conversão de µV/m para dBµV/m é definida por:

$$E_{dB\mu V/m} = 20 \times \log_{10}(E_{\mu V/m} / 1\ \mu V/m)$$

EQUAÇÃO 3.26: CAMPO ELÉTRICO EM dBµV/m.

Exercício 73: Determine o campo elétrico em dBµV/m equivalente a um campo elétrico de 20 µV/m.

Exercício 74: Determine a intensidade de campo elétrico em dBµV/m, em condições de espaço livre, à distância de 2 km de um transmissor cuja EIRP é igual a 3 kW.

Para converter de dBµV/m para dBmV/m, utiliza-se a seguinte relação:

$$0\ dBmV/m = 60\ dB\mu V/m$$

Exercício 75: Em uma região, o campo elétrico é igual a 10 dBmV/m. Determine o valor da intensidade de campo elétrico em dBµV/m.

Exercício 76: Em uma região, o campo elétrico é igual a 40 dBµV/m. Determine o valor da intensidade de campo elétrico em dBmV/m.

Exercício 77: Uma emissora opera com um equipamento de transmissão cuja potência EIRP é de 25 dBW em uma direção específica. Determine o valor da intensidade de campo elétrico em dBµV/m, na condição de espaço livre, na distância de 5 km.

3.18 dBJ

O *dBJ* é uma unidade de energia relativa a 1 joule (J).

A conversão de J para dBJ é definida por:

$$E_{,dBJ} = 10 \times \log_{10}(E_{,J}/\ 1\ J)$$

EQUAÇÃO 3.27: ENERGIA EM dBJ.

Exercício 78: Um sinal é recebido com 4×10^{-18} J de energia. Determine a energia desse sinal em dBJ.

Exercício 79: Um sinal é recebido com energia igual a –160 dBJ. Determine a energia desse sinal em J.

Na especificação, avaliação e cálculo da taxa de erros em sistemas digitais, é usual a utilização da seguinte relação:

$$\frac{S}{N} = \frac{E_b}{N_0} \times \frac{r_b}{BW}$$

EQUAÇÃO 3.28: RELAÇÃO SINAL-RUÍDO.

Em que:
S: potência do sinal desejado em W;
N: potência de ruído em W;
S/N: relação sinal-ruído. **Não é em dB**;
E_b: energia do bit em J;
N_0: densidade espectral de potência de ruído em W/Hz;
r_b: taxa de transmissão em bits por segundo, ***bps***; e
BW: largura de banda de operação em Hz.

Exercício 80: Determine a relação E_b/N_0 para um sinal recebido com 4,14 $\times 10^{-18}$ J em um canal no qual a densidade espectral de potência de ruído é de $4{,}14 \times 10^{-21}$ W/Hz.

Exercício 81: Determine a relação (E_b/N_0)dB para um sinal recebido com $4{,}14 \times 10^{-18}$ J em um canal no qual a densidade espectral de potência de ruído é de $4{,}14 \times 10^{-21}$ W/Hz.

Pode-se, então, expressar a Equação 3.28 em unidades derivadas do dB por:

$$SNR_{dB} = 10 \times \log_{10}(E_b/N_0) + 10 \times \log_{10}(r_b/BW)$$

EQUAÇÃO 3.29: RELAÇÃO SINAL-RUÍDO EM dB.

Em que:
SNR_{dB}: relação sinal-ruído em dB;
E_b: energia do bit em J;
N_0: densidade espectral de potência em W/Hz;
r_b: taxa de transmissão em bps; e
BW: largura de banda de operação em Hz.

Exercício 82: Um sistema opera na taxa E1, 2,048 Mbps e tem largura de banda igual a 1,35 MHz. Determine a relação sinal-ruído de recepção quando a relação E_b/N_0 é igual a 12 dB.

A densidade espectral de potência é definida por:

$$N_{0,W/Hz} = k_{W/kHz} \times T_K$$

EQUAÇÃO 3.30: DENSIDADE ESPECTRAL DE POTÊNCIA.

Exercício 83: Um sistema opera em um canal cuja temperatura equivalente de ruído é de 2.000 K. O sinal é recebido com um nível de $2{,}5 \times 10^{-13}$ J. Determine a relação E_b/N_0 em dB.

A relação entre a intensidade do sinal recebido, a energia média do pulso e a taxa de transmissão é definida por:

$$S_W = E_{b,J} \times r_{b,bps}$$

EQUAÇÃO 3.31: POTÊNCIA DO SINAL *VERSUS* ENERGIA E TAXA DE DADOS.

Exercício 84: Um sistema opera na taxa E2, 8,448 Mbps. Na recepção, a energia do bit é igual a $2{,}3 \times 10^{-12}$ J. Determine a potência do sinal.

A Equação 3.31 pode ser escrita em unidades derivadas do dB como:

$$S_{,dBW} = E_{b,dBJ} + r_{b,dB,bps}$$

EQUAÇÃO 3.32: POTÊNCIA DO SINAL EM dBW.

Exercício 85: Determine a energia do pulso em dBJ para um sistema que opera na taxa de 100 kbps e com uma potência de sinal de -40 dBm.

Exercício 86: Determine a potência do pulso em dBW para um sistema que opera na taxa de 2,048 Mbps e com uma energia de –95 dBJ.

3.19 dBW/m²

O *dBW/m²* é uma unidade de densidade de potência por unidade de área, watt por m², derivada do dB.

Pode ser utilizada para indicar a densidade de potência em uma região na superfície da Terra referente ao conjunto transmissor e antena de transmissão de um satélite de telecomunicações. Com esse valor e a área efetiva de captação da antena de uma estação terrena de satélite, é possível determinar-se o sinal recebido. Esse parâmetro também é utilizado para avaliarem-se as condições de exposição à radiação não ionizante.

A densidade de potência a certa distância da fonte é definida por:

$$S_{W/m^2} = \frac{EIRP_W}{4 \times \pi \times d_{m^2}}$$

EQUAÇÃO 3.33: DENSIDADE DE POTÊNCIA.

Em que:
S_{W/m^2}: densidade de potência em W/m²;
$EIRP_W$: potência equivalente irradiada em relação à isotrópica na direção considerada em W; e
d_m: distância entre a antena e o ponto na direção considerada em m.

Exercício 87: Para um sistema transmissor, a EIRP é igual a 1.200 W em uma direção. Determine a densidade de potência a uma distância de 1,5 km, nessa direção.

Exercício 88: Para um sistema transmissor, a EIRP é igual a 1.200 W em uma direção. Determine a distância nessa direção para que a densidade de potência seja igual a 10,61 W/m².

O valor da densidade de potência expresso em dBW/m² é definido por:

$$\text{Valor em dBW/m}^2 =$$
$$= 10 \times \log_{10}(S_{W}/m^2) =$$
$$= EIRP_{dBW} - 10 \times \log_{10}(4 \times \pi \times d^2)$$

EQUAÇÃO 3.34: DENSIDADE DE POTÊNCIA EM dBW/m².

Em que:

S_{W/m^2}: densidade de potência em W/m²;

$EIRP_{dBW}$: potência equivalente irradiada em relação à isotrópica na direção considerada em dBW; e

d: distância entre a antena e o ponto na direção considerada em m.

Exercício 89: Para um sistema transmissor, a EIRP é igual a 1.200 W em dada direção. Determine a densidade de potência, em dBW/m², a uma distância de 1,5 km, nessa direção.

Exercício 90: Determine a densidade de potência na superfície da Terra referente a um satélite geoestacionário localizado a 38.000 km de distância da região cuja EIRP nessa direção é igual a 32 dBW.

Exercício 91: Um transmissor de 10 W alimenta uma antena, cujo ganho é de 8 dBi na direção considerada, por um cabo cuja atenuação é de 1,2 dB. Determine a densidade de potência em dBW/m² na distância de 400 m na direção considerada.

Exercício 92: Determine a densidade de potência em dBW/m², a 5 m de um transmissor cuja EIRP é igual a 16 dBW na direção considerada.

O quadro a seguir fornece os níveis máximos de exposição populacional a ondas de radiofrequência.

Faixa de frequência, MHz	Densidade de potência, W/m²
10 a 400	2
400 a 2.000	f / 200
2.000 a 300.000	10

QUADRO 3.7: LIMITES MÁXIMOS DE EXPOSIÇÃO.
FONTE: ANATEL, 2002.

Exercício 93: O conjunto transmissor de uma estação radiobase que opera na frequência de 1,8 GHz é constituído por um transmissor de 20 W alimentado por uma antena com ganho de 6 dB por meio de um cabo cuja atenuação é de 1,5 dB. Determine se o limite máximo de exposição populacional à radiação não ionizante é atendido na distância de 10 metros.

Exercício 94: Medidas realizadas para a aceitação de uma estação transmissora na faixa de 1,8 GHz indicaram uma EIRP igual a 70 W na direção considerada. Determine a densidade de potência em dBW/m² para uma distância de 10 m da antena e verifique se o valor atende à norma.

3.20 dBi/K

O ***dBi/K*** é um parâmetro de mérito utilizado para caracterizar-se como o conjunto antena e sistema de amplificação em sistemas de baixo ruído, por exemplo, sistemas de recepção via satélite. O parâmetro de mérito da antena é definido por:

$$A = \frac{G_{r,i}}{T_{e,K}}$$

EQUAÇÃO 3.35: PARÂMETRO DE MÉRITO DE ANTENA.

Em que:
$G_{r,i}$: ganho da antena receptora em relação à isotrópica. Não é em dB; e
$T_{e,K}$: temperatura equivalente de ruído da antena em K.

A figura de mérito em dBi/K é definida por:

$$A_{dBi/K} = G_{r,dBi} - 10 \times \log_{10}(T_{e,K})$$

EQUAÇÃO 3.36: PARÂMETRO DE MÉRITO EM dB.

Em que:
$G_{r,dBi}$: ganho da antena em dBi; e
$T_{e,K}$: temperatura equivalente de ruído da antena em K.

Exercício 95: A temperatura de ruído de um sistema de recepção é de 30 K. A especificação do conjunto antena e sistema receptor é de 20 dBi/K. Determine o ganho da antena.

O parâmetro dBi/K é utilizado para o cálculo da relação sinal-ruído de recepção em sistemas de satélite.

Exercício 96: O parâmetro de mérito de uma antena é de 12,5 dBi/K, e a temperatura de ruído é igual a 42 K. Determine o ganho dessa antena.

A equação que relaciona os parâmetros de um enlace via satélite e a relação sinal-ruído de recepção é definida por:

$$SNR_{dB} = EIRP_{dBW} + (G/T)_{dBi/K} + $$
$$+ 76{,}2\ dB - 10 \times \log_{10}(B_{Hz}) -$$
$$- 20 \times \log_{10}(f_{GHz} \times d_{km}) -$$
$$- At_{adicional,dB} - M_{dB}$$

EQUAÇÃO 3.37: RELAÇÃO SINAL-RUÍDO EM ENLACE VIA SATÉLITE.

Em que:

$EIRP_{dBW}$: potência equivalente irradiada em relação à isotrópica pelo conjunto transmissor e antena transmissora em dBW;
$G/T_{dBi/K}$: parâmetro de mérito da antena receptora;
B_{MHz}: largura de banda do canal em MHz;
f_{GHz}: frequência de operação do enlace em GHz;
d_{km}: distância entre as antenas em km;
$At_{adicional,dB}$: somatório das atenuações adicionais ao espaço livre em dB. Inclui perdas em cabos, conectores, guias de onda, divisores, descasamento, desalinhamento, hidrometeoros, despolarização e outros; e
M_{dB}: margem de confiabilidade do enlace em dB.

Exercício 97: Um enlace via satélite opera na banda Ku, em 12 GHz. A distância entre a estação terrena e o satélite é de 36.700 km. A largura de banda de FI é de 6 MHz. A estação terrena está localizada em uma região da Terra na qual a EIRP do satélite é de 38 dBW. A figura de mérito da antena receptora é de 24 dBi/K. As atenuações adicionais à perda por espaço livre são de 6,2 dB. Determine a relação sinal-ruído esperada de recepção.

3.21 dBrn

O *dBrn* é definido como dB acima do ruído de referência. A potência de ruído é ponderada em 1 pW, ou seja, 0 dBrn é igual a −90 dBm.

Exercício 98: Em um ponto específico de um sistema, o nível de ruído é igual a 25 dBrn. Determine a potência de ruído em dBm.

3.22 dB/pé

O *dB/pé*, ou dB/ft, é uma unidade de atenuação por pés (*feet* – ft). É geralmente usada para especificar a atenuação de cabos coaxiais.

No quadro a seguir, tem-se um exemplo da especificação de atenuação de dB/100 pés por frequência para um cabo coaxial utilizado em sistemas de TV cuja impedância característica é 75 Ω, na temperatura de 25ºC.

Frequência, MHz	Atenuação, dB/100 pés	Frequência, MHz	Atenuação, dB/100 pés
1	0,6	400	7,0
10	1,1	700	9,7
50	2,4	900	11,1
100	3,4	1.000	12,0
200	4,9		

QUADRO 3.8: ATENUAÇÃO CARACTERÍSTICA – dB/100 pés.
FONTE: BELDEN WIRE & CABLE COMPANY, 2006.

Observe que a atenuação é especificada em dB/100 pés, dB por 100 pés. Para efeitos de conversão, 1 pé é igual a 0,3048 m.

Exercício 99: Determine a atenuação de um segmento de 30 pés do cabo de 75 Ω especificado no Quadro 3.8 na frequência de operação de 100 MHz.

Exercício 100: Um sinal de 10 dBm é aplicado na entrada de um segmento do cabo especificado no Quadro 3.8, com 30 pés de comprimento. Determine a potência de saída na extremidade oposta do cabo coaxial em dBm.

Exercício 101: Um sinal de 10 mW é aplicado na entrada de um segmento do cabo especificado no Quadro 3.8, com 30 pés de comprimento. Determine a potência de saída na extremidade oposta do cabo coaxial em mW.

Exercício 102: A atenuação medida na frequência de 400 MHz em um segmento do cabo coaxial descrito no Quadro 3.8 é de 2,5 dB. Determine o comprimento do cabo.

Exercício 103: Determine a atenuação de um segmento de 25 m do cabo especificado no Quadro 3.8 na frequência de 900 MHz.

Consulte no Anexo 1 um gráfico com a atenuação característica, expressa em dB/100 pés, na temperatura de 25ºC, em função da frequência, para diversos tipos de cabos coaxiais utilizados em sistemas de RF, cuja impedância característica é de 50 Ω. Observe a variação da atenuação com a frequência e também o fato de que cabos com maior diâmetro tendem a apresentar menor atenuação quando comparados na mesma frequência e temperatura.

Exercício 104: O cabo RG-58 é muito utilizado em aplicações de laboratório, a curtas distâncias, em frequências até cerca de 2 GHz. É um cabo coaxial cuja especificação do diâmetro externo é 0,4953 cm. Determine a atenuação introduzida por um segmento de 5 m de comprimento na frequência de 800 MHz, na temperatura de 25ºC. Veja o Anexo 1.

Exercício 105: O cabo RG-213 é muito utilizado em instalações de RF, para interligar a antena ao sistema transmissor-receptor quando a antena está instalada em mastros ou torres de alguns metros de altura, em frequências até cerca de 2 GHz. É um cabo coaxial cujo diâmetro externo é 1,0287 cm. Determine a atenuação introduzida por um segmento de 5 m de comprimento desse cabo na frequência de 800 MHz, na temperatura de 25ºC. Veja o Anexo 1.

3.23 dB/m

O ***dB/m*** é uma unidade de atenuação por metro. É geralmente utilizada para especificar a atenuação de cabos coaxiais.

No Quadro 3.9 constam valores de atenuação característica em função da frequência, na temperatura de 25ºC, expressa em dB/100 m, para um tipo de coaxial cuja impedância característica é 75 Ω.

Frequência, MHz	Atenuação, dB/100 m	Frequência, MHz	Atenuação, dB/10 m
1	2,0	200	16,1
10	3,6	400	23,0
50	7,9	700	31,8
100	11,2	900	36,4

QUADRO 3.9: ATENUAÇÃO CARACTERÍSTICA – dB/100 m.
FONTE: BELDEN WIRE & CABLE COMPANY, 2006.

Exercício 106: Determine a atenuação de um segmento de 20 m do cabo coaxial de 75 Ω especificado no Quadro 3.9 na frequência de operação de 100 MHz.

Exercício 107: Um sinal de 500 mW é aplicado em um segmento de 20 m do cabo coaxial especificado no Quadro 3.9, na frequência de operação de 100 MHz, na temperatura de 25ºC. Determine a potência de saída na extremidade oposta do cabo.

Exercício 108: A atenuação característica em 400 MHz de um cabo é de 23 dB/100 m. Determine o comprimento que introduz uma atenuação de 2,5 dB.

Exercício 109: Determine a atenuação em 900 MHz para um segmento de 50 pés do cabo especificado no Quadro 3.9.

3.24 dB/km

O ***dB/km*** é uma unidade de atenuação em dB por km. É geralmente utilizada para especificar as seguintes atenuações características:

- cabos ópticos;
- atenuação em decorrência de chuva ou outros hidrometeoros em enlaces via satélite; e
- absorção por gases atmosféricos em frequências de micro-ondas.

O quadro a seguir apresenta os valores típicos da atenuação característica em dB/km de uma fibra óptica multímodo com diâmetros de 62,5 / 125 μm.

Frequência, nm	Atenuação, dB/km
850	2,6 – 2,7
1.300	0,5 – 0,6

QUADRO 3.10: ATENUAÇÃO – FIBRA MULTÍMODO.
FONTE: PRYSMIAN GROUP, 2015.

O quadro a seguir apresenta os valores típicos da atenuação característica de uma fibra óptica monomodo com 125 μm de diâmetro.

Frequência, nm	Atenuação, dB/km
1.285 a 1.330	0,38
1.310	0,35
1.530 a 1.570	0,25
1.550	0,2

QUADRO 3.11: ATENUAÇÃO – FIBRA MONOMODO.
FONTE: CORNING INCORPORATED, 2006.

Exercício 110: Determine a atenuação de um segmento de 400 m para uma fibra multímodo na janela de 850 nm.

Exercício 111: Determine a atenuação de um segmento de 400 m para uma fibra monomodo na janela de 1.310 nm.

Exercício 112: Um enlace óptico é constituído por 1.200 m de fibra multímodo operando na janela de 850 nm. Levando em conta que cada conector, de entrada e de saída, introduz 0,2 dB de perdas e que existe uma emenda na fibra com 0,5 dB de atenuação, determine a atenuação total do enlace. Considere o pior caso de atenuação da fibra.

Exercício 113: Um enlace óptico é constituído por 1.200 m de fibra monomodo operando na janela de 1.310 nm. Levando em conta que cada conector, de entrada e de saída, introduz 0,2 dB de perdas e que existe uma emenda na fibra com 0,5 dB de atenuação, determine a atenuação total do enlace. Considere o pior caso de atenuação da fibra.

Os gases atmosféricos, bem como o vapor d'água, absorvem a energia da onda eletromagnética que se propaga pela atmosfera. Essa absorção é caracterizada por uma atenuação característica, expressa em dB/km por causa da frequência da onda.

Na faixa de operação dos sistemas de satélite de 12 GHz em diante, ***banda Ku***, a chuva e outros hidrometeoros podem exercer uma forte atenuação sobre o sinal. Isso é particularmente percebido em regiões tropicais, como o Brasil, quando tal atenuação pode até mesmo limitar em frequência os sistemas empregados e em dimensões de antenas. Tal atenuação é função da taxa de chuva, expressa em mm/h, pela distância que a onda atravessa a região de chuva, pelo ângulo entre a direção de propagação e a chuva e até mesmo a região ou clima.

A figura a seguir apresenta essa atenuação característica, expressa em dB/km. Observa-se o pico de absorção em 22 GHz resultante da água, e em 63 GHz, resultante do oxigênio.

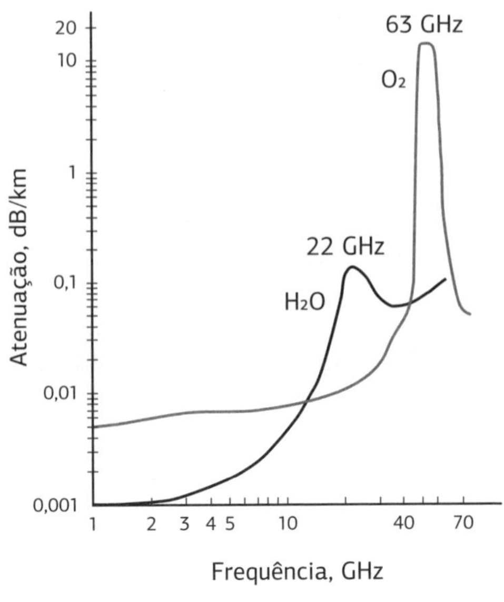

FIGURA 3.11: ATENUAÇÃO CARACTERÍSTICA – H_2O E O_2.
FONTE: FEDERAL COMMUNICATIONS COMMISSION, 1997.

Exercício 114: Determine a atenuação por absorção atmosférica resultante de gases e vapor atmosférico para um enlace de 10 km na frequência de 12 GHz.

Exercício 115: Um enlace via satélite é estabelecido na frequência de 14 GHz. Determine a atenuação por gases e vapor atmosférico para um percurso de 25 km.

A seguir será apresentado o modelo de atenuação simplificado do CCIR, com base no modelo de Robert Crane. A equação nos fornece a taxa de atenuação em dB/km.

$$K_{chuva,dB/km} = a \times R^b$$

EQUAÇÃO 3.38: ATENUAÇÃO POR CHUVA EM dB/kM.

Em que:
K: atenuação por chuva em dB/km; e
R: taxa de precipitação de chuva em mm/h.

FONTE: IEEE TRANSACTIONS ON COMMUNICATIONS, VOL. 28, N. 9, SETEMBRO DE 1980.

Na Equação 3.38, os parâmetros "a" e "b" são obtidos de:

$a = 4{,}21 \times 10^{-5} \times f_{GHz}{}^{2{,}42}$ $(2{,}9\ GHz \leq f_{GHz} \leq 54\ GHz)$
$b = 1{,}41 \times f_{GHz}{}^{-0{,}0779}$ $(8{,}5\ GHz \leq f_{GHz} \leq 25\ GHz)$

Exercício 116: Determine a atenuação por chuva para um enlace em 12 GHz, atravessando, por 1,5 km, uma célula de chuva com uma precipitação de 100 mm/h.

Em ocasiões de chuva muito intensa, o sinal recebido oriundo do satélite pode atingir valores inferiores ao mínimo especificado para operação, interrompendo o serviço.

3.25 dB/oitava

O ***dB/oitava***, dB por oitava, é uma indicação da variação em dB com o dobro da frequência de referência, 1 oitava.

A frequência do enésimo harmônico, com base na frequência fundamental, é dada por:

$$f_{\text{enésimo harmônico}} = f_{\text{fundamental}} \times n$$

EQUAÇÃO 3.39: FREQUÊNCIA DO ENÉSIMO HARMÔNICO *VERSUS* FUNDAMENTAL.

Se você toca piano, deve estar familiarizado com o termo "oitava". Localize uma tecla correspondente a um dó no meio do teclado. Uma oitava acima é o dó mais à direita, mais agudo, correspondendo a uma frequência mais alta. Uma oitava abaixo é o dó mais à esquerda, mais grave, correspondendo a uma frequência mais baixa. A voz é capaz de reproduzir, em média, cerca de 6 oitavas.

A Figura 3.12 apresenta o diagrama esquemático de um filtro passa-baixa capacitivo de primeira ordem.

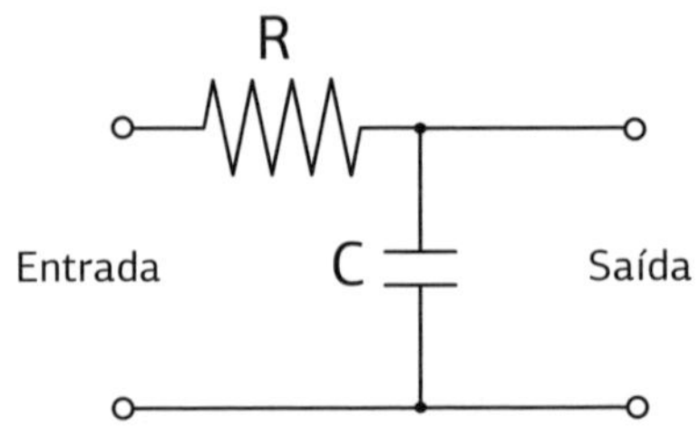

FIGURA 3.12: FILTRO RC PASSA-BAIXA DE PRIMEIRA ORDEM.

A função de transferência do circuito mostrado na Figura 3.12 é definida por:

$$H_{dB} = -10 \times \log_{10}\left[1 + \left(\frac{f_0}{f_{3dB}}\right)^2\right]$$

EQUAÇÃO 3.40: FUNÇÃO DE TRANSFERÊNCIA DE FILTRO. PASSA-BAIXA CAPACITIVO DE PRIMEIRA ORDEM.

Em que:
H_{dB}: função de transferência em dB do filtro passa-baixa capacitivo de primeira ordem;
f_0: frequência de operação em Hz; e
f_{3dB}: frequência de corte, 3dB ou meia potência em Hz.

A frequência de corte do circuito mostrado na Figura 3.12 é definida por:

$$f_{3dB} = 1 / (2 \times \pi \times R \times C)$$

EQUAÇÃO 3.41: FREQUÊNCIA DE CORTE.

Em que:
R: resistência, expressa em Ω; e
C: capacitância, expressa em F.

Exercício 117: Trace o gráfico da função de transferência para um circuito passa-baixa RC, de primeira ordem, com R = 1 kΩ e C = 1,59 µF. Comente sobre a inclinação da curva e os pontos de 3 dB, 20 dB, 26 dB, 30 dB e 50 dB.

O cálculo da atenuação adicional em relação à frequência de referência é definido por:

$$\Delta,dB = 20 \times n \times \log_{10}\left(\frac{f_{operação}}{f_{referência}}\right)$$

EQUAÇÃO 3.42: ATENUAÇÃO ADICIONAL EM dB.

Em que:
Δ,dB: atenuação adicional em dB em relação à frequência de referência;
$f_{operação}$: frequência de operação em Hz;
$f_{referência}$: frequência de referência em Hz; e
n: ordem do filtro passa-baixa. Sempre inteiro maior que 1.

Exercício 118: Um filtro passa-baixa de quinta ordem introduz uma atenuação de 12 dB em 2 kHz, fora da banda de passagem. Determine a atenuação 2 oitavas acima.

Exercício 119: Um filtro passa-baixa de terceira ordem introduz uma atenuação de 25 dB em 6 kHz. Determine a atenuação introduzida por este filtro na frequência de 750 Hz, considerando que essa frequência está acima da frequência de corte do filtro.

3.26 dB/década

O *dB/década* é uma indicação da variação em dB com o décuplo, 10 vezes, da frequência de referência, uma década.

Exercício 120: Determine a atenuação em 1 kHz, para um filtro passa-baixa RC, de primeira ordem, com R = 1 kΩ e C = 1,59 μF.

3.27 RESPOSTAS DOS EXERCÍCIOS

1. $P_{dBW} = 10 \times \log_{10}(1{,}5) = 1{,}76$ dBW.

2. Inicialmente converte-se a potência em pW para W:
   $20 \text{ pW} = 20 \times 10^{-12}$ W.

   Aplicando-se a equação de definição de dBW, tem-se que:
   Potência em dBW = $10 \times \log_{10}$(Potência em W / 1 W) = $10 \times \log_{10} (20 \times 10^{-12} \text{ W} / 1\text{W}) = 10 \times \log_{10}(20 \times 10^{-12}) = -107$ dBW.

   Assim, uma potência de 20 pW equivale a −107 dBW.

3. $P_{dBW} = 10 \times \log_{10}(120 \times 10^{-3}\text{W} / 1\text{W}) = 10 \times \log_{10}(120 \times 10^{-3}\text{W}) = -9{,}2$ dBW.

   Não se assuste com essa potência negativa em dB. Isso apenas significa um valor em dBW de um nível de potência menor que 1 W.

4. $P_{dBW} = 10 \times \log_{10}(0{,}1 \times 10^{-3} \text{ W} / 1 \text{ W}) = 10 \times \log_{10}(0{,}1 \times 10^{-3}) = -40$ dBW.

5. Aplicando-se a equação de conversão de dBW para watts, tem-se que:
   Potência em W = $10^{P,dBW/10} = 10^{0dBW/10} = 10^{0} = 1$ W.

   Assim, uma potência de 0 dBW equivale a 1 W.

6. Aplicando-se a equação de conversão de dBW para watts, tem-se que:
   Potência em W = $10^{P,dBW/10} = 10^{-107dBW/10} = 10^{-10,7} = 20 \times 10^{-12}$ W = 20 pW.

   Assim, uma potência de −107 dBW equivale a 20×10^{-12} W ou 20 pW.

7. Aplicando-se a equação de conversão de dBW para W, tem-se que
   $P = 10^{-4,7/10} = 0{,}338$ W ou 338,8 mW.

8. Aplicando-se a equação de conversão de dBW para watts, tem-se que: $P = 10^{17,29/10} = 53,58$ W.

9.

a) Cálculo da potência em watts: $P = 10^{P,dBW/10} = 10^{-100/10} = 10^{-10}$ W.
Cálculo da tensão eficaz aplicada sobre a impedância de entrada:
$V_{rms} = (P \times R)^{1/2} = (10^{-10} \times 50)^{1/2} = 70,7 \times 10^{-6} = 70,7$ µV.

b) $V_{pico} = (2 \times 50 \times 10^{-10})^{1/2} = 0,1$ mV.

10.

a) Cálculo da potência em watts: $P = 10^{P,dBW/10} = 10^{-30/10} = 10^{-3}$ W.
Cálculo da tensão eficaz aplicada sobre a impedância de entrada:
$V_{rms} = (P \times R)^{1/2} = (10-3 \times 600)^{1/2} = 775$ mV.

b) $V_{pico} = (2 \times 600 \times 10^{-3})^{1/2} = 1,095$ V.

11. $P_{dBk} = 10 \times \log_{10}(0,12\ kW / 1\ kW) = 10 \times \log_{10}(0,12) = -9,2$ dBk.

12. $P_{dBk} = 10 \times \log_{10}(2\ kW / 1\ W) = 10 \times \log_{10}(2) = 3$ dBk.

13. $P_{,dBk} = 10 \times \log_{10}(1.500\ kW / 1\ W) = 10 \times \log_{10}(1.000) = 31,76$ dBk. Assim, uma potência de 1,5 MW é igual a 31,76 dBk.

14. $P_{dBk} = 10 \times \log_{10}(0,5\ kW / 1\ kW) = 10 \times \log_{10}(0,5) = -3$ dBk, um valor inferior a zero dBk, ou seja, a potência é inferior à referência, 1 kW.

15. Aplicando-se a equação de conversão de dBk para kW, tem-se que: Potência em kW $= 10^{P,dBk/10} = 10^{3dBk/10} = 10^{0,3} = 2$ kW. Assim, uma potência de 3 dBk é igual a 2 kW.

16. $P_{kW} = 10^{-8,5/10} = 0,14$ kW. Assim, uma potência de −8,5 dBk é igual a 140 W.

17. $P_{dBm} = 10 \times \log_{10}(2\ mW / 1\ mW) = 10 \times \log_{10}(2) = 3$ dBm. Assim, 2 mW é igual a 3 dBm.

18. $P_{dBm} =10 \times \log_{10}(20\ mW/1\ mW) = 10 \times \log_{10}(20) = 13$ dBm.

19. $P_{dBm} = 10 \times \log_{10}(500 \times 10^{-3}\ mW / 1\ mW) = 10 \times \log_{10}(500 \times 10 - 3) = -3$ dBm.

20. $P_{dBm} = 10 \times \log_{10}(20 \times 10^{3}\ mW / 1\ mW) = 10 \times \log_{10}(20 \times 10^{3}) = 43$ dBm.

21. Na saída, a potência é de 13 dBm. Isso decorre do fato de que dobrar a potência equivale a somar 3 dB.

22. $U = (P \times R)^{1/2} = (1 \times 10^{-3} \times 600)^{1/2} = 0{,}774596$ V, ou 775 mV.

23. Na escala de 10 ACV, a correção é 0 dB. $P_{dBm} = +16$ dBm $= -14$ dBW = 0,03981 W. A tensão é igual a $U = (0{,}03981 \times 600)^{1/2} = 4{,}89$ V.

24. Na escala de 50 ACV, a correção é 14 dB. $P_{dBm} = +12$ dBm + 14 dB = 26 dBm = −4 dBW = 0,3981 W. A tensão eficaz é igual a V_{rms} = $(0{,}3981 \times 600)^{1/2} = 15{,}45$ V. A tensão de pico é igual a U_{pico} = $15{,}35 \times (2)^{1/2} = 21{,}85$ V.

25. Na escala de 250 ACV, a correção é 28 dB. $P_{dBm} = +12$ dBm + 28 dB = 40 dBm = 10 dBW = 10 W. A tensão eficaz é igual a $V_{rms} = (10 \times 600)^{1/2}$ = 77,46 V. A tensão de pico é igual a $V_{pico} = 77{,}46 \times (2)^{1/2} = 109{,}5$ V.

26. $P_{dBm} = P_{dBW} + 30$ dB $= 10 \times \log_{10}(0{,}2 \times 10^{-12}) + 30$ dB $= -97$ dBm. Assim, uma potência de 0,2 pW equivale a −97 dBm.

27. $P_{dBm} = 10 \times \log_{10}(6{,}92) + 30 = 38{,}4$ dBm.

28. Aplicando-se a equação de conversão de dBm para mW, tem-se que: Potência em mW $= 10^{P,dBm/10} = 10^{0dBm/10} = 10^{0} = 1$ mW.

Assim, uma potência de 0 dBm equivale a 1 mW.

29. Aplicando a equação de conversão de dBm para mW, tem-se que: Potência em mW $= 10^{P,dBm/10} = 10^{-17dBm/10} = 10^{-1{,}7} = 0{,}02$ mW.

Assim, uma potência de −17 dBm equivale a 0,02 mW ou 20 μW.

30. Aplicando-se a equação de conversão de dBm para mW, tem-se que: Potência em mW $= 10^{P,dBm/10} = 10^{-107dBm/10} = 10^{-10{,}7} = 20 \times 10^{-12}$ mW.

Assim, uma potência de −107 dBW equivale a 20×10^{-12} mW.

31. Cálculo da potência em dBW:
$P_{dBW} = P_{dBm} - 30$ dB $= -85$ dBm $- 30$ dB $= -115$ dBW.

Cálculo da potência em watts:
$P = 10^{dBW/10} = 10^{-115/10} = 10^{-11{,}5} = 3{,}16 \times 10^{-12}$ W.

Cálculo da tensão eficaz sobre a impedância de entrada do receptor:
$V_{rms} = (P \times Z)^{1/2} = (3{,}16 \times 10^{-12} \times 50)^{1/2} = 12{,}6$ μV.

32. Cálculo da potência em dBW:

$P_{dBW} = P_{dBm} - 30\ dB = -115\ dBm - 30\ dB = -145\ dBW$.

Cálculo da potência em watts:

$P = 10^{dBW/10} = 10^{-145/10} = 10^{-14,5} = 3,16 \times 10^{-15}\ W$.

Cálculo da tensão eficaz sobre a impedância de entrada do receptor:

$V_{rms} = (P \times Z)^{1/2} = (3,16 \times 10^{-15} \times 50)^{1/2} = 0,3975\ \mu V$.

33. Cálculo da potência em dBW:

$P_{dBW} = P_{dBm} - 30\ dB = -95\ dBm - 30\ dB = -125\ dBW$.

Cálculo da potência em watts:

$P = 10^{dBW/10} = 10^{-125/10} = 10^{-12,5} = 3,16 \times 10^{-13}\ W$.

Cálculo da tensão eficaz sobre a impedância de entrada do receptor:

$V_{rms} = (P \times Z)^{1/2} = (3,16 \times 10^{-13} \times 50)^{1/2} = 3,976\ \mu V$.

34.

a) De 400 MHz a 600 MHz.
b) 440 MHz.
c) –40 dBm.
d) –40 dBm + 30 dB = –10 dBm, ou 0,1 mW;
e) 480 MHz com –40 dBm, 520 MHz com –50 dBm e 580 MHz com -60 dBm.
f) Sim, na medida em que o nível máximo do sinal de entrada aplicado no instrumento é –10 dBm.
g) $V_{eficaz} = (P \times R)^{1/2}$, em que: PdBW = –40 dBm – 30 dB = –70 dBW = $10^{-70/10} = 10^{-7}$ W e R = 50 Ω. Logo: $V_{rms} = (10^{-7} \times 50)^{1/2} = 2,24$ mV.
h) $V_{pico} = V_{rms} \times (2)^{1/2} = 3,16$ mV.

35.

a) $P_{portadora,real}$ = –40 dBm (lido na tela) + 30 dB (atenuador de entrada) = –10 dBm.
   $P_{espúrio,\ real}$ = –70 dBm (lido na tela) + 30 dB (atenuador de entrada) = –40 dBm.
b) –10 dBm = 0,1 mW; $U_{portadora,rms} = (0,1 \times 10^{-3} \times 50)^{1/2} = 70,7$ mV.
   –40 dBm = 10^{-7} W; $U_{espúrio,rms} = (10^{-7} \times 50)^{1/2} = 2,23$ mV.
c) –30 dBc (30 dB abaixo da portadora).
d) Frequência da portadora = 150 MHz e frequência do espúrio = 350 MHz.

36. $V_{dB\mu V} = 20 \times \log_{10}(1{,}5\ \mu V / 1\ \mu V) = 20 \times \log_{10}(1{,}5) = 3{,}52$ dBμV.

37. $V_{dB\mu V} = 20 \times \log_{10}(200\ \mu V / 1\ \mu V) = 20 \times \log_{10}(200) = 46$ dBμV.

38. Um nível de +20 dBμV corresponde a um nível de –107 + 20 = -87 dBm @ 50 Ω.

39. $V_{dB\mu V} = 10$ dBm + 107 dB = 117 dBμV.

40. $V_{\mu V} = 10^{-20/20} = 0{,}1$ μV.

41. $V_{\mu V} = 10^{-18{,}5/20} = 0{,}119$ μV ou 118,85 nV.

42. $V_{dBmV} = 20 \times \log_{10}(1\ mV / 1\ mV) = 20 \times \log_{10}(1) = 0$ dBmV. Assim, uma tensão de 1 mV equivale a 0 dBmV.

43. $V_{dBmV} = 20 \times \log_{10}(2\ mV / 1\ mV) = 20 \times \log_{10}(2) = 6$ dBmV. Dobrar em tensão equivale a somar 6 dB.

44. Uma potência de +9 dBm equivale a $10^{0{,}9} = 7{,}94$ mW ou $7{,}94 \times 10^{-3}$ W. Essa potência sobre 150 Ω desenvolve uma tensão dada por:
$V = (P \times R)^{1/2} = (7{,}94 \times 10^{-3} \times 150)^{1/2} = 1{,}091$ V

A relação em dB entre a tensão de 1,09 V e 775 mV é definida por:
Relação em dB = $20 \times \log_{10}(1{,}091 / 0{,}775) = 2{,}97$ dB.

Assim, o valor indicado na escala do voltímetro é de 2,97 dB, ou cerca de 3 dB.

45. $V = 10^{10/20} = 3{,}16$ mV.

$P = V^2 / 75 = (3{,}16 \times 10^{-3})^2 / 75 = 1{,}33 \times 10^{-7}\ W = 1{,}33 \times 10^{-4}\ mW = -38{,}8$ dBm.

46. –60 dBm = -90 dBW = $10^{-90/10} = 10^{-9}$ W.
$V_{rms} = (P \times R)^{1/2} = (10^{-9} \times 75)^{1/2} = 0{,}27$ mV.
$V_{pico} = V_{rms} \times (2)^{1/2} = 0{,}27 \times 10^{-3} \times (2)^{1/2} = 0{,}382$ mV = -8,36 dBmV.

47.

a) $V_{rms} = 10^{15/20} = 10^{0{,}75} = 5{,}6$ mV;
b) $V_{pico} = V_{rms} \times (2)^{1/2} = 7{,}2$ mV;
c) $P_W = (5{,}6 \times 10^{-3})^2 / 75 = 4{,}18 \times 10^{-7}$ W, equivalente a $10 \times \log_{10}(4{,}18 \times 10^{-7}) + 30$ dB = –33,79 dBm.

48. A potência de 1 mW equivale a 10 × $\log_{10}(1)$ = 0 dBm. Logo VdBmV = 0 dBm + 48,75 = 48,75 dBmV.

49. P_{dBm} = V_{dBmV} – 48,75 dB = 56 dBmV – 48,75 = 7,25 dBm, que é igual a $10^{7,25/10}$ = 5,3 mW.

50. V_{dBU} = 20 × $\log_{10}(1{,}2 / 0{,}775)$ = 20 × $\log_{10}(1{,}55)$ = 3,81 dBU.

51. 15,3 dBU = 2,2 dB + 20 × $\log_{10}(U)$, logo U = 4,52 V.

52. A potência da portadora é de 1 kW. A frequência mais próxima apresenta um nível 30 dB abaixo. Sabendo-se que -30 dB equivale a dividir por 1.000, tem-se que a potência desse sinal é de 1.000 W / 1.000, igual a 1 W. O segundo sinal, mais afastado, apresenta um nível de sinal 50 dB abaixo, ou seja, –50 dB, que é equivalente a dividir por 100.000. Assim, a potência do segundo sinal é de 1.000 W / 100.000, igual a 10 mW.

53.

a) –30 dBm.

b) –60 dBm.

c) 30 dB. Diz-se que o sinal espúrio tem uma potência relativa de –30 dBc em relação à portadora.

54. 30 dB abaixo de -10 dBm é igual a -10 dBm - 30 dB = -40 dBm.

Assim, a potência de saída na frequência de 1.600 MHz deverá ser inferior a -40 dBm.

Analogamente, 40 dB abaixo de -10 dBm é igual a -10 dBm - 40 dB = -50 dBm.

Assim, a potência de saída na frequência de 2.400 MHz deverá ser inferior a -50 dBm.

55. 30 dB abaixo de 100 W equivale a 100 mW. Assim, o nível máximo dos harmônicos e espúrios produzidos pelo transmissor é de 100 mW. Alternativamente, seria possível expressar os valores em unidades derivadas do dB, e, assim, se teria: 100 W = 20 dBW. Logo, 30 dB abaixo equivale a subtrair 30 dB. Ou seja: 20 dBW - 30 dB = -10 dBW, igual a 0,1 W ou 100 mW.

56.

a) A potência da portadora é −10 dBm – 15 dB = −25 dBm, ou 0 dBc.
b) O nível de potência do primeiro espúrio é −25 dBm – 25 dB = −50 dBm, ou −25 dBc.
c) O nível de potência do segundo espúrio é −25 dBm – 45 dB = −50 dBm, ou −45 dBc.

57. EIRP = 10 W × 6,3 = 63 W, na direção considerada.

58. EIRP = 10 W × 6,3 × 0,89 = 56,07 W, na direção considerada.

59. O ganho do monopolo vertical é igual a 0 dBi, logo $EIRP_W$ = 20 W × 1 = 20 W.

60. $EIRP_{dBW}$ = 10 dBW + 8 dBi, ou seja, 18 dBW na direção considerada ou, equivalentemente, 63 W.

61. $EIRP_{dBW}$ = 10 dBW + 8 dBi – 0,5 dB, ou seja, 17,5 dBW na direção considerada ou, equivalentemente, 56,2 W na direção considerada.

62. $EIRP_{dBW}$ = 20 dBW + 8 dBi - 0,5 dB = 27,5 dBW, ou −2,5 dBk na direção considerada.

63. $EIRP_{dBW}$ = 30 dBW + 3 dBi - 1,25 dB = 31,75 dBW = 1,75 dBk = 1.496 W = 1,496 kW na direção considerada.

64. $EIRP_{dBW}$ = 13 dBW + 0 dB – 3 dB = 10 dBW.

65. $EIRP_W$ = 20 W × 1,64 = 32,8 W na direção de máximo ganho.
O ganho máximo de uma antena dipolo é de 1,64 ou 2,15 dB.

66. $EIRP_W$ = 20 W × 1,64 × 0,82 = 26,9 W.

67. $EIRP_{dBW}$ = 13 dBW + 2,15 dB – 3 dB = 12,15 dBW.

68. A composição de duas antenas de ganho igual a 12 dBd é igual a 15 dBd. Somar 3 dB é dobrar a potência.

Convertendo para dBi, tem-se um ganho total igual a 15 dBd + 2,15 dB = 17,15 dBi.

69. Substituindo-se pelos valores dados, tem-se que:
$E_{rms,\ mV/m}$= 173,2 × $(3)^{1/2}$ / 2 = 150 mV/m.

Convertendo para dBmV/m, tem-se que:

$E_{rms,\ dBmV/m}$= 20 × $\log_{10}$[173,2 × $(3)^{1/2}$ / 2] = 20 × $\log_{10}$(150 mV/m / 1 mV/m) = 20 × $\log_{10}$(150) = 43,52 dBmV/m.

Observa-se que, como o campo elétrico é derivado de uma tensão, a relação é definida por 20 × $\log_{10}$. Assim, para o transmissor considerado, na distância de 2 km, a intensidade do campo elétrico na condição de espaço livre é igual a 43,52 dBmV/m.

70. $E_{rms,dBmV/m}$ = 18 dBk + 44,78 dB – 20 × $\log_{10}$(10) = 42,78 dBmV/m.

71. 62,5 dBmV/m = 33 dBk + 44,78 dB - 20 × $\log_{10}$(d_{km}); logo d_{km} = –alog$_{10}$[(62,5 – 33 – 44,78)/20] = 5,8 km. A distância, na condição de espaço livre, é de 5,8 km.

72. $E_{rms,dBmV/m}$ = 45,6 $_{dBmV/m}$ – 3 dB = 42,6 $_{dBmV/m}$

73. $E_{dB\mu V/m}$ = 20 × $\log_{10}$(20 μV/m/1 μV/m) = 26 dBμV/m.

74. $E_{rms,\ mV/m}$= 173,2 × $(3)^{1/2}$ / 2 = 150 mV/m = 150.000 μV/m.

$E_{rms,\ dB\mu V/m}$= 20 × $\log_{10}$(150.000 μV/m / 1 μV/m) = 20 × $\log_{10}$(150.000) = 103,5 dBμV/m. Para o transmissor considerado, na distância de 2 km, a intensidade do campo elétrico na condição de espaço livre é igual a 103,5 dBμV/m.

Alternativamente:

$E_{dB\mu V/m}$ = 10 × $\log_{10}$(3) + 44,78 – 20 × $\log_{10}$(2) + 60 dB = 103,5 dBμV/m.

Para o transmissor considerado, na distância de 2 km, a intensidade do campo elétrico na condição de espaço livre é igual a 103,5 dBμV/m.

75. O valor da intensidade de campo elétrico na região considerada é igual a 70 dBμV/m.

76. O valor da intensidade de campo elétrico na região considerada é igual a –20 dBmV/m.

77. $E_{dB\mu V/m}$ = –5 dBk + 44,78 dB – 20 × $\log_{10}$(5) + 60 dB = 85,72 dBμV/m. A intensidade de campo elétrico é de 85,72 dBμV/m.

78. Energia dBJ = 10 × $\log_{10}$(EJ / 1J) = 10 × $\log_{10}$(4 × 10^{-18} J / 1J) = $\log_{10}$ (4 × 10^{-18}) = –174 dBJ. Assim, a energia do sinal recebido é de –174 dBJ.

79. $E_J = 10^{-160/10} = 10^{-16}$ J.

80. Não se preocupe em dividir J por W/Hz. É perfeitamente válido e muito comum na avaliação de desempenho de BER (taxa de bits errados) em sistemas digitais. $E_b/N_0 = 4{,}14 \times 10^{-18}$ J / $4{,}14 \times 10^{-21}$ W/Hz = 1.000.

Para o sistema considerado, tem-se, então, que E_b/N_0 é igual a 1.000.

81. (E_b/N_0)dB = $10 \times \log_{10}(4{,}14 \times 10^{-18}$ J / $4{,}14 \times 10^{-21}$ W/Hz) = $10 \times \log_{10}(1.000)$ = 30 dB.

Para o sistema considerado, tem-se, então, que (E_b/N_0) é igual a 30 dB.

82. SNR_{dB} = 12 dB + $10 \times \log_{10}(2{,}048 \times 10^6 / 1{,}35 \times 10^6)$ = 13,81 dB.

83. Cálculo da densidade de potência de ruído:
$N_0 = k \times T_k = 1{,}38 \times 10^{-23} \times 2.000 = 2{,}76 \times 10^{-20}$ W/Hz

(E_b/N_0)dB = $10 \times \log_{10}(2{,}5 \times 10^{-13}$ J / $2{,}76 \times 10^{-20}$ W/Hz) = $10 \times \log_{10}(9.057.971)$ = 69,6 dB.

Para o sistema considerado, tem-se, então, que E_b/N_0 é igual a 69,6 dB.

84. $S = 2{,}3 \times 10^{-12} \times 8{,}448 \times 10^6 = 19{,}43$ µW.

85. $S_{dBW} = S_{dBm}$ – 30 dB = - 40 dBm – 30 dB = –70 dBW.

Substituindo pelos valores do problema, tem-se que:
$E_{b,dBJ} = S_{,dBW} - r_{b,dB\,bps}$ = –70 dBW – $10 \times \log_{10}(100.000)$ = –70 dBW – 50 dB = –120 dBJ.

A energia média do pulso é de:
–120 dBJ, igual a = –95 dBJ + $10 \times \log_{10}(2{,}048 \times 10^6)$ = - 31,89 dBW.

86. S_{dBW} = –95 dBJ + $10 \times \log_{10}(2{,}048 \times 10^6)$ = –1,89 W/m^2.

87. $S = 1.200 / (4 \times \pi \times 1.500^2)$ = 42,44 µW/m^2.

88. $d_m = [1.200 / (4 \times \pi \times 10{,}61)]^{1/2}$ = 3 m.

89. $S_{dBW/m^2} = 10 \times \log 10(42{,}44 \times 10^{-6})$ = –43,72 dBW/m^2.

90. Substituindo os valores dados na Equação 3.34, tem-se que o valor em dBW/m^2 = 32dBW – $10 \times \log_{10}[4 \times \pi \times (38 \times 10^6)^2]$ = –130,59 dBW/m^2.

Assim, a densidade de potência em um ponto distante 38.000 km do satélite, na direção em que a potência efetivamente irradiada em relação à isotrópica é de 32 dBW, é igual a $-130{,}59$ dBW/m^2.

91. Cálculo inicial da potência efetivamente irradiada em relação à isotrópica na direção considerada:
$P_t = 10\ W = 10 \times \log_{10}(10\ W / 1\ W) = 10\ dBW$
$G_t = 8\ dB$ e $A_t = 1{,}2\ dB$.

A potência equivalente irradiada em relação à isotrópica é definida por:
$EIRP_{dBW} = 10\ dBW + 8\ dB - 1{,}2\ dB = 16{,}8\ dBW = 10^{1{,}68dBW} = 47{,}86\ W$.

Substituindo-se, tem-se que:
$S = 47{,}86 / (4 \times \pi \times 400^2) = 2{,}38 \times 10^{-6}\ W/m^2$

Aplicando-se o logaritmo e multiplicando por 10, tem-se o valor expresso em dBW/m^2, ou seja: $S = 10 \times \log_{10}(2{,}38 \times 10^{-6}) = -46\ dBW/m^2$.

Alternativamente, pode-se calcular:
$G_t = 8\ dB = 10^{0{,}8} = 6{,}31$.
$A_t = 1{,}2\ dB = 10^{-0{,}12} = 0{,}76$.
$EIRP_W = 10\ W \times 6{,}31 \times 0{,}76 = 47{,}86\ W$, e proceder de forma idêntica à solução anterior.

92. $S_{dBW/m^2} = 16\ dBW - 10 \times \log_{10}(4 \times \pi \times 25) = -\ 8{,}97\ dBW/m^2$.

93. $P_t = 20\ W = 10 \times \log_{10}(20\ W / 1\ W) = 13\ dBW$;
$G_t = 6\ dB$;
$A_t = 1{,}5\ dB$; e
$P_{EIRP,dBW} = 13\ dBW + 6\ dB - 1{,}5\ dB = 17{,}5\ dBW = 10^{17{,}5/10} = 56{,}23\ W$.

A densidade de potência na distância de 10 m é definida por:
$S = 56{,}23 / (4 \times \pi \times 102) = 44{,}75 \times 10^{-3}\ W/m^2$.

Consultando o Quadro 3.7, constata-se que o valor de 44,75 mW/m^2 é inferior ao limite máximo de exposição da norma, que é de 9 W/m^2 para a frequência de operação de 1,8 GHz; logo, o valor limite de exposição máximo é atendido.

94. $S = 70 / (4 \times \pi \times 10^2) = 0{,}0557\ W/m^2$, equivalente a $10 \times \log_{10}(0{,}0577) = -12{,}39\ dBW/m^2$. O valor de 0,0557 W/m^2 é inferior ao limite máximo previsto na norma, 5 W/m^2, logo a instalação atende ao requisito.

95. $A_{dBi/k}$: 20 dBi/K; Tk: 30 K. Substituindo na Equação 3.35, tem-se que: G_{dB} = 20 dBi/K + 10 × $\log_{10}(30)$ = 34,77 dB.

96. G_{dB} = 12,5 + 10 × $\log_{10}(42)$ = 28,73 dB.

97. $SNR_{recepção,dB}$ = 38 dBW + 24 dBi/K + 76,2 dB – 10 × $\log_{10}(6)$ – 20 × $\log_{10}(12 \times 36.700)$ – 6,2 dB = 11,34 dB.

A relação sinal-ruído de recepção esperada é de 11,34 dB.

98. $P_{n,dBm}$ = – 90 dBm + 25 dB = –75 dBm.

99. Na frequência de 100 MHz, a atenuação característica do cabo considerado é de 3,4 dB/pés. Um segmento de 30 pés do cabo introduz uma atenuação de 30 pés × 3,4 dB/100 pés = 1,02 dB.

Assim, a atenuação de um segmento de 30 pés desse cabo coaxial na frequência de 100 MHz é de 1,02 dB.

100. $P_{saída,\ dBm} = P_{entrada,dBm} - A_{,dB}$ = 10 dBm – 1,02 dB = 8,98 dBm.

101. A = –1,02 dB = $10^{-1,02/10} = 10^{-0,102}$ = 0,79. $P_{saída} = P_{entrada} \times A$ = 10 mW × 0,79 = 7,9 mW.

102. A atenuação característica desse cabo na frequência de 400 MHz é de 7,0 dB/100 pés. Assim, o comprimento desse cabo é definido por 2,5 dB × 100 pés / 7,0 = 35,7 pés.

103. Na frequência de 900 MHz, a atenuação característica desse cabo é de 11,1 dB/100 pés. Um segmento de 25 m equivale a 25 m / 0,3042 m/pés = 82,2 pés.

Assim a atenuação de um segmento de 82,2 pés desse cabo na frequência de 900 MHz é definida por 82, 2 pés × 11,1 dB/100 pés = 9,12 dB.

104. Com base no Anexo 1, a atenuação característica do cabo RG-58, na temperatura de 25ºC e na frequência de 800 MHz, é igual a 20 dB/100 pés. Um comprimento de 5 m equivale a 16,4 pés, e a atenuação é definida por 20 dB/100 pés × 16,4 pés = 3,28 dB.

Assim, a atenuação de um segmento de 5 m de cabo RG-58, na temperatura de 25ºC e na frequência de 800 MHz, é igual a 3,28 dB.

105. Com base no Anexo 1, a atenuação característica do cabo RG-213 na frequência de 800 MHz, na temperatura de 25ºC é igual a 7,8 dB/100 pés. Um comprimento de 5 m equivale a 16,4 pés, e a atenuação é definida por 7,8 dB/100 pés × 16,4 pés = 1,28 dB.

Assim, a atenuação de um segmento de 5 m de cabo RG-213, na temperatura de 25ºC e na frequência de 800 MHz, é igual a 1,28 dB; 2 dB inferior ao cabo RG-58 nas mesmas condições de comprimento, frequência e temperatura. Confirma-se, assim, que um cabo mais grosso nas mesmas condições de frequência e temperatura apresenta uma atenuação característica inferior a um cabo mais fino.

106. Na frequência de 100 MHz, a atenuação característica do cabo é de 11,2 dB/100 m. Um segmento de 20 m do cabo introduz uma atenuação de 20 m × 11,2 dB/100 m = 2,24 dB.

Assim, a atenuação de um segmento de 20 m desse cabo na frequência de 100 MHz é de 2,24 dB.

107. $A = -2{,}24\ dB = 10^{-2{,}24/10} = 10^{-0{,}224} = 0{,}597$. $P_{saída} = P_{entrada} \times A = 500\ mW \times 0{,}597 = 298{,}5\ mW$.

108. A atenuação característica desse cabo na frequência de 400 MHz é de 23 dB/100 m.

Assim, o comprimento desse cabo é igual a 2,5 dB × 100 m / 23 dB = 10,87 m.

109. Um segmento de 50 pés equivale a 50 pés × 0,3048 m/pé = 15,24 m. Na frequência de 900 MHz, a atenuação característica do cabo é de 36,4 dB/100 m. A atenuação é definida por 15,24 m × 36,4 dB/100 m = 5,5 dB.

110. Considerando-se o pior caso, ou seja, uma atenuação característica de 3,5 dB/km, a atenuação de um segmento de 400 m de fibra multímodo na janela de 850 nm é definida por 0,4 km × 3,5 dB/km = 1,4 dB.

111. Considerando-se o pior caso, ou seja, uma atenuação característica de 0,35 dB/km, a atenuação de um segmento de 400 m de fibra monomodo na janela de 1.310 nm é definida por 0,4 km × 0,35 dB/km = 0,14 dB.

112. Atenuação do segmento de 1.200 m de fibra multímodo = $1{,}2 \times 3{,}5 = 4{,}2$ dB.

Perdas por emendas e conectores = $2 \times 0{,}2$ dB + 0,5 dB = 0,9 dB.

Atenuação total do enlace = 4,2 dB + 0,9 dB = 5,1 dB.

A atenuação total do enlace é de 5,1 dB.

113. Atenuação do segmento de 1.200 m de fibra multímodo = $1{,}2 \times 0{,}35 = 0{,}42$ dB.

Perdas por emendas e conectores = $2 \times 0{,}2$ dB + 0,5 dB = 0,9 dB.

Atenuação total do enlace = 0,42 dB + 0,9 dB = 1,32 dB.

A atenuação total do enlace é de 1,32 dB.

114. Na frequência de 12 GHz, a absorção por vapor d'água é de 0,005 dB/km e por O_2, oxigênio, é de 0,006 dB/km.

A atenuação total é definida por 0,005 dB/km × 10 km + 0,006 dB/km × 10 km = 0,11 dB.

115. $At_{dB} = 25 \times (0{,}015 + 0{,}007) = 0{,}55$ dB.

A atenuação total é de 0,55 dB, para as condições dadas.

116. Do modelo Robert Crane:

$a = 4{,}21 \times 10^{-5} \times 12^{2{,}42} = 0{,}0172$.

$b = 1{,}41 \times 12^{-0{,}0779} = 1{,}1618$.

K, dB/km = $0{,}0172 \times 100^{1{,}1618} = 3{,}62$ dB/km.

A atenuação por chuva é igual a $1{,}5 \times 3{,}62 = 5{,}43$ dB.

117. Na figura a seguir, é mostrada a resposta de frequência de um filtro passa-baixa de primeira ordem. A curva pontilhada representa a curva assintótica. A assíntota da curva de resposta real acima da frequência de corte é uma reta cuja inclinação é de 6 dB por oitava, ou seja, cada vez que a frequência é dobrada em relação a uma frequência de referência, a atenuação respectiva é acrescida de 6 dB em relação à atenuação na frequência de referência. Na banda de passagem de 0 Hz até 100 Hz, a atenuação da curva assintótica é de 0 dB. Da frequência de corte em diante, a curva apresenta uma inclinação de −6 dB por oitava. O sinal de menos indica um decaimento. Observe que, na frequência de 1.000 Hz, a atenuação é de 20 dB. Na frequência de 2 kHz, há 1 oitava acima de 1 kHz, ou o dobro, que é a atenuação de 26 dB, um acréscimo de 6 dB.

Na frequência de 32 kHz, 5 oitavas acima de 1 kHz, a atenuação é de 50 dB. Cinco oitavas são: de 1 kHz a 2 kHz, de 2 kHz a 4 kHz, de 4 kHz a 8 kHz, 8 kHz a 16 kHz e de 16 kHz a 32 kHz. Uma atenuação adicional é, portanto, de 5 × 6 dB = 30 dB. Levando-se em conta que, na frequência de referência considerada, 1 kHz, a atenuação é de 20 dB, tem-se que, na frequência de 32 kHz, a atenuação é de 50 dB.

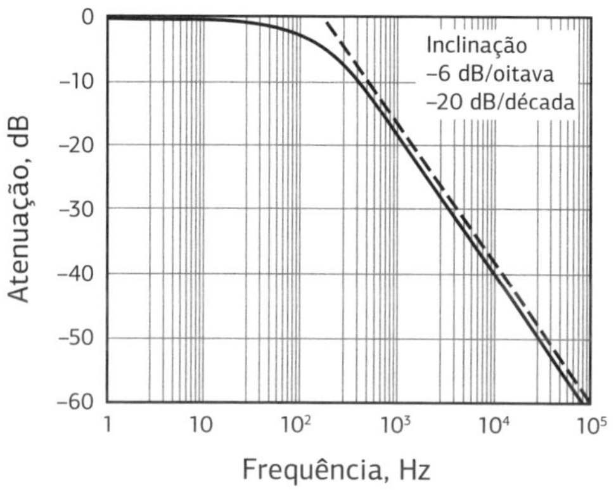

118. Um filtro de quinta ordem apresenta uma assíntota de 5 × 6 dB/oitava = 30 dB/oitava. Para uma frequência 2 oitavas acima de 2 kHz, ou seja, 8 kHz, a atenuação adicional será de 2 oitavas × 30 dB/oitava = 60 dB. A atenuação resultante em 8 kHz é igual a 12 dB (atenuação em 2 kHz) + 60 dB (atenuação adicional 2 oitavas acima), resultando em 72 dB.

119. A frequência de 750 Hz está 3 oitavas abaixo de 6 kHz, o que significa uma atenuação de 3 × 6 dB = 18 dB inferior ao valor da atenuação da referência, ou seja, uma atenuação de 25 dB – 18 dB = 7 dB. A atenuação em 750 Hz é de 7 dB.

120. Esse filtro apresenta uma assíntota fora da faixa de passagem igual a –20 dB/oitava, e a frequência de corte é igual a 100 Hz. Considerando-se a assíntota, a atenuação em 100 Hz é de 0 dB. Assim, na frequência de 1.000 Hz, a atenuação é de 0 dB + 1 oitava × 20 dB/oitava = 20 dB.

CAPÍTULO 4

Aplicações

4.1 INTRODUÇÃO

O decibel, *dB*, bem como suas unidades derivadas e relações, tem diversas aplicações em dispositivos e sistemas de Telecomunicações e Eletrônica. Como exemplos de tais aplicações, podem-se citar: amplificadores, atenuadores, filtros, teoria da informação, propagação, antenas, enlaces de micro-ondas e de satélite, WiFi, radiodifusão de áudio e de televisão, linhas de transmissão metálicas, fibra óptica, ruído, taxa de onda estacionária, análise espectral, blindagem eletromagnética e distribuição de sinais de vídeo em circuito fechado (CFTV) e TV a cabo (CATV).

4.2 AMPLIFICADORES

O dB é empregado na especificação de amplificadores nos seguintes parâmetros:

- ganho;
- atenuação;
- figura de ruído;
- sensibilidade;
- ponto de compressão de 1 dB;
- ponto de compressão de 3 dB;
- ponto de interceptação de terceira ordem; e
- faixa dinâmica livre de espúrios.

4.2.1 GANHO

A. Ganho de potência

O ganho de potência, G_p, de uma estrutura ou dispositivo amplificador é definido por:

$$G_p = \frac{P_{saída,W}}{P_{entrada,W}}$$

EQUAÇÃO 4.1: GANHO DE POTÊNCIA.

Na Figura 4.1, observam-se a representação de um amplificador e as potências de entrada e saída.

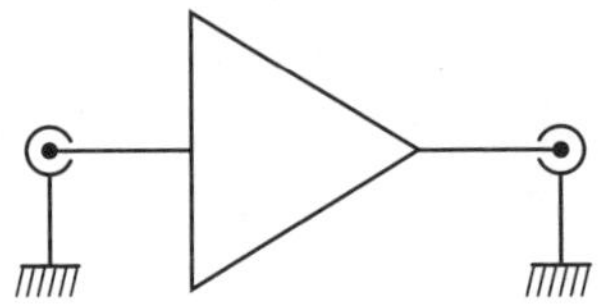

FIGURA 4.1: AMPLIFICADOR DE POTÊNCIA.

Diz-se que há ganho de potência quando a potência de saída é maior ou igual à de entrada, ou seja, quando o ganho é maior ou igual a 1. As potências de entrada e saída devem ser expressas em watts (W) ou em seus múltiplos e submúltiplos.

Exercício 1: Aplicando-se 1 mW na entrada de um amplificador, tem-se que a potência de saída é igual a 15 W. Determine se houve ganho de potência e, em caso positivo, defina esse valor.

Exercício 2: Um sinal de 230 μW é aplicado na entrada de um amplificador de potência. Na saída, obtêm-se 180 mW. Determine se houve ganho de potência e, em caso positivo, defina esse valor.

Exercício 3: Um sinal de 1 mW é aplicado na entrada de um amplificador cujo ganho de potência é igual a 185,4 vezes. Determine a potência do sinal de saída. Considere a operação na região linear.

Exercício 4: Um sinal de 1,54 W é obtido na saída de um amplificador cujo ganho de potência é igual a 250 vezes. Determine a potência do sinal de entrada. Considere a operação na região linear.

Exercício 5: Um sinal de 10,5 W é aplicado na entrada de um amplificador. Na saída, obtêm-se 10,5 W. Determine se houve ganho de potência e, em caso positivo, defina o ganho de potência do amplificador.

Quando a relação entre as potências de saída e entrada de um dispositivo é menor do que 1, diz-se que a estrutura introduz perda ou atenuação.

Exercício 6: Um sinal de 10,5 W é aplicado na entrada de um amplificador. Na saída, obtêm-se 4,8 W. Determine se houve ganho de potência e a relação percentual entre as potências de saída e entrada.

Na prática, há um limite máximo para o nível de potência de saída que um amplificador pode fornecer. Na região linear, um incremento na potência de entrada resulta em um incremento igual na potência de saída, em dB. Assim, se aumentamos a potência de entrada em 2 dB, a potência de saída aumenta em 2 dB. No entanto, acima de determinado nível de potência do sinal de entrada, essa linearidade não ocorre e diz-se que o amplificador está operando na região não linear ou de saturação ou de compressão. Qualquer tentativa de aumentarmos o sinal de entrada resultará em maior distorção no sinal de saída e em um reduzido ou quase nenhum aumento da potência de saída.

Observe na Figura 4.2 a região linear e a região de saturação.

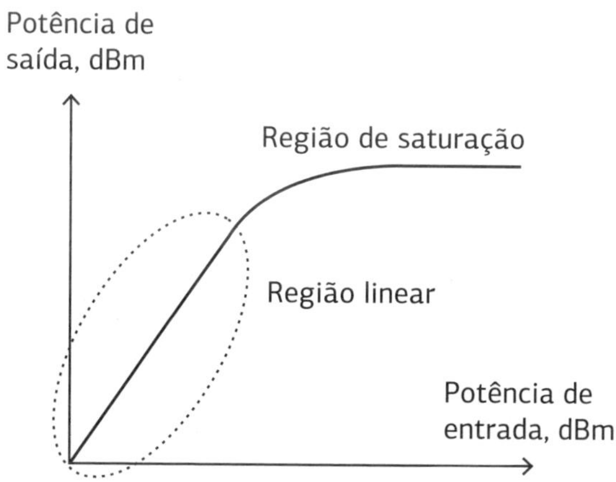

FIGURA 4.2: CURVA DE RESPOSTA DE AMPLIFICADOR.

O ganho de potência é na maioria das vezes expresso em dB, da mesma forma que a atenuação. Essa relação em dB indica também a relação entre as potências de saída e entrada.

Quando a potência de saída é superior à de entrada, diz-se que o circuito apresenta um ganho, expresso em dB, por:

$$G_{p,dB} = 10 \times \log_{10}\left(\frac{P_{saída}}{P_{entrada}}\right)$$

EQUAÇÃO 4.2: GANHO DE POTÊNCIA EM dB.

Quando $G_{P,dB}$ é maior ou igual a 0 dB, houve ganho. Quando a relação é menor que 0 dB, diz-se que a estrutura introduz uma atenuação. O numerador e o denominador devem ser expressos em **W** ou em seus múltiplos ou submúltiplos.

Exercício 7: Para determinado amplificador, as potências dos sinais de saída e entrada são respectivamente iguais a 100 W e 2 W. Defina o ganho de potência do amplificador em dB. Considere o dispositivo em operação na região linear.

Exercício 8: Aplicando-se 1 mW na entrada de um amplificador, tem-se que a potência de saída é igual a 15 W. Determine se houve ganho e, em caso positivo, defina o ganho de potência do amplificador em dB.

Exercício 9: Um sinal de 230 µW é aplicado na entrada de um amplificador de potência. Na saída, obtêm-se 180 mW. Determine se houve ganho e, em caso positivo, defina o ganho de potência do amplificador em dB.

Exercício 10: Um sinal de 10,5 W é aplicado na entrada de um amplificador. Na saída, obtêm-se 10,5 W. Determine se houve ganho e, em caso positivo, defina o ganho de potência do amplificador em dB.

Exercício 11: Um sinal de 10,5 W é aplicado na entrada de um amplificador. Na saída, obtêm-se 4,8 W. Determine se houve ganho ou atenuação.

É possível converter o ganho de potência expresso em dB para uma relação de potências por:

$$G_p = 10^{G_{p,dB}/10}$$

EQUAÇÃO 4.3: CONVERSÃO DE GANHO DE POTÊNCIA.

Observe que, para que ocorra ganho, o valor de $G_{p,dB}$ deve ser maior ou igual a 0 dB. Se $G_{p,dB}$ for menor que 0 dB, haverá atenuação do sinal, ou seja, um ganho de potência menor que 0 dB significa que a potência de saída é menor que a potência de entrada.

O Quadro 4.1 apresenta alguns valores de ganho em dB e de relação de potência.

Ganho, dB	Relação de potência	Ganho, dB	Relação de potência
0,0	1,000	2,0	1,585
0,1	1,023	3,0	1,995
0,2	1,047	4,0	2,512
0,3	1,071	5,0	3,162
0,4	1,096	6,0	3,981
0,5	1,122	7,0	5,012
0,6	1,148	8,0	6,310
0,7	1,175	9,0	7,943
0,8	1,202	10,0	10,00
0,9	1,230	20,0	100,0
1,0	1,259	30,0	1.000

QUADRO 4.1: GANHO DE POTÊNCIA.

Exercício 12: Um amplificador apresenta ganho de 8 dB. O sinal de entrada é de 12,5 mW. Determine a potência do sinal de saída em mW.

Exercício 13: Um amplificador apresenta ganho de 8 dB. O sinal de entrada é de 12,5 W. Determine a potência do sinal de saída em W.

Exercício 14: Um amplificador apresenta ganho de 8,2 dB. O sinal de entrada é de 12,5 mW. Determine a potência do sinal de saída em mW.

Exercício 15: Um amplificador apresenta ganho de 15,2 dB. O sinal de entrada é de 12,5 mW. Determine a potência do sinal de saída em mW.

Exercício 16: Um amplificador apresenta ganho de 32,5 dB. O sinal de entrada é de 12,5 mW. Determine a potência do sinal de saída em W.

Exercício 17: Um amplificador apresenta ganho de 52,3 dB. O sinal de entrada é de 12,5 mW. Determine a potência do sinal de saída em W.

Quando as potências são expressas em dBW, o ganho de potência em dB é definido por:

$$G_{p,dB} = P_{saída,dBW} - P_{entrada,dBW}$$

EQUAÇÃO 4.4: GANHO DE POTÊNCIA EM dB.

A equação anterior não pode ser extrapolada para qualquer nível de potência de entrada, por causa da resposta não linear dos amplificadores quando operam na saturação.

Exercício 18: Um amplificador cujo ganho é de 20 dB opera na região linear quando um sinal de –30 dBW é aplicado em sua entrada. Determine a potência do sinal de saída em W, nessa condição.

Exercício 19: A potência de saída de um amplificador é de 10 dBW. O ganho do dispositivo é de 40 dB. Determine a potência de entrada em W.

Exercício 20: De acordo com a especificação de um amplificador, a potência de saída deve ser igual a 20 dBW quando um sinal de –30 dBW é aplicado em sua entrada. Determine o ganho desse amplificador em dB e em relação de potências.

Quando as potências são expressas em dBk, o ganho de potência em dB é definido por:

$$G_{p,dB} = P_{saída,dBk} - P_{entrada,dBk}$$

EQUAÇÃO 4.5: GANHO DE POTÊNCIA EM dB.

Vale lembrar que o ganho é uma constante apenas na região de operação linear do amplificador.

Exercício 21: A potência de saída de um amplificador é igual a 30 dBk. quando é aplicado 0 dBk em sua entrada. Determine o ganho de potência desse amplificador. Considere a operação na região linear.

Exercício 22: O ganho de potência de um amplificador é 12,7 dB. Defina a potência de saída quando a potência de entrada é 0,32 dBk. Considere a operação na região linear.

Exercício 23: Em um amplificador cujo ganho é de 28 dB, a potência de saída é igual a 12 dBk. Determine a potência de entrada em dBk, dBW e W. Considere a operação na região linear.

Exercício 24: Em um amplificador cujo ganho é de 12,4 dB, a potência de entrada é igual a -8,7 dBk. Determine a potência de saída em dBk, dBW e W. Considere a operação na região linear.

Exercício 25: As potências de saída e entrada de um amplificador são iguais a 30 dBk e 0 dBk, respectivamente. Determine a potência de saída em dBk, dBW e W. Considere a operação na região linear.

Quando as potências são expressas em dBm, o ganho de potência em dB é definido por:

$$G_{p,dB} = P_{saída,dBm} - P_{entrada,dBm}$$

EQUAÇÃO 4.6: GANHO DE POTÊNCIA EM dB.

Exercício 26: Um amplificador cujo ganho é 20 dB opera na região linear quando um sinal de –30 dBm é aplicado em sua entrada. Determine a potência do sinal de saída em W.

Exercício 27: A potência de saída de um amplificador é de 10 dBm. O ganho do dispositivo é igual a 40 dB. Determine a potência de entrada em W.

Exercício 28: De acordo com a especificação de um amplificador, a potência de saída deve ser igual a 20 dBm quando um sinal de –30 dBm é aplicado em sua entrada. Determine o ganho desse amplificador em dB e em relação de potências.

Exercício 29: Em um amplificador, a potência de entrada é de –20 dBm, e o ganho igual a 40 dB. As impedâncias de entrada e saída do amplificador são de 50 Ω. Determine:

a) a potência de saída em dBm, $P_{saída,dBm}$;
b) a tensão eficaz de saída, $V_{rms,saída}$; e
c) a tensão eficaz de entrada, $V_{rms,entrada}$.

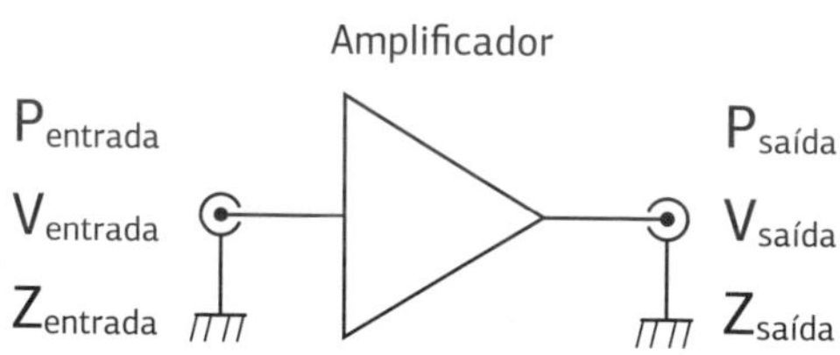

FIGURA 4.3: AMPLIFICADOR.

B. Ganho de tensão

O ganho de tensão pode ser expresso como uma relação entre tensões pela seguinte equação:

$$G_{dB} = 20 \times \log_{10}\left(\frac{V_{saída,V}}{V_{entrada,V}}\right)$$

EQUAÇÃO 4.7: GANHO DE TENSÃO.

Nessa equação, o numerador e o denominador devem ser expressos em V ou nos mesmos múltiplos e submúltiplos de V.

Exercício 30: O sinal aplicado na entrada de um amplificador é de 200 mV. Na saída, obtêm-se 3 V. As impedâncias de entrada e de saída do amplificador são iguais a 100 Ω. Determine:

a) o ganho do amplificador em dB;
b) a potência do sinal de entrada em dBm;
c) a potência do sinal de saída em dBm; e
d) o ganho de potência em dB.

Exercício 31: Um amplificador de 40 dB de ganho, dentro da região linear, fornece 1 mV de saída para um sinal de entrada com 10 μV de amplitude. Determine:

a) a relação entre a amplitude do sinal de saída e a do sinal de entrada; e
b) o ganho de tensão em dB.

Exercício 32: Um sinal de 15 mV é aplicado a um amplificador de 15 dB de ganho. Determine o valor da tensão de saída em mV.

Exercício 33: Deseja-se projetar um amplificador cujo ganho seja igual a 5. Determine o valor em dB de tal ganho.

Exercício 34: Um sinal de 100 mV é aplicado em um amplificador cujo ganho é de 18,5 dB. Determine a amplitude do sinal de saída. Considere a operação na região linear.

Atenção: ao aplicar sinal em um amplificador, não ultrapasse o nível máximo de sinal de entrada especificado pelo fabricante, sob o risco de degradar o sinal na saída e danificar o amplificador.

Exercício 35: Um amplificador apresenta um ganho de 30 dB na região linear. Determine:

a) a relação entre as potências de saída e entrada; e
b) a relação entre as tensões de saída e entrada.

Suponha as impedâncias de saída e entrada do amplificador iguais.

Exercício 36: As impedâncias de entrada e saída de um amplificador são, respectivamente, 100 Ω e 250 Ω. A tensão de saída é de 20 mV, e a de entrada, igual a 20 μV. Determine a relação entre as potências de saída e entrada.

c. Amplificadores em cascata

Utiliza-se a configuração em cascata para distribuir o ganho total por diversos amplificadores, conforme pode ser observado na Figura 4.4.

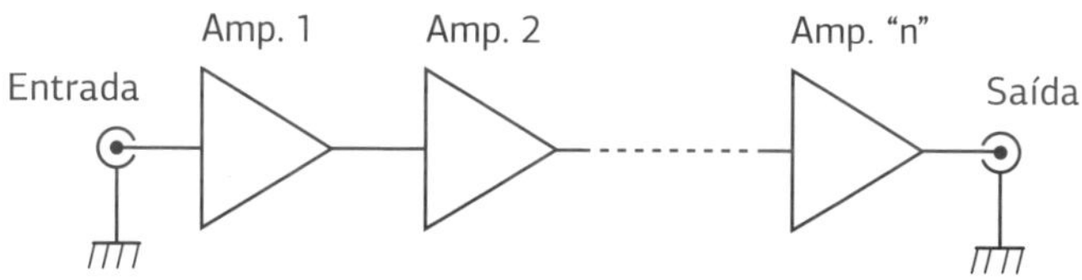

FIGURA 4.4: AMPLIFICADORES EM CASCATA.

O ganho total de amplificadores ligados em cascata é definido pelo produto dos ganhos dos estágios intermediários. A equação para "n" estágios é:

$$G_{total} = G_1 \times G_2 \times G_3 \times \ldots \times G_n$$

EQUAÇÃO 4.8: GANHO EM CASCATA.

Exercício 37: Dois amplificadores são ligados na configuração em cascata. O amplificador 1 (amp. 1), com ganho de potência igual a 15,5, recebe o sinal de entrada, e o amplificador 2 (amp. 2), com ganho de potência igual a 30,8, fornece o sinal de saída. Um sinal de 13 dBm é aplicado à entrada do dispositivo. Considere a operação na região linear. Determine:

a) o ganho total da estrutura em cascata; e
b) a potência de saída, em W.

O ganho de estruturas amplificadoras é usualmente expresso em dB. O ganho total de amplificadores ligados em cascata é definido pelo somatório dos ganhos de cada amplificador, em dB, por:

$$G_{total,dB} = G_{1,dB} + G_{2,dB} + \ldots + G_{n,dB}$$

EQUAÇÃO 4.9: GANHO EM CASCATA, EM dB.

Para essa equação, é importante observar se os dispositivos operam na região linear ou se há compressão do sinal, com a consequente distorção, degradando a qualidade do sinal de saída.

Exercício 38: Dois amplificadores, amp. 1 e amp. 2, são ligados em cascata. O ganho de amp. 1 é de 6 dB, e o de amp. 2 é 12 dB. Determine o ganho total, em dB, da configuração.

Exercício 39: Dois amplificadores, amp. 1 e amp. 2, são ligados em uma configuração em cascata. O ganho do amplificador amp. 1 é de 12 dB, e o do amp. 2 é de 6 dB. Determine o ganho total em dB da configuração.

Exercício 40: Uma estrutura em cascata é composta por dois amplificadores, amp. 1 e amp. 2, cujos ganhos são, respectivamente, 12 dB e 6 dB. Um sinal de –10 dBm é aplicado na entrada do dispositivo. Determine a potência de saída em mW.

Exercício 41: Uma estrutura em cascata é composta por dois amplificadores, amp. 1 e amp. 2, cujos ganhos são, respectivamente, 10 dB e 8 dB. Determine o sinal a ser aplicado na entrada para se obter na saída um sinal de –10 dBm.

4.2.2 ATENUAÇÃO

A. Atenuação de potência

A atenuação, ou perda, indica a relação entre o nível de saída e o nível de entrada.

Caso o nível do sinal de saída, expresso em potência, seja menor que o nível de entrada, diz-se que o circuito introduziu uma atenuação. A atenuação é definida por:

$$\text{Atenuação} = \frac{\text{Potência de saída, W}}{\text{Potência de entrada, W}}$$

EQUAÇÃO 4.10: ATENUAÇÃO.

Diz-se que há atenuação quando a relação anterior é menor que 1. Por sua vez, quando a relação anterior é igual ou maior que 1, diz-se que houve ganho.

Exercício 42: A potência de saída de um dispositivo é de 100 mW, quando a de entrada é de 1 mW. Determine se o dispositivo é um amplificador ou um atenuador.

Exercício 43: A potência de saída de um dispositivo é de 1 mW, quando a de entrada é de 100 mW. Determine se o dispositivo é um amplificador ou um atenuador.

Exercício 44: A potência de saída de um dispositivo é de 25 W, quando a de entrada é de 100 W. Determine se houve ganho ou atenuação e expresse o valor em porcentagem.

Exercício 45: A potência de saída de um dispositivo é de 1 W, quando a de entrada é de 10 W. Determine se houve ganho ou atenuação e expresse o valor em porcentagem.

Exercício 46: A potência de saída de um dispositivo é de 5 W, quando a de entrada é de 10 W. Determine se houve ganho ou atenuação e expresse o valor em porcentagem.

Exercício 47: A potência de saída de um amplificador é de 25 mW e a potência de entrada é 31,25 mW. Determine a relação entre as potências de saída e entrada e expresse o resultado em porcentagem.

Exercício 48: A potência de saída de um dispositivo é igual a 1 W quando a potência de entrada é de 100 W. Determine se houve ganho ou atenuação e expresse o valor em porcentagem.

A atenuação expressa em dB, AdB, é definida por:

$$A_{dB} = 10 \times \log_{10} \left(\frac{P_{saída}}{P_{entrada}} \right)$$

EQUAÇÃO 4.11: ATENUAÇÃO EM dB.

As definições de atenuação e ganho são idênticas. O que vai indicar se é atenuação ou ganho é o valor, em dB, respectivamente, menor ou maior ou igual a 0 dB.

Exercício 49: A potência de saída de um dispositivo é igual a 25 W, quando a potência de entrada é de 100 W. Determine a atenuação desse dispositivo em dB.

Exercício 50: A potência de saída de um dispositivo é igual a 1 W, quando a potência de entrada é de 10 W. Determine a atenuação desse dispositivo em dB.

Exercício 51: A potência de saída de um dispositivo é igual a 5 W, quando a potência de entrada é de 10 W. Determine a atenuação desse dispositivo em dB.

Exercício 52: A potência de saída de um dispositivo é igual a 25 W, quando a potência de entrada é de 31,25 W. Determine a atenuação desse dispositivo em dB e em porcentagem.

Exercício 53: A potência de saída de um dispositivo é igual a 1 W, quando a potência de entrada é de 100 W. Determine a atenuação desse dispositivo em dB e em porcentagem.

Exercício 54: Aplicando-se 10 dBm na entrada de um dispositivo, obtêm-se –10 dBW na saída. Determine se houve ganho ou atenuação.

Exercício 55: Aplicando-se –10 dBW na entrada de um dispositivo, obtêm-se 10 dBm na saída. Determine se houve ganho ou atenuação.

Exercício 56: Aplicando-se 10 dBm na entrada de um dispositivo, obtêm-se –20 dBW na saída. Determine se houve ganho ou atenuação.

Exercício 57: Um sinal com potência igual a 10 mW é aplicado na entrada de um cabo coaxial. Na outra extremidade, o nível de potência do sinal de saída é de 5 mW. Determine a atenuação introduzida pelo cabo.

Exercício 58: A especificação de atenuação de um cabo é de 2,5 dB/100 m. Determine a atenuação introduzida por um segmento de 20 m desse cabo.

Exercício 59: Um segmento de 25 m de um cabo introduz uma atenuação de 8 dB. Determine a atenuação característica desse cabo em dB/m.

Para se converter um valor de atenuação em dB para o valor relativo, usa-se:

$$A = 10^{A_{db}/10}$$

EQUAÇÃO 4.12: ATENUAÇÃO.

Atenção: fique alerta com o sinal negativo a ser usado no valor da atenuação em dB na Equação 4.12. O sinal negativo deve ser usado na equação sob pena de, incorretamente, calcular-se o ganho e não a atenuação. Uma atenuação de 13 dB equivale a $10^{-13/10} = 0{,}05$, ou 5% do valor original.

O quadro a seguir apresenta alguns valores de atenuação e sua correspondente porcentagem de potência de saída.

Atenuação, dB	Porcentagem de potência	Atenuação, dB	Porcentagem de potência
0	100	6,0	25,1
0,1	97,7	7,0	20,0
0,2	95,5	8,0	15,9
0,3	93,3	9,0	12,6
0,4	91,2	10	10
0,5	89,1	20	1
0,6	87,1	30	0,1
0,7	85,1	40	0,01
0,8	83,2	50	0,001
0,9	81,2	60	10^{-4}
1,0	79,4	70	10^{-5}
2,0	63,1	80	10^{-6}
3,0	50,0	90	10^{-7}
4,0	39,8	100	10^{-8}
5,0	31,6	110	10^{-9}

QUADRO 4.2: ATENUAÇÃO *VERSUS* PORCENTAGEM DE POTÊNCIA TRANSFERIDA.

Observe que:

- uma atenuação de 0 dB significa que não há perda, 100% da potência é transferida; e
- um nível de 0 dBW significa 1 W de potência.

Assim, uma atenuação de 0 dB em uma potência de 0 dBW significa que a potência disponível é 1 W.

Uma atenuação de 3 dB em 0 dBW resulta em uma potência disponível de 500 mW.

Exercício 60: Um sinal de 25 mW é aplicado a um atenuador de 10 dB. Determine a potência de saída.

Exercício 61: Um sinal de 10 mW é aplicado a um atenuador de 3 dB. Determine a potência de saída.

Exercício 62: Um transmissor com potência de saída de 100 W é ligado a 20 m de um cabo cuja atenuação característica é de 8,0 dB/100 m. Determine a potência de saída na outra extremidade do cabo.

Exercício 63: Na saída de um cabo, a potência é de 70,8 W. Sabe-se que na entrada são aplicados 100 W e o comprimento total do cabo é de 20 m. Determine a atenuação característica desse cabo em dB/100 m.

É possível definir a atenuação em dB para potências expressas em dBm por:

$$A_{dB} = P_{saída,dBm} - P_{entrada,dBm}$$

EQUAÇÃO 4.13: ATENUAÇÃO.

Exercício 64: A potência de entrada aplicada a um dispositivo é de 43,2 dBm. Na saída, obtêm-se 27,8 dBm. Determine a atenuação do dispositivo em dB.

Exercício 65: A potência de entrada aplicada a um dispositivo é de 15 dBm. A atenuação do dispositivo é de 12 dB. Determine a potência de saída em dBm.

Exercício 66: A potência de saída aplicada a um dispositivo é de 15 dBm. A atenuação do dispositivo é de 17 dB. Determine a potência de entrada em dBm.

Exercício 67: Aplicando-se 40 dBm na entrada de um atenuador, obtêm-se 20 dBm na saída. Determine a atenuação introduzida pelo dispositivo em dB.

Exercício 68: A potência máxima do sinal de entrada a ser aplicada a um instrumento é igual a 30 dBm. Determine o valor do atenuador a ser utilizado na medida de potência de um sinal de 50 W.

B. Atenuação de tensões

De modo análogo ao ganho, pode-se definir a atenuação em dB, de acordo com os valores de tensão de saída e de entrada por:

$$A_{dB} = 20 \times \log_{10} \left(\frac{V_{saída,V}}{V_{entrada,V}} \right)$$

EQUAÇÃO 4.14: ATENUAÇÃO.

Exercício 69: Aplicando-se 100 mV na entrada de um atenuador, obtêm-se 20 mV na saída. Determine a atenuação do dispositivo expressa em dB.

Exercício 70: Aplicando-se 10 V na entrada de um atenuador, obtém-se 1 V na saída. Determine a atenuação do dispositivo em dB.

Exercício 71: Aplicando-se 10 mV na entrada de um atenuador, obtêm-se 5 mV na saída. Determine a atenuação do dispositivo em dB.

Exercício 72: Aplicando-se 100 μV na entrada de um atenuador, obtêm-se 25 μV na saída. Determine a atenuação do dispositivo em dB.

Observe que uma redução de 50% em potência equivale a uma atenuação de 3 dB, enquanto uma atenuação de 50% em tensão equivale a uma atenuação de 6 dB.

Consulte no Anexo 3 os valores de ganho e de atenuação em dB para tensão e seus respectivos valores de relação.

C. Atenuação de potência e tensão

É possível converter relações de tensão em relações de potência pela equação a seguir.

$$\text{Relação de Potência em dB} = 10 \times \log_{10}\left(\frac{P_{saída}}{P_{entrada}}\right) =$$

$$= 20 \times \log_{10}\left(\frac{V_{saída}}{V_{entrada}}\right) - 10 \times \log_{10}\left(\frac{Z_{saída}}{Z_{entrada}}\right)$$

EQUAÇÃO 4.15: RELAÇÃO DE POTÊNCIA E TENSÃO EM dB.

Essa relação será de ganho se for igual ou maior que 0 dB, e de atenuação, se menor que 0 dB.

Exercício 73: As tensões de saída e de entrada de um amplificador são, respectivamente, iguais a 350 mV e a 20 mV. A impedância de entrada é de 200 Ω, e a de saída é igual a 100 Ω. Determine:

a) o ganho de tensão do dispositivo em dB; e
b) o ganho de potência do dispositivo em dB.

Exercício 74: As tensões de saída e de entrada de um amplificador são, respectivamente, iguais a 8,0 V e a 1,2 V. A impedância de entrada é de 100 Ω, e a impedância de saída é igual a 1.000 Ω. Determine:

a) o ganho de tensão do dispositivo em dB; e
b) o ganho de potência do dispositivo em dB.

D. Atenuação em cascata

A atenuação total de dispositivos atenuadores na configuração em cascata é definida por:

$$A_{total} = A_1 \times A_2 \times \ldots \times A_n$$

EQUAÇÃO 4.16: ATENUAÇÃO TOTAL EM CASCATA.

Exercício 75: Na instalação apresentada na figura a seguir, o conector 1 introduz uma atenuação de 0,2 dB; o cabo, uma atenuação de 2,8 dB; e o conector 2, uma atenuação de 0,3 dB. Determine a porcentagem da potência de saída do transmissor efetivamente aplicada à antena. Despreze as perdas por descasamento.

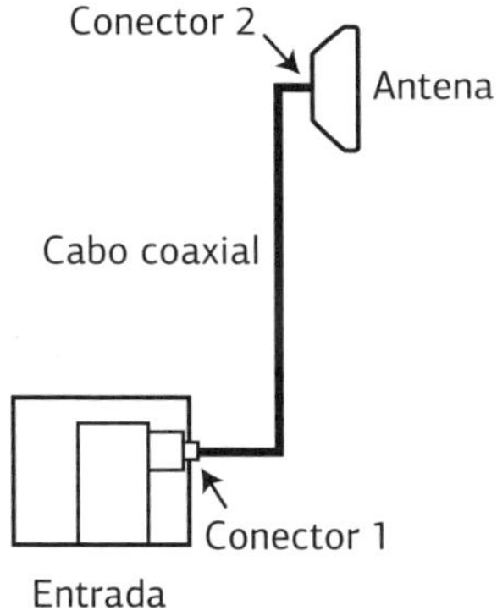

FIGURA 4.5: SISTEMA TRANSMISSOR.

Exercício 76: Na instalação transmissora mostrada na Figura 4.5, o conector 1 introduz uma atenuação de 0,2 dB; o cabo, uma atenuação de 2,8 dB; e o conector 3, uma atenuação de 0,3 dB. A potência de saída do transmissor é 100 W. Determine a potência efetivamente aplicada à antena expressa em W. Despreze as perdas por descasamento.

A atenuação na configuração em cascata, expressa em dB, é definida por:

$$A_{total,dB} = \sum_{i=1}^{n} A_{i,dB}$$

EQUAÇÃO 4.17: ATENUAÇÃO TOTAL EM CASCATA EM dB.

Exercício 77: Na instalação transmissora da Figura 4.5, o conector 1 introduz uma atenuação de 0,2 dB; o cabo, uma atenuação igual a 2,8 dB; e o conector 3, uma atenuação de 0,3 dB. Determine a atenuação total em dB e em porcentagem.

Exercício 78: Na instalação transmissora da Figura 4.5, o conector 1 introduz uma atenuação de 0,2 dB; o cabo, uma atenuação igual a 2,8 dB; e o conector 3, uma atenuação de 0,3 dB. A potência de saída do transmissor é de 100 W. Determine a potência efetivamente aplicada à antena expressa em dBW e em W.

E. Atenuação e ganho em cascata

O ganho de amplificadores em cascata é definido por:

$$G_{total,dB} = \sum_{i=1}^{n} G_{i,dB} + \sum_{j=1}^{m} A_{j,dB}$$

EQUAÇÃO 4.18: GANHO DE AMPLIFICADORES EM CASCATA.

Exercício 79: A configuração em cascata a seguir representa o pré-seletor de um receptor super-heteródino, em que amp. 1 é o amplificador de RF (radiofrequência), mix 1 é o misturador para a conversão de FI (frequência intermediária) e amp. 2 é o amplificador de FI. Determine o ganho total da configuração, em que G1 = 6 dB, A1 = 5 dB e G3 = 12 dB.

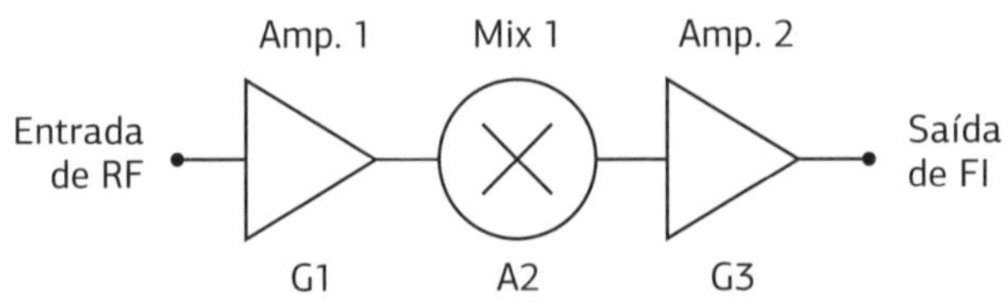

FIGURA 4.6: PRÉ-SELETOR DE RECEPTOR SUPER-HETERÓDINO.

Exercício 80: Um sinal de −65 dBm é aplicado na entrada da estrutura em cascata da Figura 4.6, em que G1 = 6 dB, A1 = 5 dB e G3 = 12 dB. Determine o nível do sinal de saída.

Exercício 81: Determine o sinal a ser aplicado na entrada da estrutura em cascata da Figura 4.6, em que G1 = 6 dB, A1 = 5 dB e G3 = 12 dB, para que se obtenha na saída um sinal de −70 dBm.

A Figura 4.7 apresenta dois tipos de divisores de potência. O divisor do lado esquerdo é muito utilizado em instalações residenciais de TV a cabo, para o estabelecimento de mais um ponto de recepção. É comumente referido como *divisor de 3 dB*, já que cada uma das saídas, teoricamente, apresenta um nível de potência 50% do valor de potência aplicado à entrada. Ou seja, teoricamente, os níveis de potência nas duas saídas são metade da potência aplicada ao terminal de entrada. Na prática, há uma *perda de conversão*, da ordem de 0,3 a 1,0 dB, dependendo da qualidade do dispositivo.

O divisor da direita é utilizado em sistemas de RF, para ligar duas antenas à mesma linha de transmissão, atuando como um combinador/ divisor de potência.

FIGURA 4.7: DIVISOR DE 3 dB.

Exercício 82: Um sinal de −10 dBm é aplicado na porta de um divisor de 3 dB ideal (sem perdas adicionais). Determine:

a) a potência na porta de saída 1; e
b) a potência na porta de saída 2.

Exercício 83: Um divisor de 3 dB apresenta uma perda adicional em cada porta de saída de 0,6 dB. Um sinal de 5,7 dBm é aplicado na porta de entrada. Determine a potência de saída em cada porta.

Exercício 84: Um divisor de 3 dB apresenta uma perda adicional em cada porta de 0,6 dB. Determine o percentual da potência de entrada disponível em cada porta de saída.

Exercício 85: Um divisor de 3 dB apresenta uma perda adicional, em cada porta, de 0,6 dB. Um sinal de 20 mW é aplicado na porta de entrada. Determine a potência disponível em cada porta de saída.

Exercício 86: A distribuição dos sinais de TV a cabo é realizada por meio de amplificadores, divisores e cabos que levam o sinal desde o *head-end* até o domicílio do usuário. O sinal é transportado pelos cabos coaxiais, que também introduzem atenuação. Para compensar a atenuação introduzida pelos cabos coaxiais, são utilizados amplificadores de banda larga (50 MHz a 550 MHz). O sinal conduzido pelos cabos é distribuído entre os diversos assinantes pelos divisores. No circuito a seguir, há uma representação simplificada de uma distribuição de sinais. O sinal é aplicado no ponto 1 a um divisor de 3 dB, cuja função é dividir o sinal de entrada em dois sinais de mesma amplitude na saída, com metade da potência original de entrada. Na prática, há uma pequena perda adicional na divisão. Considera-se para o exemplo que o divisor de 3 dB é ideal; assim, a potência nos pontos 2 e 5 é 3 dB inferior em relação à potência aplicada no ponto 1. O cabo 1 introduz uma atenuação de 18 dB, e o cabo 2, uma atenuação de 12 dB. O amplificador 1 apresenta um ganho de 22 dB, e o amp. 2, um ganho de 15 dB. Determine a amplitude do sinal em dBmV nos pontos 1, 2, 3, 4, 5, 6 e 7, considerando-se que no ponto 1 é aplicado um sinal de 30 dBmV e as impedâncias em sistemas de TV a cabo são de 75 Ω.

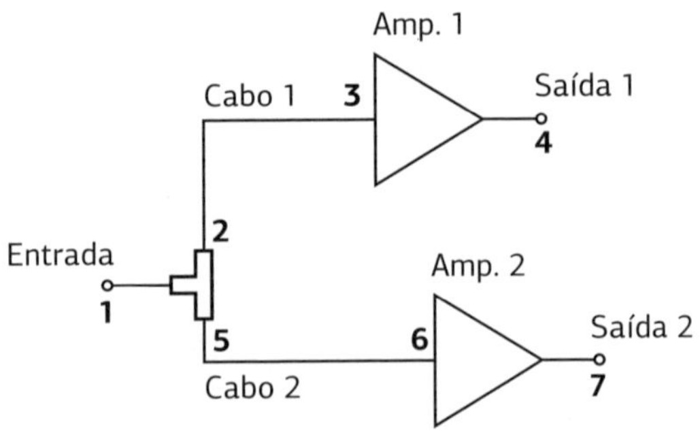

FIGURA 4.8: DISTRIBUIÇÃO DE SINAIS DE VÍDEO.

4.2.3 FIGURA DE RUÍDO

O fator de ruído de um amplificador é um parâmetro adimensional definido por:

$$F = \frac{\left(\frac{S}{N}\right)_{entrada}}{\left(\frac{S}{N}\right)_{saída}}$$

EQUAÇÃO 4.19: FATOR DE RUÍDO.

Em que:

$(S/N)_{entrada}$: relação sinal-ruído de entrada; e

$(S/N)_{saída}$: relação sinal-ruído de saída.

Quanto menor o fator de ruído, menor a parcela de ruído do próprio amplificador. Baixos valores de fator de ruído estão associados à operação com valores mais baixos de sinais de entrada.

Na prática, utiliza-se o parâmetro figura de ruído (*noise figure*), ***NF***, definido por:

$$NF_{dB} = 10 \times \log_{10}(F) = 10 \times \log_{10}\left[\frac{(S/N)_{entrada}}{(S/N)_{saída}}\right]$$

EQUAÇÃO 4.20: FIGURA DE RUÍDO.

O fator de ruído total de estágios em cascata é definido por:

$$F_{total} = F_1 + \frac{F_2 - 1}{G_1} + \frac{F_3 - 1}{G_1 \times G_2} + \frac{F_4 - 1}{G_1 \times G_2 \times G_3} + \ldots$$

EQUAÇÃO 4.21: FATOR DE RUÍDO EM CASCATA.

Em que *F* e *G* são os fatores de ruído e os ganhos dos estágios originados da entrada de sinal. Na equação anterior, os valores não são expressos em dB.

Exercício 87: Um dispositivo é constituído por dois amplificadores, amp. 1 e amp. 2, ligados em cascata, conforme apresentado na Figura 4.9. Considere que o sistema opera na linearidade, e os parâmetros dos amplificadores são fornecidos no quadro a seguir. As impedâncias de entrada e saída dos amplificadores são de 50 Ω. Um sinal de 23 dBm é aplicado na entrada, levando a uma relação sinal-ruído de entrada de 36,5 dB. Determine:

a) o ganho total do dispositivo;
b) a potência de saída para o sinal aplicado;
c) a figura de ruído total do dispositivo;
d) a contribuição do segundo estágio para a figura de ruído total do dispositivo; e
e) a relação sinal-ruído de saída.

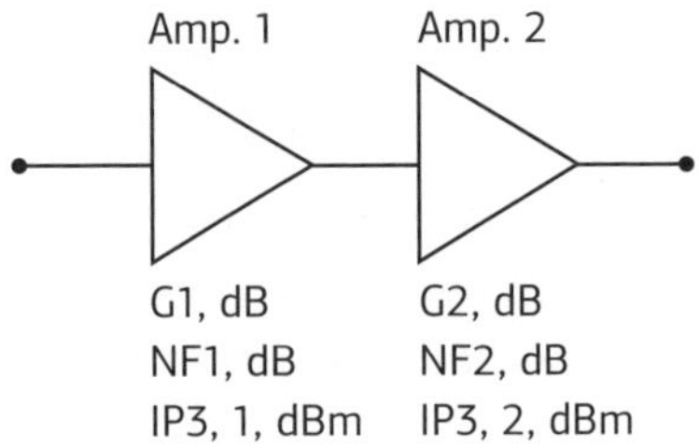

FIGURA 4.9: AMPLIFICADORES EM CASCATA.

Parâmetro	Amp. 1	Amp. 2
Ganho	6,2 dB	15,7 dB
NF	5,4 dB	10,8 dB

QUADRO 4.3: DADOS DO EXERCÍCIO 87.

A curva característica de um amplificador é apresentada na figura a seguir. Essa curva geral pode representar amplificadores de baixa e alta frequência, de baixos e elevados sinais, de baixa e alta potência. Como se trata de amplificadores empregados em telecomunicações, os níveis de potência estão expressos em dBm. No entanto, poderiam estar expressos em mW, W, kW, dBW ou dBk. Poderia também representar a curva de resposta de tensão de entrada *versus* tensão de saída, e, nesse caso, os eixos estariam em volts ou seus múltiplos ou submúltiplos, bem como unidades de tensão derivadas do dB, tais como dBmV ou dBμV. Observe, na Figura 4.10, os dois eixos coordenados. Na abscissa (horizontal), tem-se o nível de potência do sinal de entrada expresso em dBm. Os sinais com baixa potência estão à esquerda do eixo. Assim, quanto mais à direita, maior a potência do sinal de entrada. No gráfico das ordenadas (vertical), tem-se o nível da potência de saída expresso também em dBm. Os baixos níveis de potência de saída estão na parte inferior do eixo. Quanto mais acima sua posição, maior a potência de saída.

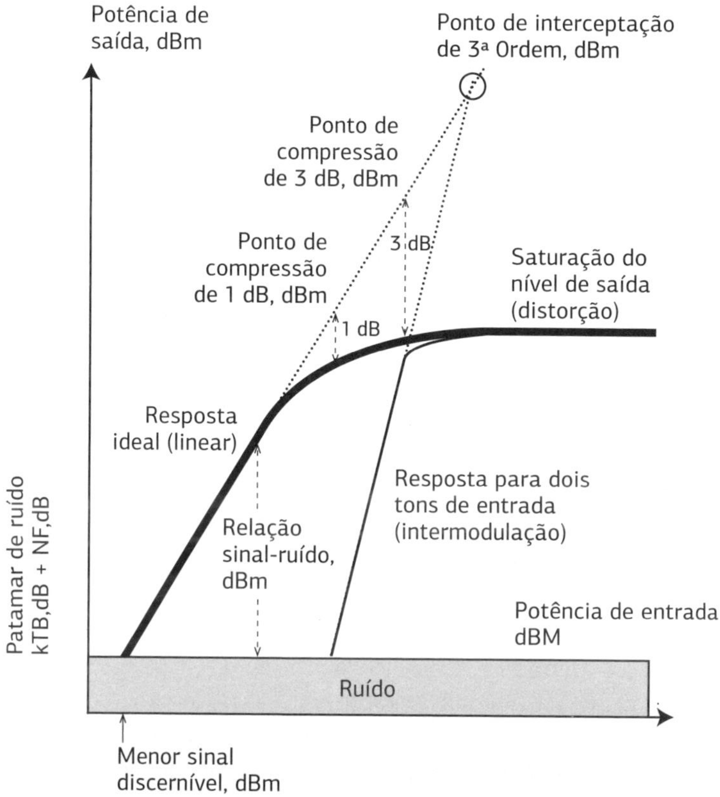

FIGURA 4.10: CURVA DE RESPOSTA DE AMPLIFICADOR.

A curva cheia mais grossa na Figura 4.10 é a curva de resposta real do amplificador. Ela é obtida ao se aplicar um sinal senoidal (tom) na entrada do amplificador e medir-se o nível de saída. Observa-se que, inicialmente, trata-se de uma linha reta que depois se torna curva e passa de novo a ser uma reta, só que, então, aproximadamente paralela ao eixo das abscissas. *Grosso modo*, pode-se dividi-la em duas regiões. A primeira região é a reta ideal, teórica.

A segunda região é caracterizada pela saturação do amplificador. Nessa região, grandes variações na amplitude do sinal de entrada levam a pequenas ou mesmo imperceptíveis variações no nível de saída do amplificador. É aquele som distorcido que se ouve com o controle de volume ao máximo, no rádio, na televisão ou no amplificador de áudio.

4.2.4 SENSIBILIDADE

Observe, na Figura 4.10, o patamar de ruído. Em princípio, o sinal deve ser superior a esse nível de ruído para que possa ser detectado, ou seja, para que o sistema saiba que há algum sinal – o que não significa que o sistema opere com esse nível de sinal.

Note, ainda na Figura 4.10, a relação sinal-ruído, cujo valor é usualmente expresso em dB. A interseção da curva de resposta do amplificador com o patamar de ruído define o menor sinal discernível (MDS) ou a sensibilidade do dispositivo. No ponto do MDS, a relação sinal-ruído é igual a 0 dB.

É possível definir-se a *sensibilidade* ou o *MDS* de um amplificador para a temperatura de referência de 300 K por:

$$MDS_{dBm,300K} = Sensibilidade_{300K,dBm} =$$
$$= -144\ dBm + 10 \times \log_{10}(B_{kHz}) + NF_{dB}$$

EQUAÇÃO 4.22: MENOR SINAL DISCERNÍVEL EM 300 K.

O MDS é função da largura de banda e da figura de ruído do amplificador. Ao se aumentar a banda, diminui-se a sensibilidade do amplificador, ou seja, a possibilidade de operar com sinais de baixa amplitude.

O MDS também pode ser definido para temperaturas de ruído diferentes da temperatura de ruído de referência. Nesse caso, define-se o MDS por:

$$MDS_{dBm,T} = Sensibilidade_{dBm,T} =$$
$$= -\ 168{,}6\ dBm + 10 \times \log_{10}(T_K) +$$
$$+ 10 \times \log_{10}(B_{kHz}) + NF_{dB}$$

EQUAÇÃO 4.23: SENSIBILIDADE EM TEMPERATURA QUALQUER.

Em que *T* é a temperatura de ruído equivalente do amplificador em K.

4.2.5 PONTO DE COMPRESSÃO DE 1 DB

Define-se o ponto de compressão de 1 dB como o nível de entrada ou de saída, que caracteriza um afastamento de 1 dB entre a curva de resposta ideal do amplificador (uma linha reta) e a curva real do dispositivo.

Atenção: nas especificações, alguns fabricantes mencionam o nível de saída (mais alto), e outros, o nível de entrada (mais baixo). Desconte o ganho no primeiro caso.

4.2.6 PONTO DE COMPRESSÃO DE 3 DB

Define-se o ponto de compressão de 3 dB como o nível de entrada ou de saída, que caracteriza um afastamento de 3 dB entre a curva de resposta ideal do amplificador (uma linha reta) e a curva real do dispositivo. A mesma recomendação das especificações do ponto de compressão de 1 dB é válida aqui.

4.2.7 PONTO DE INTERCEPTAÇÃO DE TERCEIRA ORDEM

O ponto de interceptação de terceira ordem (*third order interception point*), *IP3*, é um ponto teórico, não atingível na prática, na qual amplificadores e misturadores não são operados nesse nível, portanto, o IP3 parâmetro é uma figura de mérito comparativo, para dispositivos passivos e ativos.

Na Figura 4.10, a curva de resposta dos produtos de intermodulação é a linha cheia, mais fina.

Observe que o nível de entrada para que os tons de intermodulação sejam discerníveis é bem mais elevado que para apenas um tom de entrada. A diferença em dB entre esses dois níveis de entrada é a *faixa dinâmica livre de espúrios*.

Observe, na Figura 4.10, que as linhas tracejadas são continuações das linhas cheias. Essas retas não existem, são uma abstração teórica que auxiliam na caracterização do amplificador. O ponto de interceptação das retas é o IP3. Esse ponto é inatingível, pelo simples fato que, muito antes de ele ser alcançado, as curvas de resposta entram na saturação. Os fabricantes de amplificadores especificam esse valor em seus catálogos, como será mostrado mais adiante.

O IP3 de entrada para uma configuração de amplificadores em cascata é definido por:

$$IP3^{i}_{t,mw} = \frac{1}{\frac{1}{IP3_{1,mW}} + \frac{1}{IP3_{2,mW}} + \frac{G_1 \times G_2}{IP3_{3,mW}} + \ldots}$$

EQUAÇÃO 4.24: IP3 EM CASCATA.

Observe que, nessa equação, os valores **não** são expressos em dB ou dBm, conforme os dados fornecidos pelos fabricantes. Tem-se que desconverter os valores para aplicá-los na Equação 4.24.

Exercício 88: Para uma configuração de dois amplificadores, amp. 1 e amp. 2, ligados em cascata, cujos parâmetros são fornecidos no Quadro 4.4 a seguir, determine:

a) o ganho total;
b) a figura de ruído total; e
c) o IP3 de entrada, em dBm.

Parâmetro	Amp. 1	Amp. 2
Ganho	8 dB	15 dB
IP3	10 dBm	20 dBm
NF	3 dB	8 dB

QUADRO 4.4: DADOS DO EXERCÍCIO 88.

Exercício 89: Para a configuração de receptor super-heteródino mostrado na figura a seguir, determine:

a) o ganho total;
b) a figura de ruído total;
c) o ponto de interceptação total de terceira ordem de entrada;
d) a relação sinal-ruído de entrada;
e) a relação sinal-ruído de saída;
f) a sensibilidade; e
g) o menor sinal discernível.

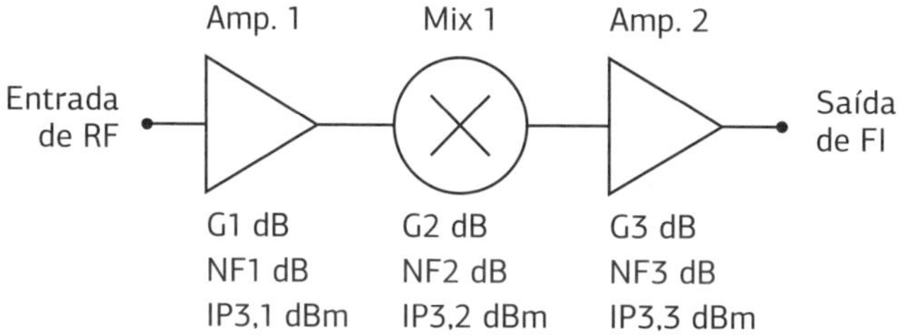

FIGURA 4.11: EXERCÍCIO 89.

Os dados são:
Sin = -90 dBm; e BW = 200 kHz.

Parâmetro	Amp. 1	Mix 1	Amp. 2
Ganho	6 dB	-6 dB	25 dB
NF	2 dB	6 dB	10 dB
IP3 de entrada	-10 dBm	10 dBm	20 dBm

QUADRO 4.5: DADOS DO EXERCÍCIO 89.

A figura a seguir apresenta um bloco de baixo ruído (*low noise block*), ***LNB***, utilizado em sistemas de recepção via satélite na banda C. O diagrama em blocos simplificado desse dispositivo está representado na Figura 4.12. A função desse dispositivo é receber, amplificar e converter para uma frequência mais baixa o sinal recebido oriundo do satélite. À esquerda, observa-se o guia de onda retangular de entrada, e, na extremidade oposta, o conector de RF de saída.

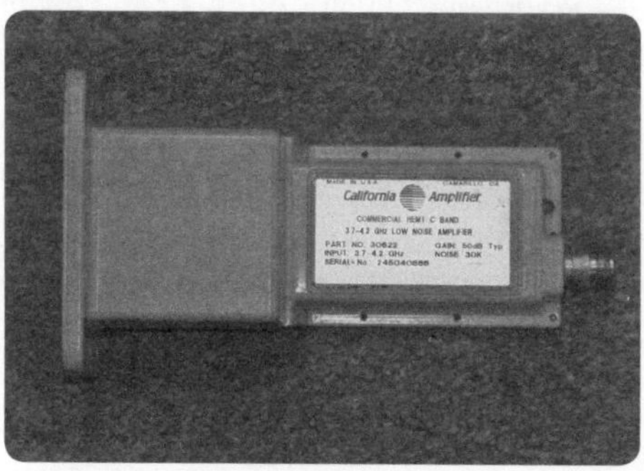

FIGURA 4.12: LNB, BANDA C.

Com base no sinal obtido no analisador de espectro com o teste de dois tons, é possível determinar o valor teórico de IP3, conforme:

$$IP3_{in,dBm} = \frac{1}{2}(P_{o,dBm} - P_{d,dBm}) + P_{i,dBm}$$

EQUAÇÃO 4.25: IP3, TESTE DE DOIS TONS.

Em que:
$IP3_{in,dBm}$: IP3 de entrada expresso em dBm;
$P_{o,dBm}$: potência de saída expressa em dBm;
$P_{d,dBm}$: produtos de distorção de terceira ordem expressos em dBm; e
$P_{i,dBm}$: potência de entrada expressa em dBm.

A distorção por intermodulação, ***IMD***, expressa em dB, é definida por:

$$IMD_{dB} = P_{o,dBm} - P_{d,dBm}$$

EQUAÇÃO 4.26: DISTORÇÃO POR INTERMODULAÇÃO.

O IP3 pode, então, ser expresso por:

$$IP3_{in,dBm} = \frac{1}{2} IMD_{dB} + P_{i,dBm}$$

EQUAÇÃO 4.27: IP3 E IMD.

Na figura a seguir, podem-se observar os dois tons de teste, no centro, ladeados pelos tons de intermodulação de terceira ordem. A rejeição aos tons de intermodulação é igual a 30 dB, considerando-se uma variação de 10 dB/quadrícula. O valor da rejeição depende do dispositivo amplificador e do nível dos sinais de entrada.

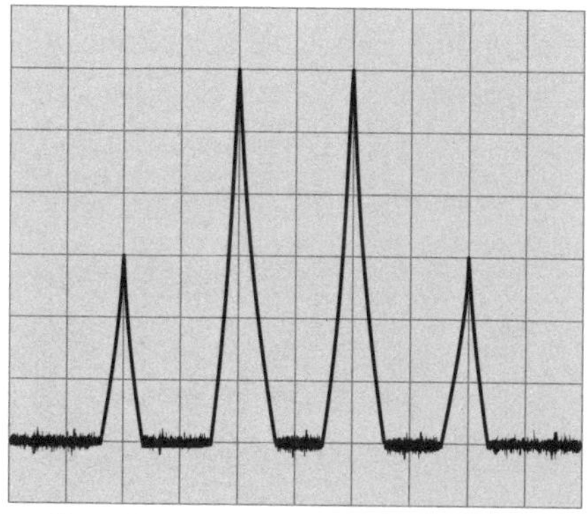

FIGURA 4.13: TESTE DE DOIS TONS.

Exercício 90: Supondo sinais de entrada com mesma amplitude de –35 dBm e IMD igual a 80 dB, determine IP3.

O teste de intermodulação por dois tons é geralmente realizado com dois tons de mesma amplitude.

O ponto de interceptação de enésima ordem pode ser calculado a partir da supressão relativa com a seguinte equação:

$$IPn_{dBm} = [R_{dB} / (n - 1)] + P_{o,dBm}$$

EQUAÇÃO 4.28: IP DE ORDEM SUPERIOR.

Em que:
IPn_{dBm}: ponto de interceptação de enésima ordem expresso em dBm;
R_{dB}: supressão relativa em dB, do produto de enésima ordem, em relação à portadora, expressa em dB; e
$P_{o,dBm}$: potência de saída expressa em dBm.

4.2.8 FAIXA DINÂMICA LIVRE DE ESPÚRIOS

A faixa dinâmica livre de espúrios é definida como a diferença, expressa em dB, entre a sensibilidade (MDS) e o nível de surgimento dos produtos IMD de terceira ordem.

A faixa dinâmica livre de espúrios (*spurious-free dynamic range*), ***SFDR***, de terceira ordem, para uma temperatura de ruído de referência igual a 300 K, pode ser determinada por:

$$SFDR3_{dB} = 2/3 \times [IP3_{dBm} - NF_{dB} +$$
$$+ 144 - 10 \times \log_{10}(BW_{kHz})]$$

EQUAÇÃO 4.29: SFDR DE TERCEIRA ORDEM.

Em que:
$IP3_{dBm}$: ponto de interceptação de terceira ordem expresso em dBm;
NF_{dB}: figura de ruído do dispositivo expressa em dB; e
BW_{kHz}: largura de banda de operação de 3 dB expressa em kHz.

Exercício 91: Um dispositivo apresenta os seguintes parâmetros:

- $IP3_{entrada,dBm}$ = 10 dBm;
- $NF_{total,dB}$ = 14,5 dB; e
- BW = 200 kHz.

Considere a temperatura de ruído de referência igual a 300 K. Determine:

a) o nível do sinal que leva a uma relação sinal-ruído de saída igual a 0 dB;
b) a faixa dinâmica livre de espúrios; e
c) o menor sinal aplicável à entrada do dispositivo para que surjam os termos de intermodulação de terceira ordem.

O nível máximo de sinal de entrada que resulta em produtos de IMD de terceira ordem iguais ao nível de ruído é definido por:

$$P_{i,máx,dBm} = 1/3 \times (2 \times IP3_{i,dBm} + MDS_{dBm})$$

EQUAÇÃO 4.30: POTÊNCIA MÁXIMA DE ENTRADA.

4.3 ATENUADORES

Os atenuadores são utilizados para reduzir um nível de potência, ou tensão, de modo a ajustar o valor que está sendo medido ao valor máximo admitido pelo instrumento de medida ou para evitar a saturação e a distorção em dispositivos eletrônicos.

A figura a seguir apresenta um conjunto (*set-up*) para medida de potência de saída de um transmissor.

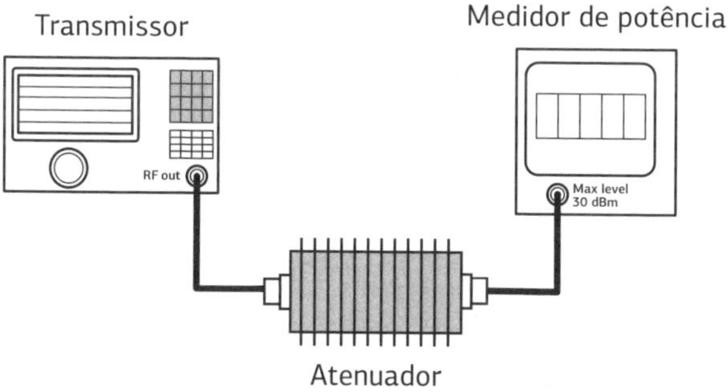

FIGURA 4.14: MEDIDA DE POTÊNCIA DE SAÍDA.

Na figura a seguir, é mostrado o detalhe do painel de um analisador de espectro. Observe que, junto ao conector de entrada do instrumento, são indicados os valores máximos de tensão e potência que podem ser aplicados ao instrumento. Exceder tais limites, de 25 V ou 1 W, acarreta erros na medida e danos ao instrumento mostrado.

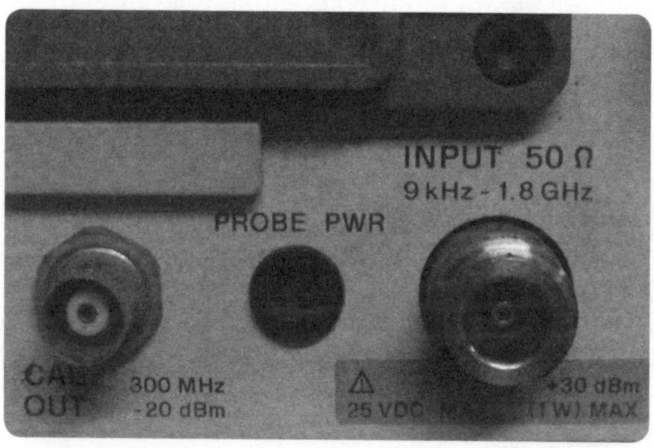

FIGURA 4.15: LIMITES DE TENSÃO E POTÊNCIA.

Os atenuadores podem ser encontrados nas seguintes configurações: fixos, comutáveis e ajustáveis.

A figura a seguir apresenta um atenuador fixo. O lado direito é a entrada do dispositivo, e o esquerdo, a saída.

FIGURA 4.16: ATENUADOR FIXO.

Na configuração fixa, o valor de atenuação é igualmente fixo. Nesse caso, deve ser assegurado que o valor de atenuação seja adequado e que a potência dissipada seja inferior ao valor máximo especificado para o atenuador. Geralmente, tanto o valor de atenuação quanto o valor máximo de potência de entrada são mostrados no corpo do atenuador.

Na configuração comutável, a atenuação é obtida em passos ou incrementos discretos. Além do valor de atenuação desejada, deve ser respeitada a especificação de potência máxima de entrada.

A figura a seguir apresenta um atenuador comutável com incrementos discretos de atenuação, para linhas de 75 Ω e potência máxima de entrada de 1 W.

FIGURA 4.17: ATENUADOR COMUTÁVEL.

Observam-se, à esquerda, o conector de entrada, e, à direita, o conector de saída. O valor máximo do sinal de entrada não deve ser excedido, sob o risco de danos permanentes ao dispositivo. As diversas chaves, da esquerda para a direita, introduzem, respectivamente, atenuações de: 10 dB, 5 dB, 3 dB, 2 dB, 1 dB, 0,5 dB, 0,3 dB, 0,2 dB e 0,1 dB. A atenuação é aplicada quando a chave está na posição superior. O valor de atenuação mínimo é de 0 dB, e o máximo, de 22,1 dB.

Em seguida, serão abordadas duas topologias de atenuadores resistivos, em T e em Pi (π).

4.3.1 ATENUADOR RESISTIVO EM T

O circuito do atenuador resistivo em T não-balanceado (*unbalanced*) é mostrado na figura a seguir.

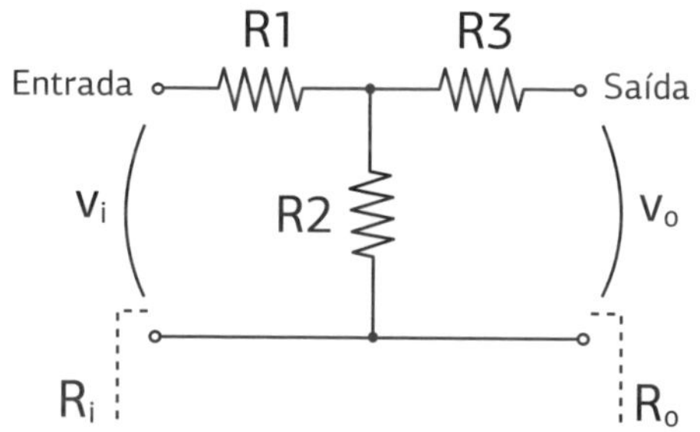

FIGURA 4.18: ATENUADOR EM T NÃO BALANCEADO.

Na prática, o terminal inferior de R2 é conectado ao referencial de terra (*ground*).

As equações de projeto do atenuador em T não balanceado são apresentadas a seguir.

$$\text{Restrição: } R_i \geq R_o$$

$$R2 = 2 \times (R_i \times R_o \times K)^{1/2} \,/\, (1 - K)$$

EQUAÇÃO 4.31: RESISTOR R2.

$$R3 = [R_o \times (1 + K) \,/\, (1 - K)] - R2$$

EQUAÇÃO 4.32: RESISTOR R3.

$$R1 = [R_i \times (1 + K) \,/\, (1 - K)] - R2$$

EQUAÇÃO 4.33: RESISTOR R1.

$$K = 10^{A,dB/10}$$

EQUAÇÃO 4.34: PARÂMETRO DE ATENUAÇÃO.

Em que:

R_i: resistência de entrada (fonte) expressa em Ω;

R_o: resistência de saída (carga) expressa em Ω;

R1: resistor de entrada expresso em Ω;

R2: resistor paralelo expresso em Ω;

R3: resistor de saída expresso em Ω; e

A,dB: valor da atenuação desejada expressa em dB (menor que 0 dB).

Exercício 92: Determine os valores dos resistores de um atenuador resistivo em T, não balanceado, simétrico, com impedâncias de entrada e saída iguais a 50 Ω e atenuação de 10 dB.

Exercício 93: Determine os valores dos resistores de um atenuador resistivo em T, não balanceado, com impedância de entrada de 300 Ω, impedância de saída de 75 Ω e atenuação igual a 13 dB.

Em atenuadores em T nos quais as impedâncias de entrada e saída apresentam o mesmo valor ($R_i = R_o$), ou seja, são simétricos, as equações anteriores transformam-se em:

$$\text{Restrição: } R_i = R_o$$

$$R2 = 2 \times R_i \times K^{1/2} / (1 - K)$$

EQUAÇÃO 4.35: RESISTOR R2, T SIMÉTRICO.

$$R1 = R3 = [R_i \times (1 + K) / (1 - K)] - R2$$

EQUAÇÃO 4.36: R1 E R3, T SIMÉTRICO.

Em que o valor de K é definido pela Equação 4.34.

Exercício 94: Determine os valores dos resistores de um atenuador resistivo em T, não balanceado, simétrico, com impedâncias de entrada e saída iguais a 75 Ω e atenuação de 13 dB.

No quadro a seguir, há diversos valores de atenuação em potência para atenuadores em T não balanceados, simétricos, impedâncias de entrada e saída iguais a 50 Ω, mais usuais em sistemas de radiofrequência.

Atenuação, dB	R1 / R3 (Ω)	R2 (Ω)
0	0	∞
1	2,88	433
2	5,73	215,2
3	8,55	141,9
6	16,61	66,93
10	25,97	35,14
20	40,91	10,10
30	46,93	3,17

QUADRO 4.6: ATENUADOR EM T, NÃO BALANCEADO, SIMÉTRICO, 50 Ω.

Exercício 95: Determine os valores dos resistores de um atenuador resistivo em T, simétrico, de 3 dB, para ser usado em uma linha de 50 Ω.

Exercício 96: Projete um atenuador resistivo em T, simétrico, de 13 dB, para operação em 50 Ω.

No quadro a seguir há diversos valores de atenuação em potência para sistemas de 75 Ω, para atenuador em T, não balanceado, simétrico. Essa impedância é mais usual em sistemas fechados de distribuição de sinais de vídeo (CFTV) ou de TV a cabo (CATV).

Atenuação, dB	R1 / R3 (Ω)	R2 (Ω)
0	∞	0
1	4,31	650,00
2	8,60	322,86
3	12,82	212,89
6	24,92	100,40
10	38,96	52,70
20	61,36	15,15
30	70,40	4,75

QUADRO 4.7: ATENUADOR EM T, NÃO BALANCEADO, SIMÉTRICO, 75 Ω.

Exercício 97: Determine o atenuador para que a potência de saída corresponda a 10% do valor da potência de entrada.

Exercício 98: Determine o atenuador para que a potência de saída corresponda a 90% do valor da potência de entrada.

Exercício 99: Determine o atenuador para que a tensão de saída corresponda a 10% do valor da tensão de entrada.

Exercício 100: Determine o atenuador para que a tensão de saída corresponda a 90% do valor da tensão de entrada.

Exercício 101: Determine o atenuador para que a tensão de saída seja reduzida a 20% do valor da tensão de entrada.

Exercício 102: Aplica-se um sinal de 50 mV a um atenuador de 10 dB. Determine a tensão de saída.

Exercício 103: Aplica-se um sinal de 50 mV a um atenuador de 20 dB. Determine a tensão de saída.

Exercício 104: Um dos cuidados a serem observados na medida de potência de saída de transmissores é atender-se ao limite máximo de potência de entrada do instrumento de medição. Ultrapassar o limite estabelecido pelo fabricante acarreta erro de medida e danos ao instrumento. Considere a seguinte situação: um transmissor cuja potência nominal de saída máxima é de −15 dBW deverá ter sua potência de saída medida em um instrumento cuja potência máxima de entrada é de −20 dBm. A impedância de saída do transmissor e a de entrada do medidor são iguais a 50 Ω.

a) Projete um atenuador resistivo em T, não balanceado, simétrico, com o menor número de componentes para que o valor máximo de entrada do medidor seja obedecido para o valor máximo nominal de saída do transmissor.
b) Durante as medidas de pureza espectral do transmissor considerado, observou-se que a portadora, em 4,200 GHz, apresenta um nível de −25 dBW e que um espúrio, em 4,205 GHz, apresenta uma potência de −30 dBc. Considerando os ajustes do analisador de espectro indicados, marque na figura a seguir esses dois sinais, observando

as frequências e os níveis de potência realizados com o conjunto de medidas do item "a" anterior.

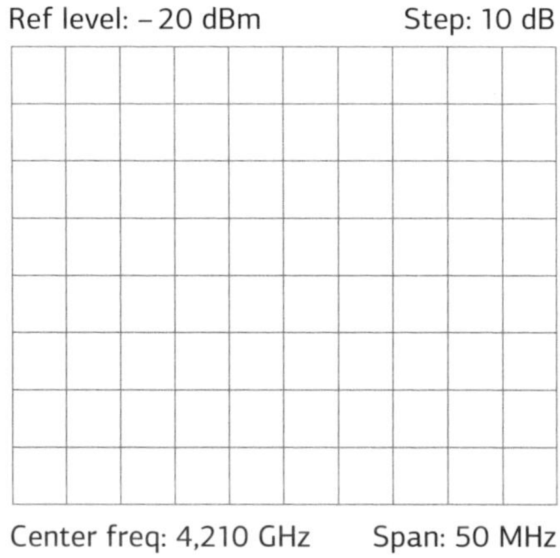

FIGURA 4.19: TELA DO ANALISADOR DE ESPECTRO – EXERCÍCIO 104.

É necessário um cuidado adicional quanto à potência aplicada aos resistores do atenuador. A potência nominal de cada resistor não deve ser excedida.

O modelo do atenuador carregado é mostrado na figura a seguir.

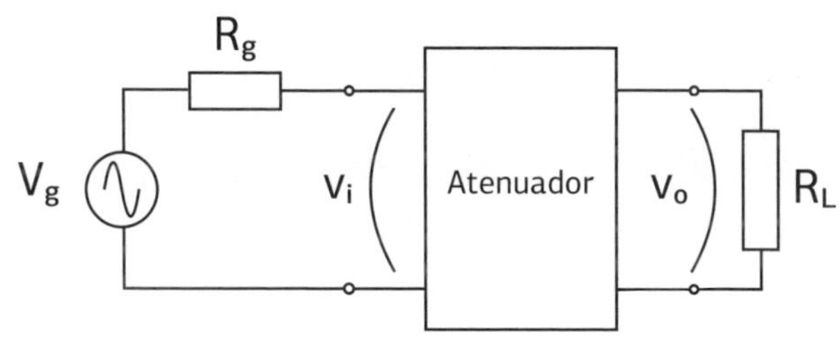

FIGURA 4.20: ATENUADOR CARREGADO.

Na figura anterior, observa-se que a potência de saída do atenuador é a disponível para a carga. Caso a impedância de saída do atenuador esteja "casada" com a carga, toda a potência disponível de saída será aplicada à carga. Caso haja "descasamento" entre a impedância de saída do atenuador e a da carga, haverá uma atenuação adicional por descasamento, que pode ser calculada pela perda de descasamento.

De modo análogo, a potência de entrada é a potência efetivamente absorvida pelo conjunto atenuador e carga de saída. Se esse conjunto estiver casado com a impedância da fonte, a potência aplicada é a máxima disponível na fonte.

Na hipótese de descasamento, haverá uma atenuação adicional, calculada pela perda de transmissão. Assim, para um conjunto descasado da fonte e uma carga descasada do atenuador, haverá três atenuações: as duas por descasamento, na entrada e na saída, e a decorrente do atenuador.

A seguir são apresentadas as equações de projeto e análise para o cálculo dos valores de dissipação de potência mínimos que os resistores resistivos em T, não balanceados, simétricos, carregados, deverão suportar (Figura 4.19).

$$RA = [R2 \times (R3 + RL)] / (R2 + R3 + RL)$$

EQUAÇÃO 4.37: PARÂMETRO AUXILIAR RA.

$$R_{eq,car,i} = R1 + Ra$$

EQUAÇÃO 4.38: RESISTÊNCIA EQUIVALENTE DE ENTRADA CARREGADA.

$$P1 = Pi \times R1 / R_{eq,car,i}$$

EQUAÇÃO 4.39: POTÊNCIA EM R1.

$$P2 = Pi \times Ra^2 / (R_{eq,car,i} \times R2)$$

EQUAÇÃO 4.40: POTÊNCIA EM R2.

$$P3 = Pi \times R3 \times Ra^2 / [R_{eq,car,i} \times (R3 + RL)^2]$$

EQUAÇÃO 4.41: POTÊNCIA EM R3.

$$PL = Pi \times RL \times Ra^2 / [R_{eq,car,i} \times (R3 + RL)^2]$$

EQUAÇÃO 4.42: POTÊNCIA EFETIVA NA CARGA.

$$Pi = Vi^2 / R_{eq,car,i}$$

EQUAÇÃO 4.43: POTÊNCIA EFETIVA DE ENTRADA.

Em que:
P1: potência sobre R1 expressa em W;
P2: potência sobre R2 expressa em W;
P3: potência sobre R3 expressa em W;
PL: potência efetivamente dissipada sobre a carga expressa em W;
Pi: potência efetivamente aplicada à entrada do conjunto atenuador e carga expressa em W;
Ra: parâmetro auxiliar expresso em Ω;
Vi: tensão aplicada na entrada do atenuador expressa em V; e
$R_{eq,car,i}$: resistência equivalente de entrada referente ao atenuador e à carga verificada pelo gerador, expressa em Ω.

A atenuação, ou seja, a relação entre a potência efetivamente aplicada à carga e a potência de entrada, é definida por:

$$K = PL / Pi = RL \times Ra^2 / [R_{eq,car,i} \times (R3 + RL)^2]$$

EQUAÇÃO 4.44: ATENUAÇÃO EFETIVA.

A relação entre a tensão na carga e a tensão de entrada do atenuador é definida por:

$$VL / Vi = Ra \times RL / [R_{eq,car,i} \times (R3 + RL)]$$

EQUAÇÃO 4.45: RELAÇÃO DE TENSÃO.

Em que:
VL: tensão efetivamente aplicada sobre a carga expressa em Ω; e
Vi: tensão efetivamente aplicada sobre a entrada do atenuador expressa em Ω.

Eventualmente, um atenuador pode operar não carregado, ou seja, com a potência de entrada aplicada e a saída em aberto. Essa é uma condição anômala e não recomendada. Deve-se, no entanto, prever tal situação e dimensionar os resistores para operar nessa condição limite. As equações a seguir apresentam os valores de dissipação de potência para os resistores de um atenuador em T, simétrico ou não simétrico, não balanceado, em aberto (RL = ∞, ver Figura 4.20).

$$P1_{aberto} = Pi \times R1 / (R1 + R2)$$

EQUAÇÃO 4.46: POTÊNCIA EM R1.

$$P2_{aberto} = Pi \times R2 / (R1 + R2)$$

EQUAÇÃO 4.47: POTÊNCIA EM R2.

$$P3_{aberto} = 0$$

EQUAÇÃO 4.48: POTÊNCIA EM R3.

Em que:
$P1_{aberto}$: potência sobre o resistor R1 com o atenuador sem carga, expressa em W;
$P2_{aberto}$: potência sobre o resistor R2 com o atenuador sem carga, expressa em W; e
$P3_{aberto}$: potência sobre o resistor R3 com o atenuador sem carga, expressa em W.

Exercício 105: Especifique os resistores de um atenuador resistivo em T, simétrico, para 50 Ω, atenuação de 10 dB, potência máxima de entrada de 1 W.

Exercício 106: Especifique os resistores de um atenuador resistivo em T, simétrico, para 50 Ω, atenuação de 30 dB, potência máxima de entrada de 1 W.

Exercício 107: Especifique os resistores de um atenuador resistivo em T, simétrico, para 50 Ω, atenuação de 30 dB, potência máxima de entrada de 10 W.

Exercício 108: Especifique os resistores de um atenuador resistivo em T, simétrico, para 50 Ω, atenuação de 30 dB, potência máxima de entrada de 100 W.

Os valores obtidos pelas equações de projeto de resistores raramente fornecem valores comercialmente disponíveis. O quadro a seguir apresenta os valores dos resistores disponíveis em função de sua tolerância. A tendência é um custo mais elevado para resistores com tolerância de menor valor, ou seja, geralmente um resistor cuja tolerância é de ± 20% apresenta um custo inferior a um resistor de mesmo valor de dissipação de potência e tecnologia de fabricação, porém com tolerância de ± 1%, por exemplo.

Valores para ± 20% de tolerância:

100, 150, 220, 330, 470, 680

Valores para ± 10% de tolerância:

100, 120, 150, 180, 220, 270, 330, 390, 470, 560, 680, 820

Valores para ± 5% de tolerância:

100, 110, 120, 130, 150, 160, 180, 200, 220, 240, 270, 300, 330, 360, 390, 430, 470, 510, 560, 620, 680, 750, 820, 910

Valores para ± 1% de tolerância:

100, 102, 105, 107, 110, 113, 115, 118, 121, 124, 127, 130, 133, 137, 140, 143, 147, 150, 154, 158, 162, 165, 169, 174, 178, 182, 187, 191, 196, 200, 205, 210, 215, 221, 226, 232, 237, 243, 249, 255, 261, 267, 274, 280, 287, 294, 301, 309, 316, 324, 332, 340, 348, 357, 365, 374, 383, 392, 402, 412, 422, 432, 442, 453, 464, 475, 487, 499, 511, 523, 536, 549, 562, 576, 590, 604, 619, 634, 649, 665, 681, 698, 715, 732, 750, 768, 787, 806, 825, 845, 866, 887, 909, 931, 953, 976.

Valores para ± 0,1% de tolerância:

100, 101, 102, 104, 105, 106, 107, 109, 110, 111, 113, 114, 115, 117, 118, 120, 121, 123, 124, 126, 127, 129, 130, 132, 133, 135, 137, 138, 140, 142, 143, 145, 147, 149, 150, 152, 154, 156, 158, 160, 162, 164, 165, 167, 169, 172, 174, 176, 178, 180, 182, 184, 187, 189, 191, 193, 196, 198, 200, 203, 205, 208, 210, 213, 215, 218, 221, 223, 226, 229, 232, 234, 237, 240, 243, 246, 249, 252, 255, 258, 261, 264, 267, 271, 274, 277, 280, 284, 287, 291, 294, 298, 301, 305, 309, 312, 316, 320, 324, 328, 332, 336, 340, 344, 348, 352, 357, 361, 365, 370, 374, 379, 383, 388, 392, 397, 402, 407, 412, 417, 422, 427, 432, 437, 442, 448, 453, 459, 464, 470, 475, 481, 487, 493, 499, 505, 511, 517, 523, 530, 536, 542, 549, 556, 562, 569, 576, 583, 590, 597, 604, 612, 619, 626, 634, 642, 649, 657, 665, 673, 681, 690, 698, 706, 715, 723, 732, 741, 750, 759, 768, 777, 787, 796, 806, 816, 825, 835, 845, 856, 866, 876, 887, 898, 909, 920, 931, 942, 953, 965, 976, 988.

QUADRO 4.8: VALORES COMERCIAIS NOMINAIS DE RESISTORES
FONTE: RESISTOR GUIDE, 2015.

4.3.2 ATENUADOR EM π

O circuito do atenuador resistivo em Pi (π) não balanceado é mostrado na figura a seguir.

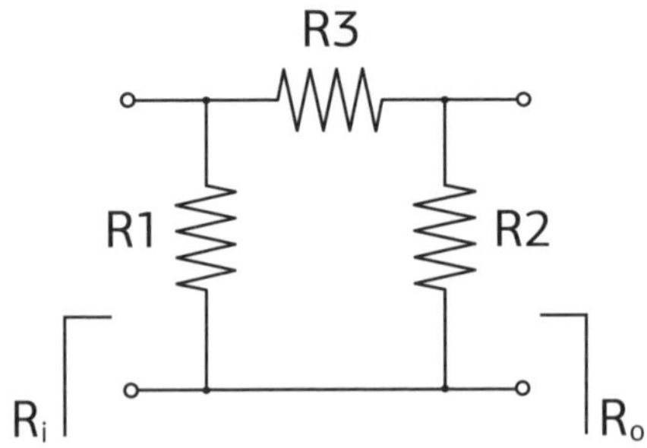

FIGURA 4.21: ATENUADOR EM Pi.

As equações de projeto do atenuador em Pi são apresentadas a seguir.

$$\text{Restrição: } R_i \geq R_o$$

$$R3 = \frac{1 - K}{2 \times K} \sqrt{R_i \times R_o \times K}$$

EQUAÇÃO 4.49: RESISTOR R3, CONFIGURAÇÃO EM Pi.

$$R2 = \frac{1}{\dfrac{1}{R_o} \times \dfrac{1 + K}{1 - K} - \dfrac{1}{R3}}$$

EQUAÇÃO 4.50: RESISTOR R2, CONFIGURAÇÃO EM Pi.

$$R1 = \frac{1}{\dfrac{1}{R_o} \times \dfrac{1 + K}{1 - K} - \dfrac{1}{R2}}$$

EQUAÇÃO 4.51: RESISTOR R3, CONFIGURAÇÃO EM Pi.

$$K = 10^{A,dB/10}$$

EQUAÇÃO 4.52: PARÂMETRO DE ATENUAÇÃO.

Em que:

R_i: resistência de entrada, expressa em Ω;

R_o: resistência de saída, expressa em Ω;

$R1$: resistor de entrada, expresso em Ω;

$R2$: resistor de saída, expresso em Ω; e

$R3$: resistor em série, expresso em Ω.

Em sistemas nos quais as impedâncias de entrada e saída apresentam o mesmo valor ($R_i = R_o = R_C$), as equações anteriores transformam-se em:

$$\text{Restrição: } R_i = R_o = R_c$$

$$R3 = \frac{R_c \times (1-K)}{2 \times \sqrt{K}}$$

EQUAÇÃO 4.53: RESISTOR R3, Pi SIMÉTRICO.

$$R1 = R2 = \frac{1}{\frac{1}{R_o} \times \frac{1+K}{1-K} - \frac{1}{R3}}$$

EQUAÇÃO 4.54: RESISTORES R1 E R2, Pi SIMÉTRICO.

Em que:

R_C: resistência característica do sistema expresso em Ω;

$R1$: resistor de entrada, expresso em Ω;

$R2$: resistor de saída, expresso em Ω;

$R3$: resistor de topo, expresso em Ω;

K: parâmetro de atenuação definido pela Equação 4.52; e

At_{dB}: atenuação desejada expressa em dB (menor que 0 dB).

Exercício 109: Projete um atenuador resistivo em Pi simétrico, não balanceado, com impedância característica de 75 Ω e atenuação de 23 dB, potência de entrada de 15 W. Utilize resistores com tolerância ± 1%.

Exercício 110: Projete um atenuador resistivo em Pi simétrico, não balanceado, com impedância característica de 75 Ω, atenuação de 33 dB e potência de entrada de 50 W. Utilize resistores com tolerância ± 10%.

As potências dissipadas sobre os resistores do atenuador e sobre a carga para um atenuador em π não balanceado carregado são definidas por:

$$R3||RL = \frac{R3 \times RL}{R3 + RL}$$

EQUAÇÃO 4.55: PARALELO EQUIVALENTE R3 E RL.

$$R_{eq,car} = \frac{R1 \times (R1 + R3 \,||\, RL)}{2 \times R1 + R3 \,||\, RL}$$

EQUAÇÃO 4.56: RESISTOR EQUIVALENTE CARREGADO.

$$P2_{car} = \frac{Pi \times R2 \times R_{eq,car}}{[R2 + (R3 \,||\, RL)]^2}$$

EQUAÇÃO 4.57: POTÊNCIA SOBRE R2.

$$P1_{car} = \frac{Pi \times R_{eq,car}}{R1}$$

EQUAÇÃO 4.58: POTÊNCIA SOBRE R1.

$$P3_{car} = \frac{Pi \times R_{eq,car}}{R3} \times \left[\frac{R3 \,||\, RL}{R2 + (R3 \,||\, RL)}\right]^2$$

EQUAÇÃO 4.59: POTÊNCIA SOBRE R3.

$$PL = \frac{Pi \times R_{eq,car}}{RL} \times \left[\frac{R3 \,||\, RL}{R2 + (R3 \,||\, RL)}\right]^2$$

EQUAÇÃO 4.60: POTÊNCIA SOBRE A CARGA.

$$A_{car} = \frac{PL}{Pi} = \frac{R_{eq,car}}{RL} \times \left[\frac{R3 \,||\, RL}{R2 + (R3 \,||\, RL)}\right]^2$$

EQUAÇÃO 4.61: ATENUAÇÃO EFETIVA.

Em que:
$R3 \parallel RL$: resistor equivalente da associação de R3 e RL, expresso em Ω;
Pi: potência de entrada, expressa em W;
$P1_{car}$: potência sobre R1, expressa em W;
$P2_{car}$: potência sobre R2, expressa em W;
$P3_{car}$: potência sobre R3, expressa em W;
$R_{eq,car}$: parâmetro auxiliar, expresso em Ω;
PL: potência efetivamente dissipada sobre a carga, expressa em W. e
A_{car}: atenuação efetiva do dispositivo. Não é expressa em dB.

A atenuação efetiva expressa em dB é definida por:

$$A_{ef,dB} = 10 \times \log_{10}(A_{car}).$$

EQUAÇÃO 4.62: ATENUAÇÃO EFETIVA.

As equações a seguir apresentam os valores de dissipação de potência para os resistores de um atenuador em π, simétrico ou não simétrico, não balanceado, em aberto (RL = ∞, ver Figura 4.21).

$$P1_a = Pi \times R_{eq,a} / R1$$

EQUAÇÃO 4.63: POTÊNCIA SOBRE R1.

$$P2_a = Pi \times R_{eq,a} \times R2 / (R2 + R3)^2$$

EQUAÇÃO 4.64: POTÊNCIA SOBRE R2.

$$P2_a = Pi \times R_{eq,a} \times R3 / (R2 + R3)^2$$

EQUAÇÃO 4.65: POTÊNCIA SOBRE R3.

$$R_{eq,a} = R1 \times (R2 + R3) / (R1 + R2 + R3)$$

EQUAÇÃO 4.66: RESISTOR EQUIVALENTE.

4.3.3 ATENUADOR RESISTIVO EM T EM PONTE

O atenuador em T em ponte na configuração resistiva requer quatro resistores para sua realização, em vez de três resistores nas configurações em T e em π. Sua aplicação é em atenuadores de micro-ondas com a utilização de diodos PIN.

O circuito do atenuador resistivo em T em ponte é mostrado na figura a seguir.

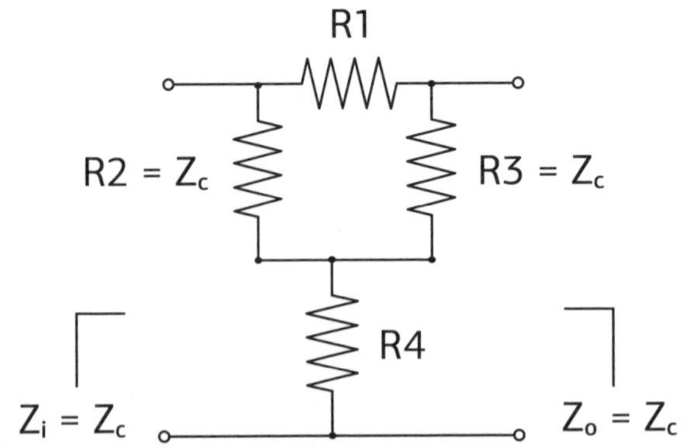

FIGURA 4.22: ATENUADOR EM T EM PONTE.

As equações de projeto são:

$$R1 = Zc \times (1 - Kp) / Kp$$

EQUAÇÃO 4.67: RESISTOR R1.

$$R4 = Zc \times Kp / (1 - Kp)$$

EQUAÇÃO 4.68: RESISTOR R4.

$$Kp = 10^{At,dB/20}$$

EQUAÇÃO 4.69: PARÂMETRO DE ATENUAÇÃO.

Em que Z_c é a impedância característica da linha, por exemplo, 50 Ω, em sistemas de radiofrequência, ou 75 Ω, em sistemas de vídeo.

4.3.4 ATENUADORES EM ESCADA

O atenuador comutável, como o mostrado na Figura 4.17, é constituído por um conjunto de atenuadores, que podem, ou não, ser conectados na configuração em escada. A vantagem é um atenuador que pode variar em passos.

A figura a seguir apresenta dois atenuadores em T, não balanceados, conectados na configuração em escada, ou seja, o sinal de entrada do atenuador 2 é o sinal de saída do atenuador 1. A atenuação total do dispositivo é a soma das atenuações de cada atenuador individualmente.

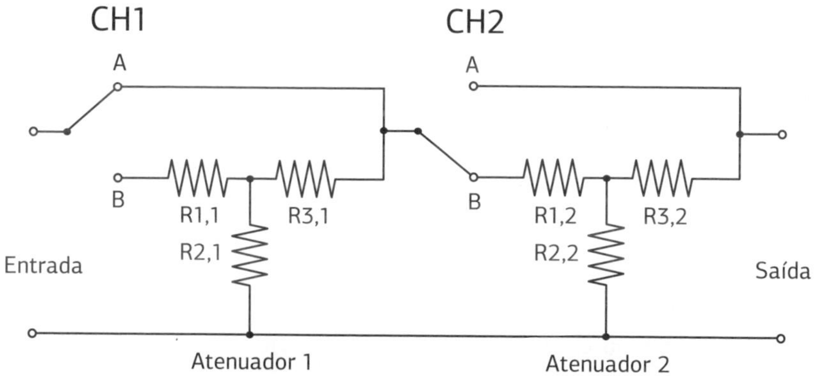

FIGURA 4.23: ATENUADORES EM ESCADA.

As chaves CH1 e CH2 de um polo e duas posições (A e B) comutam, ou não, o respectivo atenuador no circuito final. A atenuação da configuração da Figura 4.23 pode ser obtida com o quadro a seguir.

CH1	CH2	Atenuação total
A	A	0 dB
A	B	At,2 dB
B	A	At,1 dB
B	B	At,1 dB + At,2 dB

QUADRO 4.9: ATENUAÇÃO.

Considere, por exemplo, que o atenuador 1 introduz 3 dB de atenuação e o atenuador 2 introduz 10 dB de atenuação. O quadro de atenuação total seria então:

CH1	CH2	Atenuação total
A	A	0 dB
A	B	10 dB
B	A	3 dB
B	B	13 dB

QUADRO 4.10: ATENUAÇÃO TOTAL.

Um cuidado especial deve ser reservado quanto à especificação de potência dos resistores de cada atenuador. Como medida de segurança, é recomendável especificar-se cada um dos resistores supondo que o respectivo atenuador receba toda a potência do sinal de entrada, o que se dá quando apenas uma das chaves está na posição A.

Outro ponto a considerar é a probabilidade dos terminais de entrada e de saída serem conectados invertidos. Nesse caso, a solução é projetar os componentes para a dissipação máxima de potência aplicada em qualquer um dos terminais, o que aumentaria a confiabilidade, mas também o custo do dispositivo.

4.3.5 OUTRAS CONFIGURAÇÕES

Os atenuadores podem ser projetados nas seguintes configurações:

- não balanceados: para linhas não balanceadas, como cabos coaxiais;
- balanceados: para aplicações em linhas balanceadas, como linhas paralelas; e
- balanceado simétrico em relação à linha de terra: para aplicações com linhas balanceadas com referência de terra.

A figura a seguir apresenta um exemplo de atenuador em T balanceado, com os respectivos valores dos resistores referidos à configuração não balanceada.

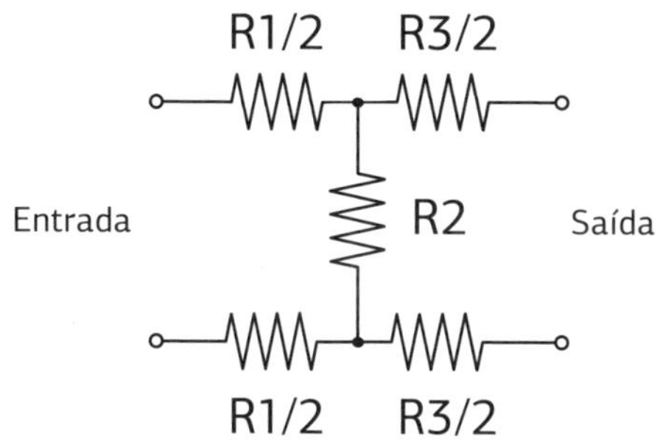

FIGURA 4.24: ATENUADOR EM T BALANCEADO.

Um atenuador em T balanceado simétrico, para 10 dB em linha de 50 Ω, apresentaria os seguintes valores de resistores:

- R1/2: 12,985 Ω ou o valor comercial mais próximo, dentro da faixa de tolerância utilizada;
- R3/2: 12,985 Ω ou o valor comercial mais próximo, dentro da faixa de tolerância utilizada; e
- R2: 35,14 Ω, ou o valor comercial mais próximo, dentro da faixa de tolerância utilizada.

A figura a seguir apresenta um exemplo de atenuador em T, balanceado, simétrico, em relação à linha de terra.

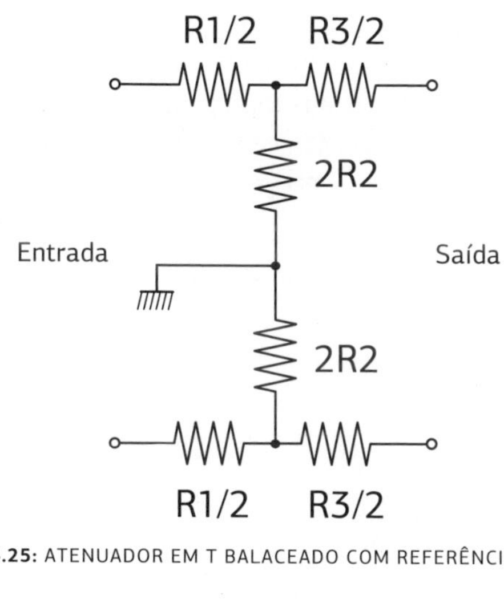

FIGURA 4.25: ATENUADOR EM T BALACEADO COM REFERÊNCIA DE TERRA.

Um atenuador em T, balanceado, simétrico em relação à linha de terra, para 10 dB em linha de 50 Ω apresentaria os seguintes valores de resistores:

- R1/2: 12,985 Ω ou o valor comercial mais próximo, dentro da faixa de tolerância utilizada;
- R3/2: 12,985 Ω ou o valor comercial mais próximo, dentro da faixa de tolerância utilizada; e
- 2R2: 70,28 Ω ou o valor comercial mais próximo, dentro da faixa de tolerância utilizada.

A escolha da tolerância é função tanto da exatidão esperada no valor da atenuação quanto da limitação de custo. Resistores com valores de tolerância reduzidos levam a valores de atenuação mais próximos do valor nominal de projeto, porém com um custo mais elevado.

4.4 FILTROS

O projeto geral de filtros está além do escopo deste livro. Aqui serão apresentadas as aplicações gerais do dB na caracterização da resposta de frequência e no cálculo da ordem do filtro necessária para determinada resposta, com aplicações em áudio e circuitos de alta frequência.

4.4.1 FILTRO PASSA-BAIXA

O filtro passa-baixa é utilizado quando apenas o conteúdo de baixas frequências do espectro de um sinal deve ser aplicado a um circuito ou dispositivo. Uma aplicação é no filtro de graves (*woofer*) em circuitos de áudio. O circuito de um filtro passa-baixa – *LPF* (*low pass filter*) – RC de primeira ordem é mostrado na figura a seguir.

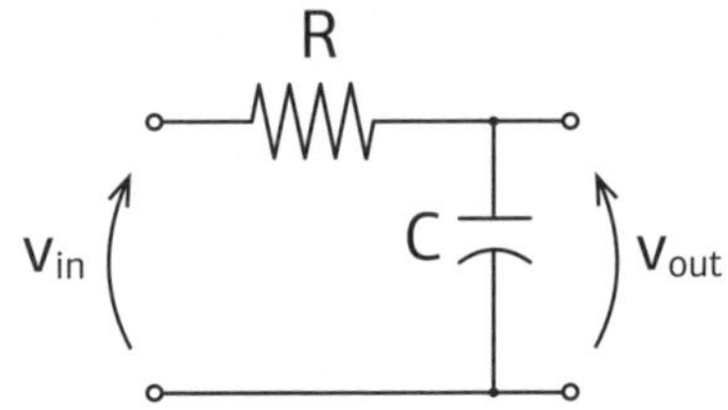

FIGURA 4.26: FILTRO PASSA-BAIXA RC DE PRIMEIRA ORDEM.

O módulo da função de transferência de tensão desse filtro é definido por:

$$|(v_{out} / v_{in})| = 1 / [1 + (f_o / f_c)^2]^{1/2}$$

EQUAÇÃO 4.70: MÓDULO DA FUNÇÃO DE TRANSFERÊNCIA DE TENSÃO DE FILTRO PASSA-BAIXA RC DE PRIMEIRA ORDEM.

Em que:
v_{out}: tensão de saída do filtro, expressa em V;
v_{in}: tensão de entrada do filtro, expressa em V;
f_o: frequência de operação, expressa em Hz; e
f_c: frequência de corte do filtro, expressa em Hz.

Outros termos utilizados para a frequência de corte são frequência de 3 dB (f_{3dB}) e frequência de meia potência.

A frequência de corte de um filtro passa-baixa RC de primeira ordem é definida por:

$$f_c = 1 / (2 \times \pi \times R \times C)$$

EQUAÇÃO 4.71: FREQUÊNCIA DE CORTE DE FILTRO PASSA-BAIXA RC DE PRIMEIRA ORDEM.

Em que:
f_c: frequência de corte, expressa em Hz;
R: resistência, expressa em Ω; e
C: capacitância, expressa em F.

O produto RC é a constante de tempo do circuito, expressa em segundos.

A figura a seguir apresenta a curva da função de transferência de um filtro passa-baixa de primeira ordem cuja frequência de corte é 1 kHz.

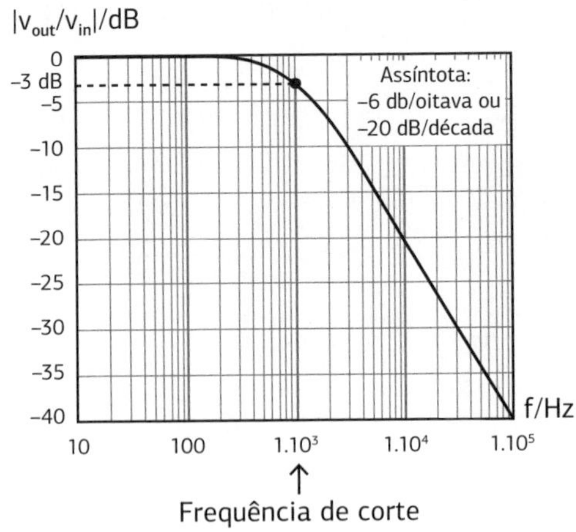

FIGURA 4.27: CURVA DE RESPOSTA DE FILTRO PASSA-BAIXA.

Uma alternativa ao filtro passa-baixa RC é o filtro passa-baixa RL, mostrado na figura a seguir.

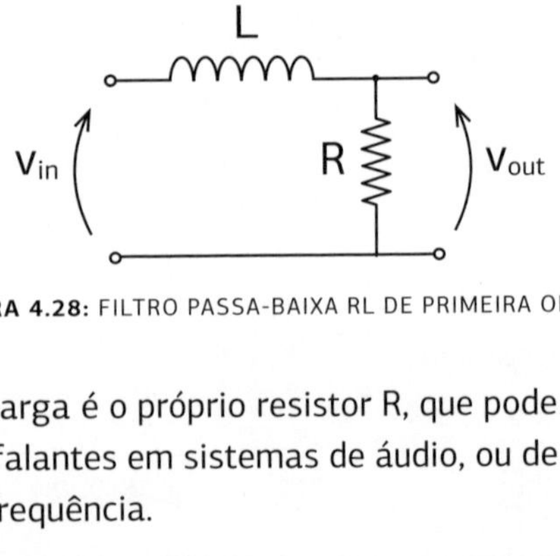

FIGURA 4.28: FILTRO PASSA-BAIXA RL DE PRIMEIRA ORDEM.

Nesse circuito, a carga é o próprio resistor R, que pode ser, por exemplo, de 8 Ω, para alto-falantes em sistemas de áudio, ou de 50 Ω, para sistemas de alta frequência.

O módulo da função de transferência de tensão de um filtro RL passa-baixa de primeira ordem é definido pela Equação 4.70. A frequência de corte, f_c, expressa em Hz, é definida por:

$$f_c = R / (2 \times \pi \times L)$$

EQUAÇÃO 4.72: FREQUÊNCIA DE CORTE DE FILTRO PASSA-BAIXA RL DE PRIMEIRA ORDEM.

Em que:
R: resistência, expressa em Ω; e
L: indutância, expressa em H.

O termo R/L é a constante de tempo do circuito, expressa em segundos.

Exercício 111: Projete um circuito passa-baixa de primeira ordem RL com frequência de corte de 1 kHz, para um alto-falante de 8 Ω como carga. O projeto consiste no cálculo do indutor L.

Exercício 112: Projete um circuito passa-baixa de primeira ordem RL com frequência de corte em 100 MHz, para uma impedância de carga igual a 50 Ω.

Exercício 113: Determine a amplitude do sinal de saída e a atenuação em dB introduzida por um filtro passa-baixa RC de primeira ordem cuja constante de tempo é 0,15 ms, para um sinal de entrada senoidal com amplitude de pico de 10 mV na frequência de 1.061 Hz.

Exercício 114: Determine a amplitude do sinal de saída e a atenuação em dB introduzida por um filtro passa-baixa RC de primeira ordem cuja constante de tempo é de 0,15 ms, para um sinal de entrada senoidal com amplitude de 10 mV na frequência de 2.122 Hz.

Exercício 115: Determine a amplitude do sinal de saída e a atenuação em dB introduzida por um filtro passa-baixa RC de primeira ordem cuja constante de tempo é de 0,15 ms para um sinal de entrada senoidal com amplitude de 10 mV na frequência de 10,61 kHz.

Exercício 116: Trace o gráfico do módulo da função de transferência de tensão em dB de um filtro passa-baixa RC de primeira ordem abrangendo uma faixa de três décadas acima da frequência de corte. Considere que a frequência de corte do filtro é de 100 Hz.

4.4.2 FILTRO PASSA-ALTA

O filtro passa-alta é utilizado quando apenas o conteúdo de altas frequências do espectro de um sinal deve ser aplicado a um circuito ou dispositivo. Uma aplicação é no filtro de agudos (*tweeter*) em circuitos de áudio. O circuito de um filtro passa-alta RC de primeira ordem é mostrado na figura a seguir.

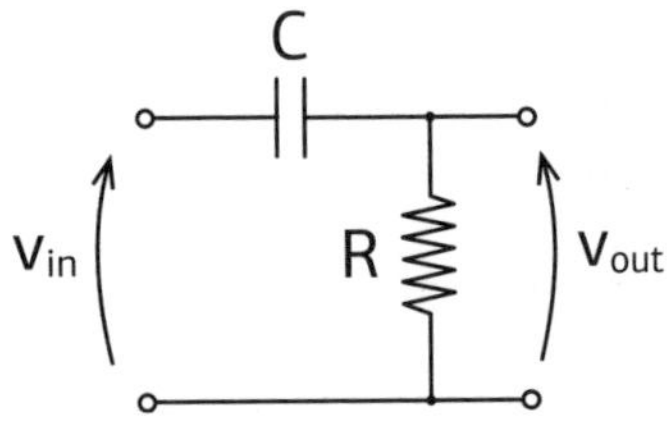

FIGURA 4.29: FILTRO PASSA-ALTA RC DE PRIMEIRA ORDEM.

O módulo da função de transferência de tensão de um filtro passa-alta RC de primeira ordem é definido por:

$$|V_{out} / V_{in}| = (f_o / f_c) / [1 + (f_o / f_c)^2]^{1/2}$$

EQUAÇÃO 4.73: MÓDULO DA FUNÇÃO DE TRANSFERÊNCIA DE FILTRO PASSA-ALTA RC DE PRIMEIRA ORDEM.

Em que:
f_o: frequência de operação, expressa em Hz; e
f_c: frequência de corte, expressa em Hz é definida pela Equação 4.71.

A figura a seguir apresenta a curva da função de transferência de um filtro passa-alta RC de primeira ordem. A frequência de corte é de 20 kHz.

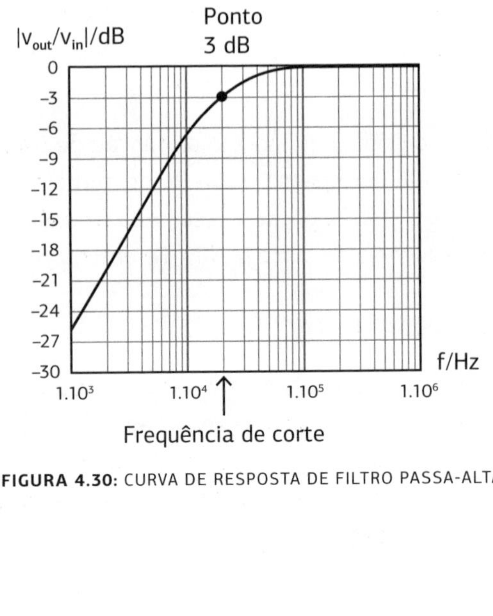

FIGURA 4.30: CURVA DE RESPOSTA DE FILTRO PASSA-ALTA.

Exercício 117: Projete um filtro passa-alta RC de primeira ordem, com frequência de corte igual a 1 kHz e impedância de carga de 8 Ω. O projeto consiste no cálculo do capacitor C.

Exercício 118: Projete um filtro passa-alta RC de primeira ordem com frequência de corte em 100 MHz e impedância de carga igual a 50 Ω.

Na figura a seguir, é apresentada a topologia de um filtro passa-alta RL de primeira ordem. A configuração RC da Figura 4.29 bloqueia a corrente contínua na carga, e a topologia RL da Figura 4.31 permite a passagem dessa corrente.

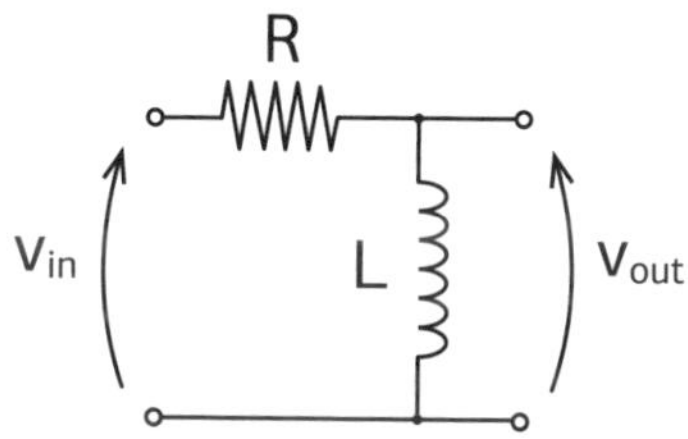

FIGURA 4.31: FILTRO PASSA-ALTA RL DE PRIMEIRA ORDEM.

Esse circuito apresenta a mesma função de transferência do circuito RC passa-alta de primeira ordem. A curva de resposta é igual para a mesma frequência de corte. A frequência de corte é definida pela Equação 4.72.

4.4.3 FILTRO PASSA-FAIXA

O filtro passa-faixa é utilizado quando apenas uma faixa de frequências do espectro de um sinal deve ser aplicada a um circuito ou dispositivo. Uma aplicação é no filtro de médios em circuitos de áudio.

A figura a seguir apresenta uma topologia de um filtro passa-faixa, constituída por um circuito LC em série com a carga R. Em circuitos de áudio, a resistência R seria, por exemplo, o alto-falante.

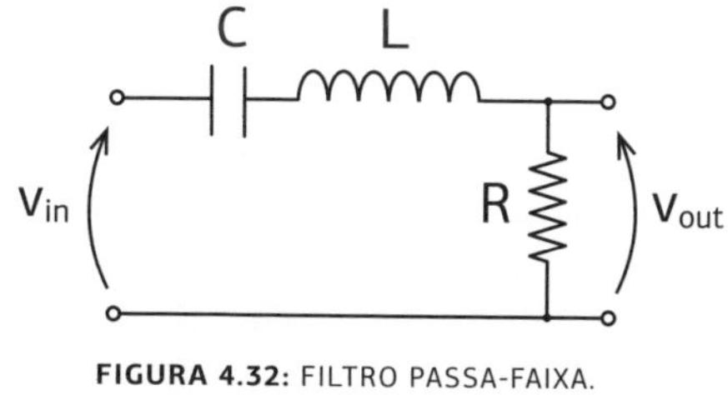

FIGURA 4.32: FILTRO PASSA-FAIXA.

A frequência de ressonância, f_r, expressa em Hz, é definida por:

$$f_r = 1 / [2 \times \pi \times (L \times C)^{1/2}]$$

EQUAÇÃO 4.74: FREQUÊNCIA DE RESSONÂNCIA.

Em que:
L: indutância, expressa em H; e
C: capacitância, expressa em F.

A figura a seguir apresenta a curva da função de transferência de tensão relativa (não está em dB) de um filtro passa-faixa. Observa-se que $20 \times \log_{10}(0{,}707) = -3\text{dB}$.

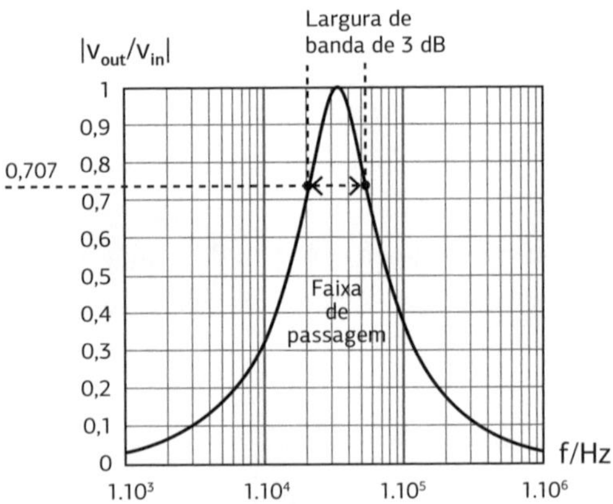

FIGURA 4.33: CURVA DE RESPOSTA DE FILTRO PASSA-FAIXA.

Na Figura 4.33, a frequência central de passagem é 45 kHz. Na frequência de ressonância em série, a impedância é mínima, teoricamente igual a 0, e a função de transferência é máxima e igual a 1.

Exercício 119: Projete um filtro passa-faixa, com frequência central igual a 1 kHz e impedância de carga de 8 Ω. O capacitor disponível é de 220 μF. O projeto consiste no cálculo do indutor L.

Exercício 120: Projete um filtro passa-faixa, com frequência central em 100 MHz e impedância de carga de 50 Ω. O capacitor disponível é 220 pF.

4.4.4 FILTRO REJEITA-FAIXA

O filtro rejeita-faixa é utilizado quando uma faixa de frequências do espectro de um sinal deve ser atenuada. Uma aplicação é importante quando se deseja atenuar um sinal interferente.

A figura a seguir apresenta uma topologia de um filtro rejeita-faixa, constituída por um circuito LC paralelo em série com a carga.

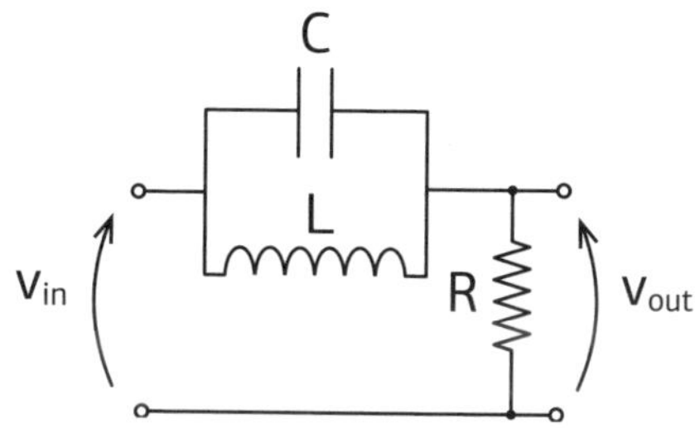

FIGURA 4.34: FILTRO REJEITA-FAIXA.

A frequência de ressonância é definida pela Equação 4.75.

Na ressonância paralela, a impedância é muito elevada, teoricamente infinita. A função de transferência é mínima, ou seja, 0, o que leva a um valor teórico de menos infinito (−∞) em dB.

A figura a seguir apresenta a curva da função de transferência relativa (não está em dB) de um filtro rejeita-faixa. Na figura, a frequência central de rejeição é de 60 Hz.

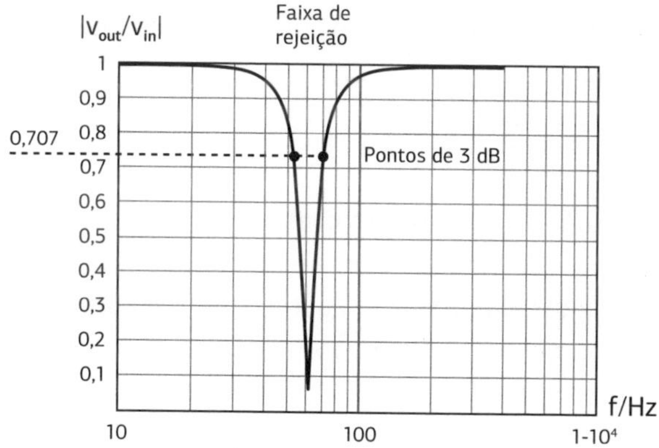

FIGURA 4.35: CURVA DE RESPOSTA DE FILTRO REJEITA-FAIXA.

Exercício 121: Projete um filtro rejeita-faixa para a frequência de 60 Hz, impedância de carga igual a 8 Ω. O capacitor disponível é de 22.000 μF. O projeto consiste no cálculo do indutor L.

Exercício 122: Projete um filtro rejeita-faixa para a frequência de 3,58 MHz, impedância de carga igual a 75 Ω. O capacitor disponível é de 22 nF.

Exercício 123: Projete um filtro rejeita-faixa para a frequência central de 100 MHz, impedância de carga igual a 50 Ω. O capacitor disponível é de 220 pF.

4.4.5 ORDEM DO FILTRO

A ordem de um filtro, ***n***, em função das atenuações pode ser obtida por:

$$n = (A_{f,s} - A_{f,i}) / [20 \times \log_{20}(f_s - f_i)]$$

EQUAÇÃO 4.75: ORDEM DE FILTRO.

Em que:
n: ordem do filtro, maior inteiro imediatamente superior se o resultado for fracionário;
$A_{f,s}$: atenuação na frequência superior, expressa em dB;
$A_{f,i}$: atenuação na frequência inferior, expressa em dB;
f_s: frequência superior, expressa em Hz; e
f_i: frequência inferior, expressa em Hz.

Exercício 124: Determine a ordem de um filtro passa-alta cujas especificações são:

- atenuação em 8 kHz: 15 dB; e
- atenuação em 2 kHz: 35 dB.

Exercício 125: Para o projeto de um divisor de frequências a ser utilizado em um sistema de sonorização, é necessário determinar-se a ordem do filtro correspondente. O filtro deverá apresentar uma atenuação de 3 dB em 100 Hz e pelo menos 30 dB em 350 Hz. Determine a ordem do filtro que atende a essa especificação.

Exercício 126: Um filtro de radiofrequência na faixa de FM deve introduzir uma atenuação adicional de 25 dB na frequência de 250 MHz em relação à atenuação em 108 MHz. Determine a ordem do filtro passa-baixa que atende a essa especificação.

Exercício 127: Um filtro de terceira ordem atenua em 42 dB a frequência de 8 kHz. Determine a atenuação desse filtro na frequência de 2 kHz. Considere que a frequência de 2 kHz é superior à frequência de 3 dB.

Exercício 128: Um filtro de terceira ordem atenua em 12 dB a frequência de 6 kHz. Determine a atenuação desse filtro na frequência de 18 kHz. Considere que a frequência de 6 kHz é superior à frequência de 3 dB.

4.4.6 TOPOLOGIA EM ESCADA

A topologia geral de filtros passa-baixa simétricos, não dissipativos, em escada está mostrada na figura a seguir.

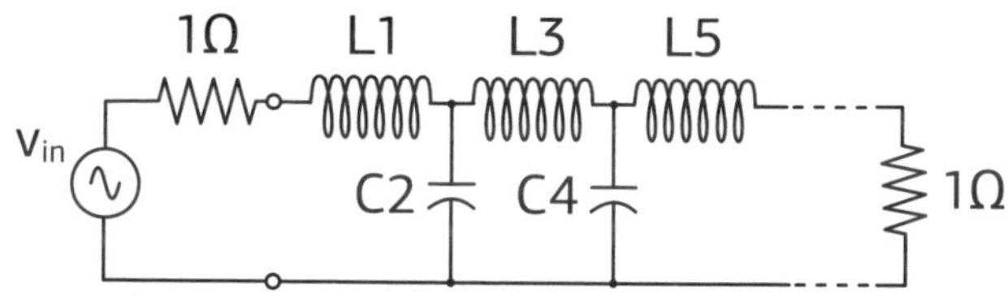

FIGURA 4.36: TOPOLOGIA PASSA-BAIXA EM ESCADA.

O projeto considera as resistências de carga e fonte de mesmo valor e normalizadas, ou seja, iguais a 1 Ω. Para aplicações práticas, é necessário desconverter esse valor para o valor desejado.

Para o projeto de filtros passa-baixa simétricos de máxima planura na faixa de passagem, ou Butterworth, até quinta ordem, utilizam-se os valores normalizados do quadro a seguir.

n	L1	C2	L3	C4	L5
2	1,414	1,414	–	–	–
3	1	2	1	–	–
4	0,765	1,848	1,848	0,765	–
5	0,618	1,618	2,0	1,618	0,618

QUADRO 4.11 – FILTRO PASSA-BAIXA, COMPONENTES NORMALIZADOS.
FONTE: MATHYS, 2015.

No Quadro 4.11, observa-se que a configuração de menor ordem realizável é a segunda.

Para o cálculo dos valores desnormalizados nominais dos componentes do filtro passa-baixa, utilizam-se a Equação 4.76, para as capacitâncias, e a Equação 4.77, para as indutâncias.

$$C_{n,no} = C_n / (2 \times \pi \times f_c \times R_L)$$

EQUAÇÃO 4.76: CAPACITÂNCIA DESNORMALIZADA.

Em que:
n: ordem do filtro;
$C_{n,no}$: capacitor nominal desnormalizado de ordem n, expressa em F;
C_n: capacitância normalizada de ordem n; e
R_L: resistência de carga, expressa em Ω.

$$L_{n,no} = R_L \times L_n / (2 \times \pi \times f_c)$$

EQUAÇÃO 4.77: INDUTÂNCIA DESNORMALIZADA.

Em que:
$L_{n,no}$: indutor nominal desnormalizado de ordem n, expressa em H; e
L_n: indutância normalizada de ordem n.

Para o projeto de filtros passa-alta simétricos de máxima planura na faixa de passagem até quinta ordem, utilizam-se os valores normalizados do quadro a seguir. Observa-se que a menor ordem realizável é a segunda:

n	C1	L2	C3	L4	C5
2	0,707	0,707	–	–	–
3	1	0,5	1	–	–
4	1,307	0,541	0,541	1,307	–
5	1,618	0,618	0,5	0,618	1,618

QUADRO 4.12: FILTRO PASSA-ALTA, COMPONENTES NORMALIZADOS.
FONTE: MATHYS, 2015.

Para se obterem os valores desnormalizados nominais dos componentes do filtro simétrico passa-alta, utilizam-se as Equações 4.76 e 4.77, aplicando-se os valores do Quadro 4.12. A topologia passa-alta simétrica em escada é mostrada na figura a seguir.

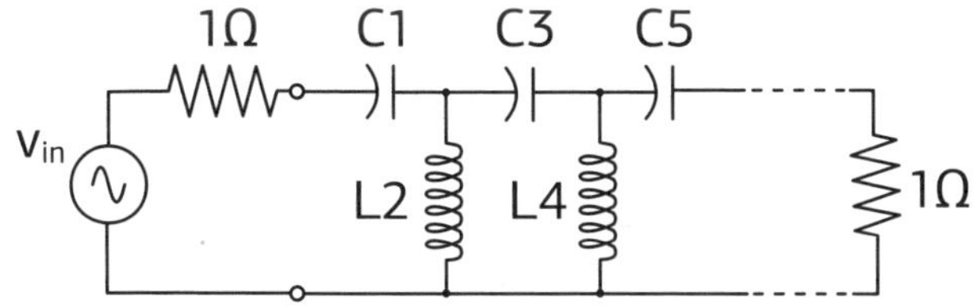

FIGURA 4.37: TOPOLOGIA PASSA-ALTA EM ESCADA.

Exercício 129: Projete um filtro passa-alta de terceira ordem com frequência de corte em 4 kHz e impedância de carga igual a 8 Ω.

Exercício 130: Você foi encarregado do projeto e de testes de certificação de um filtro passa-baixa de máxima planura na banda de passagem, com as seguintes especificações:

- frequência de corte inferior: 108 MHz;
- atenuação na frequência de corte inferior: 3 dB;
- frequência de corte superior: 216 MHz;
- atenuação mínima na frequência de corte superior: 28 dB; e
- impedância de entrada e saída: 50 Ω.

Com base nesses dados:

a) projete o filtro com a menor ordem (redução de custos e complexidade) que atende à especificação; e

b) após a montagem, foi medida a atenuação na frequência de 200 MHz e obtiveram-se 27 dB ± 1 dB. Determine se o filtro atende à especificação de projeto.

4.4.7 DIVISORES DE FREQUÊNCIA

A figura a seguir apresenta um sistema de divisão de frequência de áudio. A fonte de sinal é um amplificador de áudio. O sinal é dividido em três faixas e aplicado aos respectivos alto-falantes.

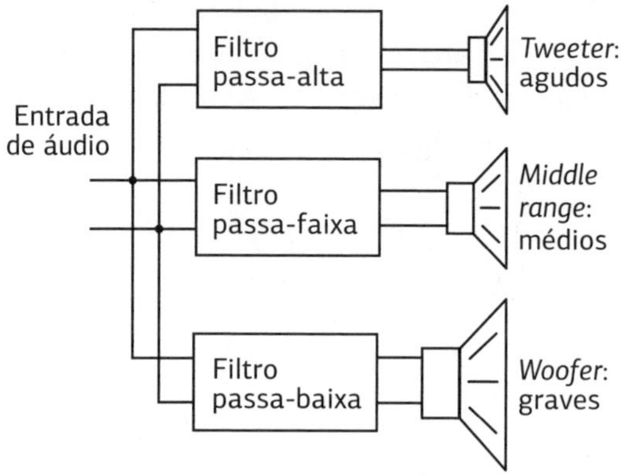

FIGURA 4.38: DIVISOR DE ÁUDIO.

Na figura a seguir, a filtragem é realizada antes da amplificação, o que leva a componentes de menor volume, menor dissipação de potência e menor custo. Controlando-se o nível de entrada nos filtros, tem-se um equalizador de frequências.

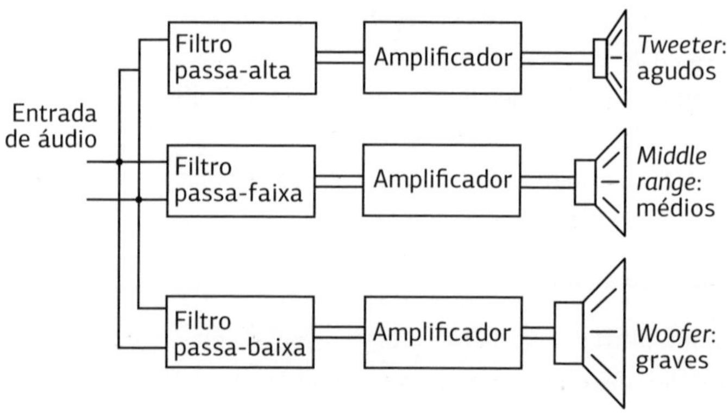

FIGURA 4.39: DIVISOR DE ÁUDIO COM PRÉ-FILTRAGEM.

4.5 TEORIA DA INFORMAÇÃO

A equação de Shannon fornece a máxima taxa teórica de transmissão sem erros, em bits por segundo, em um canal limitado em banda sob determinada relação sinal-ruído em um canal com ruído aditivo branco gaussiano. A equação é:

$$C = BW \times \log_2\left(1 + \frac{S}{N}\right)$$

EQUAÇÃO 4.78: TAXA TEÓRICA MÁXIMA DO CANAL.

Em que:

C: taxa máxima teórica sem erros do canal, expressa em bps;

BW: largura de banda do canal, expressa em Hz; e

S/N: relação sinal-ruído. Não é expressa em dB.

Observe que o logaritmo é na base 2.

Exercício 131: Determine a taxa de transmissão teórica máxima em um canal limitado em banda de 200 kHz cuja relação sinal-ruído é igual a 17 dB (valores típicos de telefonia móvel celular GSM).

Exercício 132: Determine a largura de banda mínima necessária para a transmissão na taxa de 512 kbps em uma linha cuja relação sinal-ruído é igual a 14 dB.

Exercício 133: Determine a relação sinal-ruído mínima para a transmissão sem erros em um canal limitado em banda em 20 kHz para uma taxa de 50 kbps.

A relação C/BW, expressa em bps/Hz, é a eficiência espectral. A relação sinal-ruído pode ser calculada com base na eficiência espectral de modulação por:

$$\frac{S}{N} = 2^{C/BW} - 1$$

EQUAÇÃO 4.79: EFICIÊNCIA ESPECTRAL.

Exercício 134: Determine a relação sinal-ruído mínima, em dB, necessária para uma eficiência espectral de modulação de 4 bps/Hz.

Exercício 135: Em determinado canal, a relação sinal-ruído é de 17 dB. Defina a máxima eficiência espectral possível.

Exercício 136: Em determinado canal, a relação sinal-ruído é de 18 dB. Um sistema opera neste canal com uma largura de banda de 300 kHz. Defina a máxima taxa teórica de transmissão.

Exercício 137: Em determinado canal, a relação sinal-ruído é de 37 dB. Defina a menor largura de banda teórica para operação, neste canal, com uma taxa de 270 kbps.

Da teoria da informação, tem-se que a autoinformação de uma mensagem é definida por:

$$I = \log_2 \left(\frac{1}{P_i} \right)$$

EQUAÇÃO 4.80: AUTOINFORMAÇÃO.

Em que P_i é a probabilidade de ocorrência da mensagem.

Exercício 138: Uma fonte emite dois símbolos, *A* e *B*, com respectivas probabilidades de ocorrência de 0,3 e 0,7. Determine a autoinformação de cada símbolo.

Observe que o bit não é o da memória dos computadores ou o que sai de uma porta lógica. Esse bit é uma unidade de informação.

Exercício 139: Uma fonte emite dois símbolos, *A* e *B*, com respectivas probabilidades de ocorrência de 0,1 e 0,9. Determine a autoinformação de cada símbolo.

Exercício 140: Uma fonte emite dois símbolos, *A* e *B*, com probabilidades de ocorrência equiprováveis. Determine a autoinformação de cada símbolo.

4.6 PROPAGAÇÃO

No projeto e na análise de enlaces sem fio, utilizam-se o dB e suas unidades derivadas para especificar os seguintes parâmetros: potência efetivamente irradiada, perda em cabos e conectores, ganho de antena, potência de saída de transmissores, potência do sinal recebido, perda por espaço livre, perda em excesso ao espaço livre, perda ou atenuação por obstáculos, perda ou atenuação por hidrometeoros (chuva), perda ou atenuação por vegetação e campo elétrico.

4.6.1 POTÊNCIA EFETIVAMENTE IRRADIADA

A potência efetivamente irradiada em relação à isotrópica, *EIRP*, indica o valor de potência efetivamente irradiado em determinada direção, referenciado à antena isotrópica, cujo ganho é igual à unidade (1 ou 0 dB).

Exercício 141: Um transmissor de 100 W alimenta uma antena cujo ganho é de 6 dBi em uma direção, por meio de um cabo cuja atenuação é de 1,8 dB. Determine a potência efetivamente irradiada em relação à isotrópica para a direção considerada.

Exercício 142: Um transmissor de 100 W alimenta uma antena cujo ganho máximo é de 6 dBi, por meio de um cabo cuja atenuação é de 1,8 dB. Determine a potência efetivamente irradiada em relação à isotrópica para uma direção na qual o ganho da antena está 2 dB abaixo do valor máximo.

Exercício 143: Um transmissor de 100 W alimenta uma antena cujo ganho máximo é de 6 dBi, por meio de um cabo cuja atenuação é de 1,8 dB. Determine a densidade de potência a uma distância de 20 m da antena transmissora, em uma direção cujo ganho é 4 dB abaixo do ganho máximo.

4.6.2 ATENUAÇÃO EM ESPAÇO LIVRE

A propagação das ondas eletromagnéticas é influenciada pelo canal e por elementos ao redor das antenas, relevo e condições atmosféricas. Um modelo simplificado é o modelo de espaço livre, no qual se considera o meio sem obstruções ou reflexões da onda.

A atenuação por espaço livre é definida por:

$$A_{0,dB} = 92{,}4 + 20 \times \log_{10}(d_{km}) + 20 \times \log_{10}(f_{GHz})$$

EQUAÇÃO 4.81: ATENUAÇÃO POR ESPAÇO LIVRE.

Em que:
$A_{0,dB}$: atenuação por espaço livre, expressa em dB;
d_{km}: distância entre as antenas, expressa em km; e
f_{GHz}: frequência de operação, expressa em GHz.

Exercício 144: Determine a atenuação por espaço livre para um enlace em 1,8 GHz na distância de 1,2 km.

Exercício 145: Determine a atenuação por espaço livre para um enlace via satélite geoestacionário na banda Ku. A frequência de operação é igual a 12 GHz, e a distância entre a estação terrena e o satélite é de 37.800 km.

Exercício 146: Determine a atenuação por espaço livre para um enlace via satélite geoestacionário na banda C. A frequência de operação é 6 GHz, e a distância entre a estação terrena e o satélite é de 37.800 km.

Exercício 147: Determine a atenuação por espaço livre em um enlace Wi-Fi, operando em 2,4 GHz, na distância de 30 m.

Exercício 148: Determine a atenuação por espaço livre em um enlace Wi-Fi, operando em 2,4 GHz, na distância de 300 m.

4.6.3 EQUILÍBRIO DE POTÊNCIA

Para o projeto e a análise de enlaces sem fio, utiliza-se a equação do equilíbrio de potência, que é definida por:

$$P_{r,dBm} = P_{t,dBW} + \sum G_{dBi} + \sum A_{dB} - M_{dB} + 30dB$$

EQUAÇÃO 4.82: EQUILÍBRIO DE POTÊNCIA.

Em que:
$P_{r,dBm}$: potência recebida, expressa em dBm;
$P_{t,dBW}$: potência recebida, expressa em dBW;
$\Sigma G_{,dBi}$: soma dos ganhos das antenas, expressa em dBi;
$\Sigma A_{,dB}$: soma das atenuações, expressa em dB (atenuações negativas em dB);
$M_{,dB}$: margem de confiabilidade, expressa em dB; e
30 dB: correção de dBW para dBm.

Exercício 149: Determine a intensidade do sinal recebido em um enlace em 1,8 GHz, na distância de 1,2 km, considerando-se a propagação em espaço livre, antena transmissora com ganho de 12 dBi, antena receptora com ganho de 2 dBi, margem de confiabilidade de 6 dB, atenuação do cabo de 1,2 dB e atenuação dos conectores de 1,8 dB. A potência de saída do transmissor é de 20 W.

Exercício 150: Determine a intensidade do sinal recebido em um enlace em 37 GHz, na distância de 1,2 km, considerando-se que a atenuação em excesso ao espaço livre por obstruções e hidrometeoros é de 18 dB, a antena transmissora apresenta um ganho de 25 dB, a antena receptora apresenta um ganho de 23 dB, a margem de confiabilidade é de 6 dB, a atenuação do cabo de 0,2 dB e a atenuação dos conectores de 1,2 dB. A potência de saída do transmissor é de 2 W.

Exercício 151: Um transmissor com potência de saída de 40 W operando em 20 MHz é ligado a um segmento de 10 m de cabo coaxial RG-58 C/U. Na outra extremidade do cabo, é ligada uma antena cujo ganho máximo é 12 dB. Determine a potência efetivamente irradiada.

Exercício 152: Um transmissor com potência de saída de 20 W operando em 900 MHz é ligado a um segmento de 20 m de cabo coaxial RG-58 C/U. Na outra extremidade do cabo, é ligada uma antena cujo ganho máximo é de 18 dB. Determine a potência efetivamente irradiada.

Exercício 153: Um transmissor com potência de saída de 2 W operando em 2,2 GHz é ligado a um segmento de 2 m de cabo coaxial RG-58 C/U. Na outra extremidade do cabo, é ligada uma antena cujo ganho máximo é 28 dB. Determine a potência efetivamente irradiada.

Exercício 154: Em um enlace de rádio em uma frequência de 4 GHz, as estações A e B distam 20 km, e a potência do transmissor é de 1 W. São usadas antenas, tanto em A quanto em B, de ganhos iguais a 20 dB, e as perdas totais nos dispositivos passivos de alimentação das antenas A e B totalizam 10 dB. Determine o nível de sinal na entrada do receptor.

Exercício 155: A figura a seguir representa o *foot print* de um satélite. Considere que a distância entre a estação terrena é de 38.100 km e que a atenuação em excesso ao espaço livre na frequência de operação, 6 GHz, é 12 dB. A antena receptora apresenta um ganho de 22 dB. Determine a intensidade de sinal recebido no estado do Rio de Janeiro.

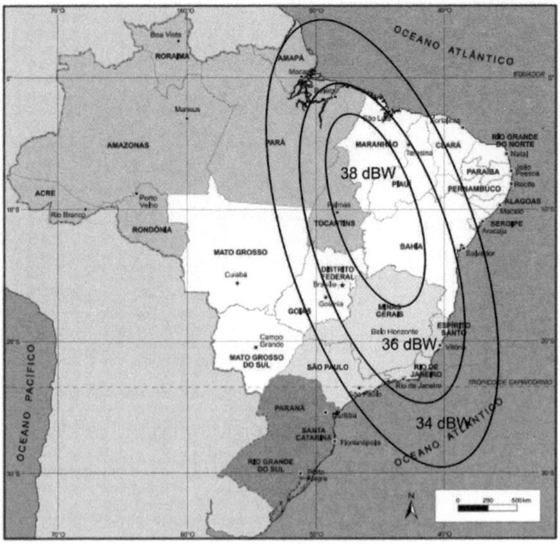

FIGURA 4.40: *FOOTPRINT* DE SATÉLITE.

FONTE: IBGE, 2015.

4.6.4 ATENUAÇÃO POR OBSTÁCULOS

Para o cálculo da atenuação por obstáculos, utiliza-se o conceito das zonas de Fresnel, elipsoides nos quais se concentra a energia irradiada pelo transmissor e que atingem a antena receptora. A meta em sistemas sem fio é obter-se a desobstrução de, pelo menos, 60% da primeira zona de Fresnel. O raio da primeira zona de Fresnel pode ser obtido por:

$$R_{1F} = 17{,}32 \times \sqrt{\frac{d_1 \times d_2}{f \times d}}$$

EQUAÇÃO 4.83: RAIO DA PRIMEIRA ZONA DE FRESNEL.

Em que:

R_{1F}: raio da primeira zona de Fresnel, expresso em m;

d_1: distância da antena Tx para a obstrução, expressa em km;

d_2: distância da antena Rx para a obstrução, expressa em km;

f: frequência de operação, expressa em GHz; e

d: distância total do enlace, expressa em km.

Os parâmetros da equação anterior são mostrados na figura a seguir, na qual também é caracterizada a primeira elipsoide de Fresnel.

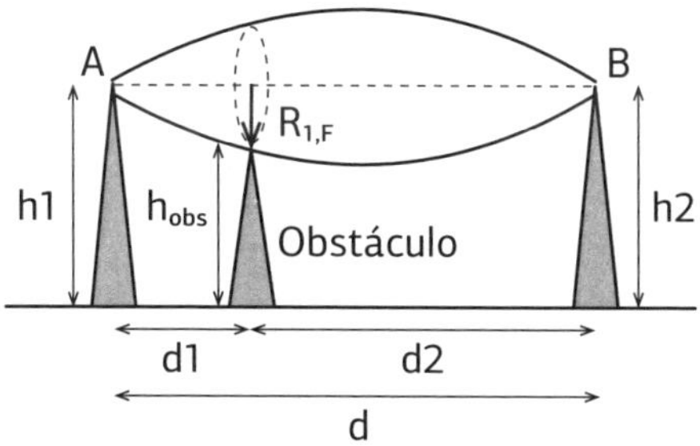

FIGURA 4.41: ELIPSOIDE DE FRESNEL.

Para o cálculo da atenuação por obstrução, pode-se utilizar a figura a seguir, em que R_F é o raio da zona de Fresnel e Δh é a distância entre a linha de visada e o topo do obstáculo. O gráfico considera o pior caso de atenuação, no qual o topo do obstáculo apresenta um raio de curvatura da ordem de fração do comprimento de onda de operação, conhecido como *obstáculo gume de faca*.

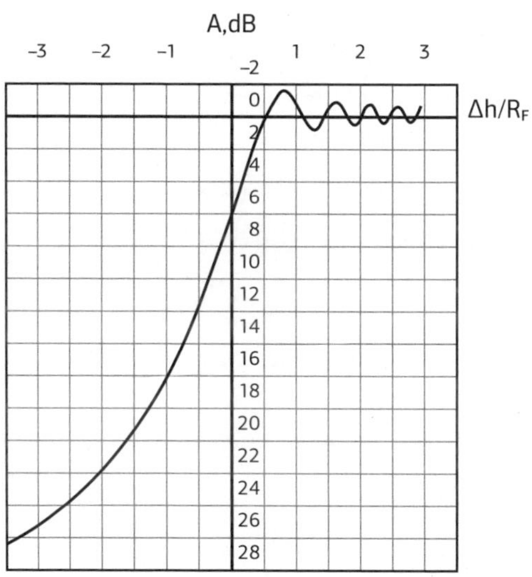

FIGURA 4.42: ATENUAÇÃO POR OBSTÁCULO GUME DE FACA.

FONTE: ITU, 1999.

O parâmetro Δh é a distância entre o topo do obstáculo e a linha de visada. A,dB é a atenuação expressa em dB. Quando ocorre obstrução da linha de visada, Δh é menor que 0, e a atenuação na Figura 4.42 é sempre superior a 6 dB.

Exercício 156: Considere um enlace em 13,333 GHz, com antenas de 28 dBi de ganho, separadas por 10 km. A 2 km de uma das antenas tem-se um obstáculo cujo cume está a 9,0 m acima da linha de visibilidade. A sensibilidade do receptor é de –75 dBm. A potência EIRP do transmissor é de 30 dBW. A atenuação com a obstrução é definida no quadro a seguir. Determine a margem do enlace.

Δ/R_F	2	1	0	-1,0	-1,5	-2,0
At,dB	0,5	-0,6	6	16	19	22

QUADRO 4.13: ATENUAÇÃO POR OBSTÁCULO.

Exercício 157: Em um enlace de rádio, ocorre a presença de um obstáculo de altura H (Figura 4.41). Por especificação de projeto, a folga entre a linha de visada das antenas e o obstáculo deve ser maior ou igual a 60% da primeira zona de Fresnel. Determine a altura H máxima, em metros, caso se aplique o modelo de terra plana, considerando que o sistema opera em 4 GHz. Os dados são: d1 = 3 km; d2 = 2 km; e h1 = h2 = 100 m.

Exercício 158: Em um enlace, as antenas estão com afastamento de 1,8 km. A certa distância de uma das antenas, existe uma obstrução que corta a linha de visada por 1,2 m. O raio da primeira zona de Fresnel nesse ponto é igual a 1,2 m. A frequência de operação é de 14 GHz. A potência EIRP é igual a 15 dBW. A antena receptora apresenta um ganho de 12 dB. As perdas por cabos, conectores e descasamento são de 4,5 dB no total. Determine a potência do sinal recebido. Considere o obstáculo gume de faca.

4.7 ANTENAS

A antena é um dispositivo cuja finalidade é transformar sinais elétricos em ondas eletromagnéticas, e vice-versa.

A forma como a antena concentra a energia de transmissão ou de recepção é denominada *diretividade*. Esse comportamento pode ser visualizado no *diagrama de radiação* (ou *irradiação*), mostrado nas figuras seguintes. A direção de máximo ganho é a direção de referência.

A figura a seguir é o diagrama de radiação no plano horizontal de uma antena diretiva cujo ganho máximo é de 12 dB. Nesse diagrama, a direção de referência é 0º. Observa-se que, à medida que aumenta o afastamento angular da direção principal de radiação, o ganho cai. A cerca de 52º, ocorre uma queda de 3 dB do ganho máximo. Nesse caso, diz-se que a *abertura de 3dB* dessa antena é de 104º.

A relação frente-costa dessa antena é de 15 dB.

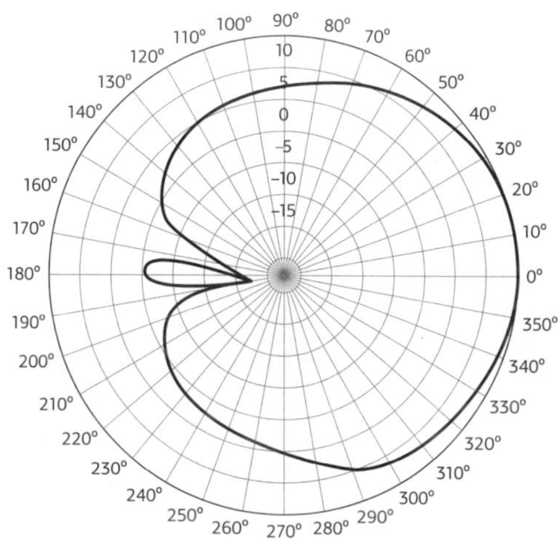

FIGURA 4.43: DIAGRAMA DE RADIAÇÃO – HORIZONTAL.

A figura a seguir é o diagrama de radiação no plano vertical dessa mesma antena.

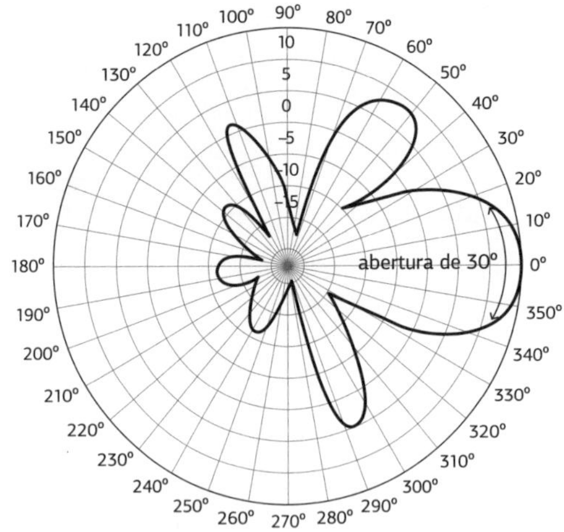

FIGURA 4.44: DIAGRAMA DE RADIAÇÃO – VERTICAL.

Exercício 159: Na figura a seguir, observa-se o diagrama de radiação normalizado de uma antena. Determine a largura do feixe, em graus, e a relação frente-costa dessa antena em dB, medidas em relação ao máximo do lóbulo principal dessa antena.

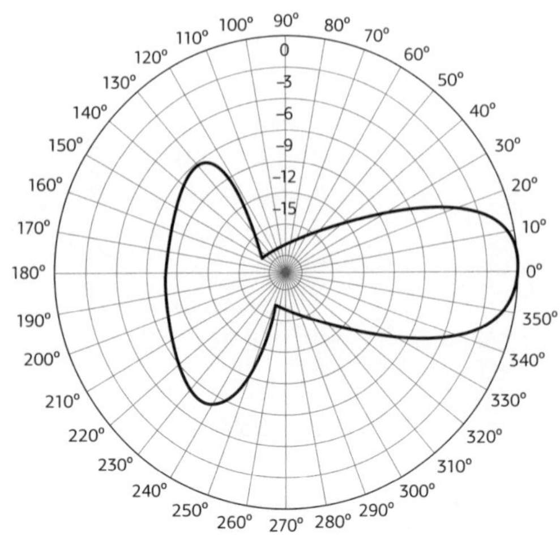

FIGURA 4.45: DIAGRAMA DE RADIAÇÃO – NORMALIZADO.

O ganho de uma antena pode ser obtido de:

$$G = 4 \times \pi \times A_e / \lambda^2$$

EQUAÇÃO 4.84: GANHO DE ANTENA.

Em que:

G: ganho da antena, adimensional;

A_e: área efetiva de captação, expressa em m^2; e

λ: comprimento de onda de operação, expressa em m.

O ganho da antena, expresso em dBi, é definido por:

$$G_{dBi} = 10 \times \log_{10}(G)$$

EQUAÇÃO 4.85: GANHO DE ANTENA EM dBi.

A área efetiva de captação de uma antena relaciona-se com sua área real por:

$$A_{e,m^2} = \text{Área}_{m^2} \times \rho$$

EQUAÇÃO 4.86: ÁREA EFETIVA DE CAPTAÇÃO.

Em que ρ é a eficiência de radiação (adimensional).

Para as antenas comercialmente disponíveis, um valor médio de eficiência encontra-se entre 50% e 60%.

Exercício 160: Uma antena com refletor parabólico de seção circular com 1 m de diâmetro opera na banda Ku (12 GHz), com eficiência de 55%. Determine o ganho.

Exercício 161: Um transmissor de 1 W é ligado a uma antena com refletor parabólico de seção circular com 1 m de diâmetro operando na banda Ku (12 GHz), com eficiência de 55%. Determine a potência efetiva de transmissão.

Exercício 162: Duas antenas com ganhos máximos de 12 dBi são ligadas em fase a um combinador de potências. Determine o ganho total máximo do conjunto.

Exercício 163: Duas antenas com ganhos de 12 dBi são ligadas em fase a um combinador de potências. Outras duas antenas, também com ganhos de 12 dBi, são ligadas, em fase, a outro combinador de potências. Os dois conjuntos são, então, ligados em fase. Determine o ganho total máximo do conjunto.

O diâmetro de uma antena parabólica de seção reta circular relaciona-se com o ganho e a eficiência dessa antena pela seguinte equação:

$$d_m = 95{,}5 \times 10^{-3} \times (G / \rho)^{1/2} / f_{GHz}$$

EQUAÇÃO 4.87: DIÂMETRO DE ANTENA PARABÓLICA.

Em que:
d_m: diâmetro da antena, expresso em m;
f_{GHz}: frequência de operação, expressa em GHz;
G: ganho da antena (linear adimensional, não é expresso em dB); e
ρ: eficiência da antena, adimensional.

Exercício 164: É necessário que uma antena parabólica de seção reta circular apresente um ganho de 28 dBi na banda Ku (14 GHz). Segundo o fabricante da antena, esse modelo apresenta uma eficiência de 60%. Determine o diâmetro da antena.

Exercício 165: Determine o diâmetro de antena parabólica com seção reta circular operando em 4 GHz, com eficiência de 65% e ganho de 40 dBi.

4.8 LINHAS DE TRANSMISSÃO

As linhas de transmissão são meios de transporte da energia eletromagnética. Cabos metálicos transportam sinais elétricos, e fibras ópticas transportam sinais ópticos. Guias de onda transportam energia eletromagnética do tipo não transversal elétrica e magnética.

4.8.1 CABOS COAXIAIS

Os fabricantes fornecem catálogos de cabos coaxiais nos quais são mostrados: o tipo do cabo, a faixa de frequência de aplicação, a velocidade de propagação e a atenuação, entre outros parâmetros. Todas as linhas de transmissão, como cabos telefônicos, cabos coaxiais, fibra óptica ou até mesmo a propagação pelo ar, introduzem atenuação no sinal.

Ao escolher um cabo coaxial, deve-se ter atenção inicialmente para as seguintes especificações elétricas:

- frequência de operação e atenuação característica;
- tensão máxima de operação; e
- faixas de temperatura de operação.

As especificações mecânicas são importantes para o transporte, o armazenamento e a instalação.

No Anexo 1, observa-se a atenuação característica em dB/100 pés (ft) de alguns tipos de cabos coaxiais. Em regra, a atenuação cresce com o aumento da frequência. Os cabos são especificados quanto à atenuação pelo valor da atenuação em dB/100 pés ou dB/100 m. Um pé equivale a 30,48 cm.

A figura a seguir apresenta três tipos de cabos coaxiais corrugados utilizados em alta frequência. O cabo mais à esquerda destina-se a sistemas de radiodifusão de alta potência. Observe o espaçamento dielétrico helicoidal. O cabo opera com ar comprimido, a fim de evitar que a umidade altere as características de transmissão ou venha mesmo a provocar danos ao cabo por causa da ruptura do dielétrico. Por sua vez, os dois cabos mais à direita destinam-se às frequências na faixa de centenas de MHz. São particularmente adequados às instalações de telefonia móvel, nas BTS.

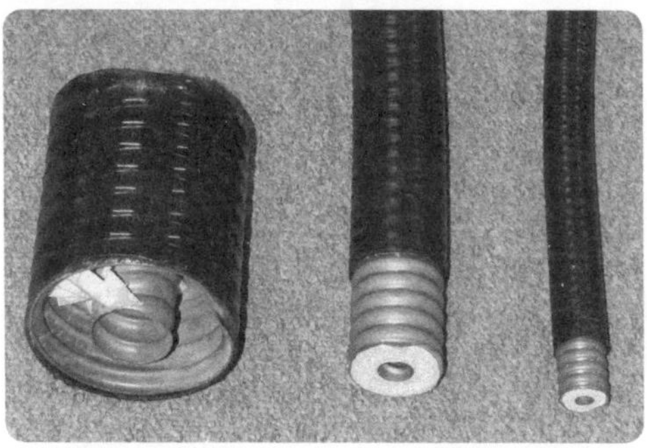

FIGURA 4.46: CABOS COAXIAIS CORRUGADOS.

A atenuação introduzida por um segmento de cabo coaxial expressa em dB, At_{dB}, pode ser obtida de:

$$At_{dB} = 10 \times \log_{10}(P_{saída} / P_{entrada})$$

EQUAÇÃO 4.88: ATENUAÇÃO.

Exercício 166: Na entrada de um cabo coaxial, obtém-se um sinal cuja potência é igual a 10 mW, e na saída, 2 mW. Determine a atenuação introduzida pelo cabo.

Exercício 167: Na entrada de um cabo coaxial, obtém-se um sinal de 10 mW. A atenuação do cabo é igual a 7 dB. Determine a potência de saída na extremidade oposta do cabo.

Exercício 168: Na saída de um cabo coaxial, obtém-se um sinal cuja potência é igual a 10 dBm. A atenuação do cabo é igual a 3 dB. Determine a potência aplicada à entrada do cabo coaxial.

Exercício 169: Na saída de um cabo coaxial, obtém-se um sinal cuja potência é igual a 100 mW. A atenuação do cabo é igual a 3 dB. Determine a potência aplicada à entrada do cabo coaxial.

Exercício 170: Determine a atenuação introduzida na frequência de operação de 20 MHz por um segmento de 10 m de cabo coaxial RG-58 C/U.

Exercício 171: Determine a atenuação introduzida na frequência de operação de 900 MHz por um segmento de 20 m de cabo coaxial RG-58 C/U.

Exercício 172: Determine a atenuação introduzida na frequência de operação de 2,2 GHz por um segmento de 8 m de cabo coaxial RG-58 C/U.

Exercício 173: A especificação da atenuação característica de um determinado cabo coaxial é de 3,4 dB/100 pés, na frequência de 100 MHz, em 25ºC. Um sinal de –40 dBW é aplicado a uma das extremidades de um segmento de 25 m desse cabo. Determine a potência de saída em dBm, na extremidade oposta do cabo, nas condições especificadas de frequência e temperatura.

A equação do equilíbrio de potência para um enlace via cabo coaxial é definida por:

$$P_{saída,dBm} = P_{entrada,dBm} + \Sigma G_{dB} + \Sigma A_{dB}$$

EQUAÇÃO 4.89: EQUAÇÃO DO EQUILÍBRIO DE POTÊNCIA.

Em que:

$P_{saída,dBm}$: potência de saída, expressa em dBm;

$P_{entrada,dBm}$: potência aplicada na entrada, expressa em dBm;

$\Sigma G_{,dB}$: somatório dos ganhos, expresso em dB; e

$\Sigma A_{,dB}$: somatório das atenuações, expresso em dB.

As atenuações incluem as perdas no cabo, nos conectores, por descasamento e outras aplicáveis (divisores e acopladores, por exemplo).

Exercício 174: Um transmissor com potência de saída de 40 W operando em 20 MHz é ligado a um segmento de 10 m de cabo coaxial RG-58 C/U. Determine a potência de saída na outra extremidade do cabo.

Exercício 175: Um transmissor com potência de saída de 20 W operando em 900 MHz é ligado a um segmento de 20 m de cabo coaxial RG-58 C/U. Determine a potência de saída na outra extremidade do cabo.

Exercício 176: Um transmissor com potência de saída de 4 W operando em 2,2 GHz é ligado a um segmento de 8 m de cabo coaxial RG-58 C/U. Determine a potência de saída na outra extremidade do cabo, em mW.

Para o projeto de distribuição de sinais de TV via cabo coaxial (CATV), os tipos de cabos para instalação interna e respectivas atenuações são mostrados no quadro a seguir.

Frequência, MHz	Atenuação, dB/100 m @ 25ºC		
	RG-59	RG-06	RG-11
5	2,9	2,3	1,3
55	6,4	5,3	3,1
550	19,3	15,5	9,6
750	22,8	18,3	11,3

QUADRO 4.14: ATENUAÇÃO CARACTERÍSTICA DE CABOS DE 75 Ω.

FONTES: MULTI COMMUNICATION SYSTEMS & PRODUCTS, 2006; UNIVERSAL RADIO, 2006.

Exercício 177: Durante a inspeção de uma instalação de distribuição de sinais de vídeo do serviço de TV a cabo, você foi encarregado da certificação de determinada instalação. O nível mínimo de sinal a ser entregue ao cliente estabelecido pela norma é de 10 dBmV ± 1 dB. O diagrama de distribuição do sinal é mostrado na figura a seguir.

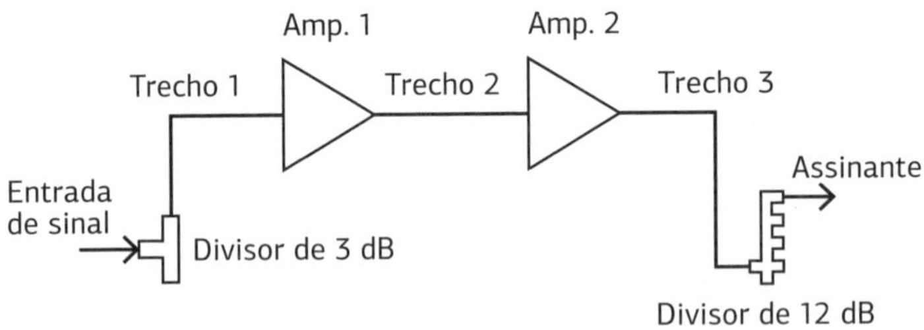

FIGURA 4.47: DISTRIBUIÇÃO DE SINAIS DE CATV.

Em que:
comprimento do trecho 1: 400 m;
comprimento do trecho 2: 300 m;
comprimento do trecho 3: 100 m;
ganho do amplificador 1: 45 dB;
ganho do amplificador 2: 40 dB;
perda no divisor 1: 3,2 dB;
perda no divisor de assinantes: 12,4 dB;
atenuação característica do cabo: 3,05 dB/100 pés; e
potência de entrada: –63 dBW.

Determine se o sinal entregue ao assinante atende ao valor especificado pela norma.

Exercício 178: Durante a instalação de um sistema de distribuição de sinais de TV via cabo (CATV), um dos técnicos levantou a seguinte questão: “Estou aplicando um sinal de teste de 20 dBmV na frequência de 550 MHz na ponta de um cabo RG-06 com 20 m de comprimento. A fim de proteger o instrumento de medida de potência, coloquei um atenuador de 3 dB na entrada do medidor. Pelas minhas contas, o sinal medido deveria ser de –32 dBm. Estou certo?” Responda à pergunta, justificando sua resposta. Utilize os dados do Quadro 4.14.

Exercício 179: Você está acompanhando uma série de medidas para certificação de um lote de cabo coaxial do tipo RG-11, cuja impedância característica é de 75 Ω. O técnico que está realizando as medidas faz a seguinte afirmação: "Apliquei um sinal cuja potência é de 30 dBm, na frequência de 55 MHz, na entrada deste segmento de 30 pés de cabo. Se o cabo estiver atendendo à especificação, devo encontrar um nível de saída de, pelo menos, 80 dBmV." Comente essa afirmação.

4.8.2 FIBRA ÓPTICA

As fibras ópticas são encontradas em dois tipos: mono e multímodo. As fibras do tipo multímodo são mais adequadas para aplicações de curta distância, por causa da maior atenuação característica, baixa velocidade de dados e baixo custo. As fibras do tipo monomodo são mais adequadas para enlaces em longas distâncias e elevadas taxas de dados, em decorrência da menor atenuação e do maior custo por metro.

As atenuações características para instalação de fibras do tipo multímodo são apresentadas no quadro a seguir.

Tipo, µm	λ, nm	dB/km	Conector	Emenda
50/125	850	3,5	0,75	0,1
50/125	1.300	1,5	0,75	0,1
62,5/125	850	3,5	0,75	0,1
62,5/125	1.300	1,5	0,75	0,1

QUADRO 4.15: ATENUAÇÕES CARACTERÍSTICAS PARA FIBRA DO TIPO MULTÍMODO.
FONTE: THE FIBER OPTIC ASSOCIATION, 2004.

Em que λ é o comprimento de onda da fibra, em nm.

O quadro a seguir apresenta as atenuações características de instalação para fibras do tipo monomodo.

Tipo, μm	λ, nm	dB/km	Conector	Emenda
9	1.310	0,4	0,75	0,1
9	1.550	0,3	0,75	0,1

QUADRO 4.16: ATENUAÇÕES CARACTERÍSTICAS PARA FIBRA DO TIPO MONOMODO.
FONTE: DISPONÍVEL EM <http://www.ad-net.com.tw/index.php?id= 472>. ACESSO EM: 23 ABR. 2014.

A equação do equilíbrio de potência para um enlace óptico é:

$$P_{saída,dBm} = P_{entrada,dBm} + \Sigma G_{dB} + \Sigma A_{dB} - M_{dB}$$

EQUAÇÃO 4.90: EQUAÇÃO DO EQUILÍBRIO DE POTÊNCIA PARA ENLACE ÓPTICO.

Em que:

$P_{saída,dBm}$: potência de saída, expressa em dBm;
$P_{entrada,dBm}$: potência transmitida, expressa em dBm;
$\Sigma G_{,dB}$: somatório dos ganhos, expresso em dB;
$\Sigma A_{,dB}$: somatório das atenuações, expresso em dB; e
M_{dB}: margem de confiabilidade do enlace, expressa em dB.

As atenuações incluem a perda na fibra, nos conectores e nas emendas. A atenuação da fibra é composta por três fatores: absorção, espalhamento e dispersão.

A atenuação total do enlace óptico pode ser estimada por:

$$A_{dB} = d_{km} \times Ac_{dB/km} + A_{emenda,dB} \times N_{emenda} +$$
$$+ A_{conector,dB} \times N_{conector} + A_{adicionais,dB}$$

EQUAÇÃO 4.91: ATENUAÇÃO DO ENLACE ÓPTICO.

Em que:

d_{km}: comprimento da fibra óptica, expresso em km;
AC_{dB}: atenuação característica da fibra, expressa em dB/km;
$A_{emenda,dB}$: atenuação por emenda, expressa em dB;
N_{emenda}: número de emendas;
$A_{conector,dB}$: perda por conector, expressa em dB;
$N_{conector}$: número de conectores; e
$A_{adicionais,dB}$: perdas adicionais do enlace óptico, expressas em dB.

Exercício 180: Considere uma fibra óptica do tipo monomodo cuja atenuação característica é de 0,5 dB /km. Um emissor do tipo LED aplica um sinal de –15 dBm na entrada da fibra, na taxa de 50 Mbps. As perdas por emendas são de 0,5 dB, e as perdas por conectores são de 0,6 dB. Determine a potência entregue no fim de um trecho de 2,5 km.

Exercício 181: Considere uma fibra óptica do tipo monomodo cuja atenuação característica é de 0,5 dB/km. Um emissor laser aplica um sinal de 0 dBm na entrada da fibra, na taxa de 500 Mbps. As perdas por emendas são de 0,5 dB, e as perdas por conectores são de 0,6 dB. Determine a potência entregue no fim de um trecho de 2,5 km.

Exercício 182: Um enlace óptico utiliza um transmissor laser, com potência de saída de 0 dBm. O dispositivo receptor é um diodo PIN, cuja sensibilidade é de –30 dBm para a taxa considerada. A fibra empregada é do tipo monomodo com atenuação característica de 0,5 dB/km. No enlace há cinco emendas, cada qual introduzindo uma atenuação de 0,1 dB. Os dois conectores empregados introduzem uma atenuação de 0,5 dB, cada. A margem de confiabilidade desejada é de 6 dB, a fim de compensar-se a degradação da potência de saída do laser com o tempo e eventuais emendas a serem realizadas. Determine a distância máxima para o trecho sem amplificador.

Exercício 183: Um enlace óptico é composto por três segmentos de fibra óptica do tipo multímodo, com uma distância total igual a 400 m, com atenuação de 4dB/km, interligados por meio de conectores com perda de 0,5 dB cada. Determine a margem de segurança do sistema. Em que:

potência óptica de pico na saída do foto emissor: –15dBm; e
sensibilidade do receptor óptico: –30 dBm.

Exercício 184: Considere os seguintes dados de um enlace óptico:

- sensibilidade do receptor = –50 dBm;
- perdas por dispersão = 0 dB;
- perdas em conectores (total) = 2 dB; e
- margem adicional de segurança = 6 dB.

Determine o número de repetidores ópticos intermediários necessários a um sistema com 130 km de extensão com essas características descritas.

Exercício 185: Determine a atenuação introduzida por um segmento de 2,5 km de fibra óptica do tipo monomodo. Considere que a atenuação característica dessa fibra para a condição de utilização é de 0,5 dB/km.

Exercício 186: Você foi encarregado de realizar a aceitação de um trecho de cabo óptico, com fibra monomodo de 9 µm, instalado para atender a uma empresa concessionária de telefonia. O diodo emissor é um laser. Segundo a norma contratual, o sinal entregue deve apresentar uma potência mínima de –25 dBm. O diagrama da instalação é mostrado na figura a seguir, em que:

comprimento do trecho 1: 1,5 km;
comprimento do trecho 2: 2 km;
comprimento do trecho 3: 500 m;
perda por conector: 0,75 dB;
perda na emenda: 0,2 dB;
comprimento de onda de operação: 1.310 nm;
atenuação característica da fibra: 0,4 dB/km; e
potência do emissor: 20 dBm

Determine se o projeto atende à especificação no que diz respeito ao valor de potência mínima de recepção e, em caso positivo, determine a margem de confiabilidade.

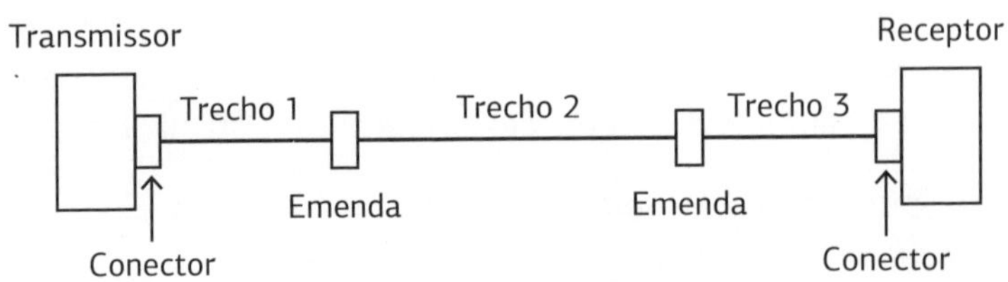

FIGURA 4.48: ENLACE ÓPTICO.

As medidas de atenuação em fibra óptica são realizadas por meio de um OTDR (refletômetro óptico no domínio do tempo). A figura a seguir apresenta um lance típico de fibra óptica mostrado na tela de um OTDR. Observe as distâncias da emenda, conector e término do cabo.

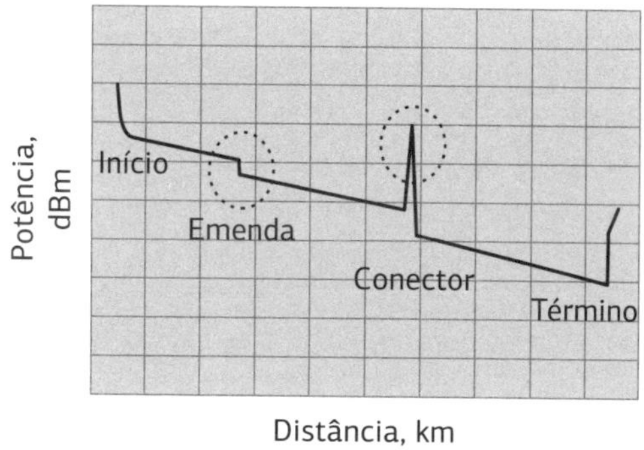

FIGURA 4.49: TELA DO OTDR.

4.9 RUÍDO

Em qualquer rede de comunicações, existe ruído, portanto, há a probabilidade de modificação da informação recebida, quer pela não compreensão de um trecho da mensagem, quer pela detecção errônea de um símbolo.

As técnicas para redução da probabilidade de erro incluem:

- aumento de potência transmitida;
- adequação dos diversos componentes do sistema; e
- introdução de redundância na mensagem.

Ainda que a taxa máxima de informação seja definida pelo canal, é possível aumentar-se a confiabilidade do sistema pela utilização de redundância. Os níveis de potência em sistemas comerciais são definidos em seus valores máximos por restrições legais.

4.9.1 RUÍDO TÉRMICO

O ruído térmico está presente em todos os sistemas de telecomunicações e em todas as faixas de frequência, sendo sua potência média definida por:

$$P_{n,W} = k \times T_K \times B_{Hz}$$

EQUAÇÃO 4.92: POTÊNCIA DE RUÍDO TÉRMICO.

Em que:
$P_{n,W}$: patamar de potência média de ruído, expressa em W;
k: constante de Boltzmann, igual a 1,38 x 10^{-23} joules/K;
T_K: temperatura de ruído, expressa em K; e
B_{Hz}: largura da banda, expressa em Hz.

A equação anterior pode ser expressa em dBm, em razão da temperatura de ruído, em kelvin, e da largura de banda, em kHz, conforme a equação a seguir.

$$P_{n,dBm} = -168{,}6 \text{ dBm} + 10 \times \log_{10}(T_K) + \\ + 10 \times \log_{10}(BW_{kHz})$$

EQUAÇÃO 4.93: POTÊNCIA DE RUÍDO TÉRMICO EM dBm.

Para a temperatura de referência (*room temperature*) de 300 K, a Equação 4.93 pode ser expressa por:

$$P_{n,dBm} = -144 + 10 \times \log_{10}(B_{kHz})$$

EQUAÇÃO 4.94: POTÊNCIA DE RUÍDO TÉRMICO @ 300 K.

Em sistemas de alta frequência, é comum referir-se à temperatura de ruído do sistema ou do equipamento. Esse parâmetro relaciona-se com níveis de ruído térmico, e não com a temperatura real do equipamento.

Equipamentos de baixo ruído de recepção comercial de satélite podem apresentar temperaturas de ruído equivalente da ordem de 42 K. Alguns componentes à temperatura ambiente podem apresentar temperaturas de ruído equivalente da ordem de milhares de kelvin.

Exercício 187: Determine a potência média de ruído térmico disponível em uma largura de banda de 4 kHz, na temperatura de referência.

Exercício 188: Determine a potência média de ruído térmico disponível em uma largura de banda de 200 kHz, na temperatura de referência.

Exercício 189: Determine a potência média de ruído térmico disponível em uma largura de banda de 200 kHz, na temperatura de ruído de 1.500 K.

Exercício 190: Determine a potência média de ruído térmico disponível em um canal de 200 kHz de banda, na temperatura de referência, considerando-se que o ruído em excesso ao ruído térmico é de 12 dB.

4.9.2 RELAÇÃO SINAL-RUÍDO, S/N

Uma das formas de avaliar-se a qualidade de um enlace ou de um sistema é por meio da relação sinal-ruído, *S/N*, que é a relação entre a potência de sinal desejado e a potência do ruído. Quanto maior o nível do sinal em relação ao nível do ruído, maior a qualidade do sinal demodulado e menor a taxa de erros.

Em sistemas de televisão costuma-se considerar uma boa imagem, que é uma definição subjetiva, para uma relação sinal-ruído mínima de 45 dB, enquanto para telegrafia em onda contínua (CW) o valor especificado é 9 dB.

A relação sinal-ruído expressa em dB, SNR_{dB}, é definida por:

$$SNR_{dB} = S_{dBm} - N_{dBm}$$

EQUAÇÃO 4.95: RELAÇÃO SINAL-RUÍDO.

Em que:
S_{dBm}: potência do sinal, expressa em dBm; e
N_{dBm}: potência do ruído, expressa em dBm.

Exercício 191: Em um amplificador, a potência do sinal de entrada é de –85 dBm, e a potência de ruído de entrada é de –123 dBm. Determine a relação sinal-ruído de entrada em dB.

Exercício 192: Em um amplificador, o sinal de entrada é de 20 μV. A tensão de ruído de entrada é de 0,1 μV. Determine a relação sinal-ruído de entrada.

A degradação da relação sinal-ruído de entrada de um dispositivo referente ao ruído pode ser quantificada pela figura de ruído do dispositivo, *NF*. A relação sinal-ruído de saída, $SNR_{saída,dB}$, é definida por:

$$SNR_{saída,dB} = SNR_{entrada,dB} - NF_{dB}$$

EQUAÇÃO 4.96: FIGURA DE RUÍDO.

Em que:

$SNR_{entrada,dB}$: relação sinal-ruído de entrada, expressa em dB; e
NF_{dB}: figura de ruído do dispositivo, expressa em dB.

Exercício 193: Em um amplificador, a potência do sinal de entrada é de −85 dBm. A potência de ruído de entrada é de −123 dBm. A figura de ruído do amplificador é de 12 dB. Determine a relação sinal-ruído de saída em dB.

Exercício 194: A relação sinal-ruído de saída em um amplificador é de 48 dB. A figura de ruído desse amplificador é de 17 dB. Determine a relação sinal-ruído mínima de entrada para atender-se a esse requisito.

4.9.3 Sinad

Um parâmetro de avaliação de qualidade do sinal em sistemas analógicos é a relação Sinad (*signal to noise and distortion*), ou seja, a relação entre o sinal + ruído + distorção e o ruído + distorção (S+N+D/N+D). Para equipamentos na faixa de VHF/UHF, um valor típico é de 0,5 *V de sinal nos bornes da antena para uma Sinad de 12 dB. De forma geral, as especificações de sistema tratam de S/N, enquanto as especificações de equipamentos fornecem a Sinad.

Exercício 195: A especificação de um receptor de telecomunicações é de −123 dBm para 10 dB de Sinad. Determine a sensibilidade desse equipamento.

4.9.4 SINAL MÍNIMO DE RECEPÇÃO

O sinal mínimo de recepção para certo grau de serviço e confiabilidade, $S_{mín,dB}$, é definido por:

$$S_{mín,dBm} = P_{n,dBm} + N_{exc,dB} + NF_{dB} + \\ + SNR_{mín,dB} + M_{dB}$$

EQUAÇÃO 4.97: SINAL MÍNIMO DE RECEPÇÃO.

Em que:

$P_{n,dBm}$: potência média de ruído térmico do sistema, expressa em dBm;
$N_{exc,dB}$: ruído em excesso ao ruído térmico, expresso em dB;
NF_{dB}: figura de ruído do sistema, expressa em dB;

$SNR_{mín,dB}$: relação sinal-ruído mínima de operação, expressa em dB; e
M_{dB}: margem de confiabilidade, expressa em dB.

A figura a seguir ilustra a Equação 4.97.

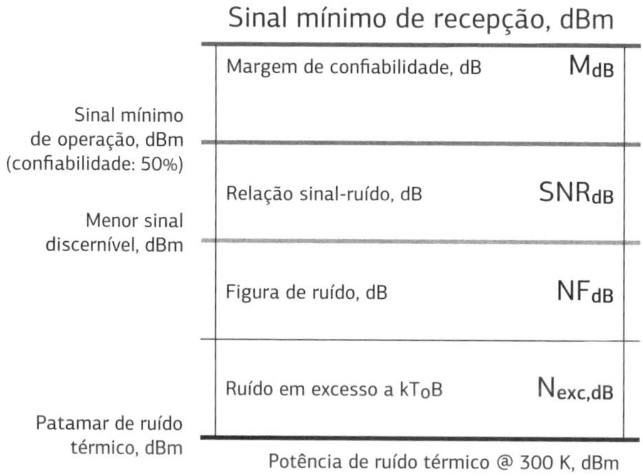

FIGURA 4.50: SINAL MÍNIMO DE RECEPÇÃO.

Exercício 196: Um sistema opera com largura de banda de 200 kHz. O ruído em excesso a kT_0B é de 12 dB. A figura de ruído do receptor é de 15 dB. Para a operação com o grau de serviço especificado, a relação sinal-ruído mínima é de 17 dB. Para alcançar-se a confiabilidade especificada, a margem é de 6 dB. Determine a potência mínima de recepção.

4.10 TAXA DE ONDA ESTACIONÁRIA

A taxa de onda estacionária, *TOE*, a relação de onda estacionária, ***ROE***, a *voltage standing wave ratio*, ***VSWR***, ou o coeficiente de onda estacionária, *COE*, relaciona a tensão incidente na carga com a tensão refletida. Além de não ser aproveitado na transmissão, o sinal refletido na linha se volta contra o transmissor e, dependendo de certos valores, pode vir mesmo a danificá-lo.

O valor ideal da TOE é 1. Nessa situação, toda energia entregue ao sistema é aproveitada e transmitida. Diz-se, então, que a carga está casada.

A figura a seguir apresenta a medida da TOE de um transmissor em relação a uma carga.

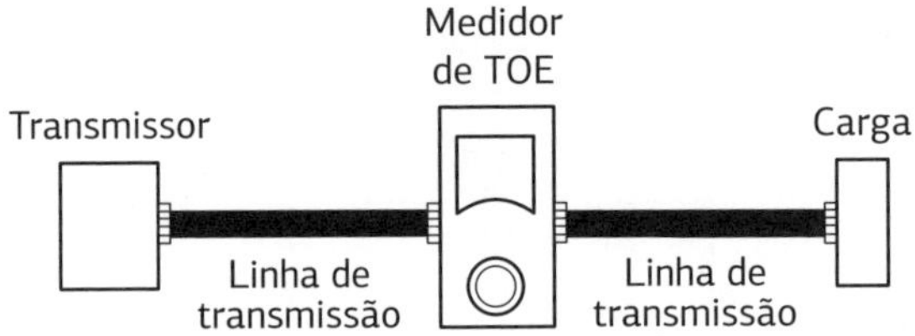

FIGURA 4.51: MEDIDA DE TOE.

A relação entre a TOE e o coeficiente de reflexão é definida por:

$$TOE = 1 + |\rho| / (1 - |\rho|)$$

EQUAÇÃO 4.98: TOE.

Em que $|\rho|$ é o módulo do coeficiente de reflexão, adimensional.

Exercício 197: Em uma instalação, o coeficiente de reflexão é igual a 0,3. Determine o valor da TOE.

Exercício 198: Em uma instalação, o coeficiente de reflexão é igual a –0,3. Determine o valor da TOE.

Pelos exercícios anteriores, observa-se uma ambiguidade. O valor da TOE é o mesmo para coeficientes de reflexão iguais a 0,3 e a –0,3.

Em instalações do serviço móvel pessoal, ***SMP***, é comum a utilização de medidores de TOE para identificar situações de descasamento e para alertar a central sobre os devidos reparos.

O coeficiente de reflexão indica quanto do sinal de tensão aplicado está retornando para o gerador, ou seja, aquilo que não é efetivamente aplicado à carga. O coeficiente de reflexão é adimensional e é definido por:

$$\rho = V_{refletida} / V_{incidente}$$

EQUAÇÃO 4.99: COEFICIENTE DE REFLEXÃO.

Em que:

$V_{refletida}$: tensão refletida, em V; e

$V_{incidente}$: tensão incidente, em Vt.

A figura a seguir ilustra a situação.

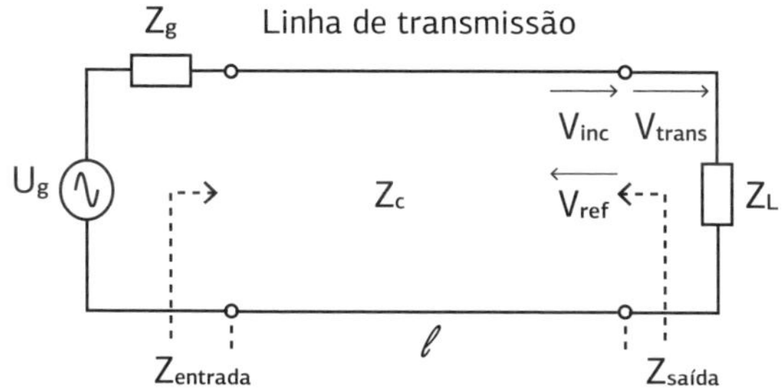

FIGURA 4.52: LINHA DE TRANSMISSÃO CARREGADA.

Em que:

U_g: tensão de pico do gerador, expressa em V;

Z_g: impedância do gerador, expressa em Ω;

Z_L: impedância de carga, expressa em Ω;

$Z_{entrada}$: impedância refletida na entrada dos terminais de saída do gerador, expressa em Ω;

$Z_{saída}$: impedância refletida nos terminais da carga, expressa em Ω;

V_{inc}: tensão incidente na carga, expressa em V;

V_{ref}: tensão refletida na carga, expressa em V;

Z_C: impedância característica da linha de transmissão. Geralmente, 50 Ω em sistemas de RF e 75 Ω em sistemas de TV a cabo; e

l: comprimento da linha, expresso em m;

O coeficiente de reflexão na carga é definido por:

$$\rho_L = (Z_L - Z_{saída}) / (Z_L + Z_{saída})$$

EQUAÇÃO 4.100: COEFICIENTE DE REFLEXÃO NA CARGA.

Em que $Z_{saída}$ é a impedância refletida do gerador e da linha de transmissão verificada pela carga.

O coeficiente de reflexão no gerador é definido por:

$$\rho_g = (Z_{entrada} - Z_g) / (Z_{entrada} + Z_g)$$

EQUAÇÃO 4.101: COEFICIENTE DE REFLEXÃO NO GERADOR.

Em que $Z_{entrada}$ é a impedância refletida da carga e da linha de transmissão verificada pelo gerador.

A TOE para fonte e cargas resistivas pode ser obtida de:

$$TOE = R_{maior} / R_{menor}$$

EQUAÇÃO 4.102: TOE.

Em que:

R_{maior}: maior resistência, expressa em Ω; e

R_{menor}: menor resistência, expressa em Ω.

Exercício 199: Um gerador de 50 Ω é ligado a uma carga de 100 Ω. Determine:

a) o coeficiente de reflexão; e
b) a TOE.

Exercício 200: Um gerador de 50 Ω é ligado a uma carga de 25 Ω. Determine:

a) o coeficiente de reflexão; e
b) a TOE.

Exercício 201: Um gerador de 50 Ω de impedância de saída é ligado a uma carga de 50 Ω de impedância. Determine:

a) o coeficiente de reflexão; e
b) a TOE.

É possível obter o módulo do coeficiente de reflexão com base no valor da TOE por:

$$|\rho| = (TOE - 1) / (TOE + 1)$$

EQUAÇÃO 4.103: MÓDULO DO COEFICIENTE DE REFLEXÃO.

Em que *TOE* é a taxa de onda estacionária, adimensional.

Exercício 202: Nas instalações das estações radiobase dos serviços móvel celular e móvel pessoal, as operadoras costumam limitar o valor do coeficiente de onda estacionária a um valor máximo de 1,3. Determine o valor máximo correspondente do módulo do coeficiente de reflexão.

Outro parâmetro utilizado para avaliação do descasamento ou da perda de potência na carga é a perda de retorno (*return loss*), ***RL***, definida por:

$$R_{L,dB} = 20 \times \log_{10}|\rho|$$

EQUAÇÃO 4.104: PERDA DE RETORNO.

Na condição ideal de carga casada, o valor do coeficiente de reflexão é 0, portanto, na condição de carga casada, o valor da perda de retorno é igual a menos infinito, $-\infty$.

Fisicamente, uma perda de retorno infinita corresponde a toda energia do gerador ser absorvida pela carga e nenhuma energia retornar ao gerador. Não há perda por descasamento nessa situação.

Exercício 203: Nas instalações das estações radiobase do serviço móvel celular e pessoal, as operadoras do serviço costumam limitar o valor da TOE a um valor máximo de 1,3. Determine o valor máximo correspondente da perda de retorno.

Exercício 204: Em uma instalação, obteve-se uma TOE igual a 1,1. Determine o valor correspondente da perda de retorno.

Exercício 205: Um gerador de 75 Ω é ligado a uma carga de 50 Ω. Determine a perda de retorno.

É possível definir um parâmetro que compare o quanto se perde de potência, em dB, caso se confronte a situação real com a situação ideal de carga casada. Esse parâmetro é a perda de transmissão (*transmission loss*), ***TL***, expressa em dB e definida por:

$$T_{L,dB} = 10 \times \log_{10}[1 - \rho^2]$$

EQUAÇÃO 4.105: PERDA DE TRANSMISSÃO.

A perda de transmissão também pode ser obtida da TOE por:

$$T_{L,dB} = 10 \times \log_{10}[(4 \times TOE) / (1 + TOE)^2]$$

EQUAÇÃO 4.106: PERDA DE TRANSMISSÃO E TOE.

Exercício 206: Um gerador de 75 Ω é ligado a uma carga de 50 Ω. Determine a perda de transmissão.

Exercício 207: Um gerador de 50 Ω é ligado a uma carga de 50 Ω. Determine a perda de transmissão.

A porcentagem de potência refletida de volta para o gerador, $P_{ref,\%}$, é definida por:

$$P_{ref,\%} = 100\% \times \rho^2$$

EQUAÇÃO 4.107: PORCENTAGEM DE POTÊNCIA REFLETIDA.

Na condição de carga casada, tem-se que ρ = 0, e o percentual de potência refletida é igual a 0.

Exercício 208: Um gerador de 75 Ω é ligado a uma carga de 50 Ω. Determine a porcentagem de potência refletida.

A porcentagem de potência efetivamente entregue à carga ou transmitida, ***Ptrans,%***, é definida por:

$$P_{trans,\%} = 100\% \times (1 - \rho^2)$$

EQUAÇÃO 4.108: PORCENTAGEM DE POTÊNCIA TRANSMITIDA.

Na condição de carga casada, tem-se que: ρ = 0 e o percentual de potência transmitida = 100%. Essa situação raramente é encontrada, na prática, em sistemas reais.

A potência efetivamente aplicada à carga, $P_{L,ef,W}$, é definida por:

$$P_{L,ef,W} = P_{transmissor,W} \times P_{trans,\%}$$

EQUAÇÃO 4.109: POTÊNCIA TRANSMITIDA À CARGA.

Exercício 209: Um gerador de 75 Ω é ligado a uma carga de 50 Ω. Determine a porcentagem de potência transmitida.

Exercício 210: A potência de saída máxima disponível em um transmissor de RF é igual a 200 W. A impedância de saída desse transmissor é igual a 50 Ω. Uma carga de teste, puramente resistiva, é ligada à saída do transmissor. Considere a ligação (cabos e conectores) sem perdas e com impedâncias características iguais a 50 Ω. A medida de TOE indicou um valor igual a 1,4. Determine:

a) o coeficiente de reflexão;
b) a perda de retorno;
c) a perda de transmissão;
d) a porcentagem de potência refletida;
e) a porcentagem de potência transmitida; e
f) a potência efetivamente entregue à carga.

O quadro a seguir apresenta alguns valores de TOE e os demais parâmetros associados: perda de retorno, perda de transmissão, coeficiente de reflexão, porcentagem de potência transmitida e porcentagem de potência refletida.

TOE	Perda de retorno, dB	Perda de transmissão, dB	Coeficiente de reflexão	Potência transmitida %	Potência refletida, %
1,00	∞	0,100	0,00	100,0	0,0
1,10	26,4	0,101	0,05	99,8	0,2
1,20	20,8	0,04	0,09	99,2	0,8
1,30	17,7	0,07	0,13	98,3	1,7
1,70	11,7	0,30	0,26	93,3	6,7
1,80	10,9	0,37	0,29	91,8	8,2
1,90	10,2	0,44	0,31	90,4	9,6
2,00	9,5	0,51	0,33	88,9	11,1
2,50	7,4	0,88	0,43	81,6	18,4
3,00	6,0	1,25	0,50	75,0	25,0
4,00	4,4	1,94	0,60	64,0	36,0
5,00	3,5	2,55	0,67	55,6	44,4
7,00	2,5	3,59	0,75	43,7	56,2
9,00	1,9	4,44	0,80	36,0	64,0
15,0	1,2	6,30	0,88	23,4	76,6
20,0	0,9	7,41	0,90	18,1	81,9
30,0	0,6	9,04	0,94	12,5	87,5
38,2	0,5	10,00	0,95	10,0	90,0

QUADRO 4.17: TOE E PARÂMETROS ASSOCIADOS.

No projeto de atenuadores, os valores de resistores encontrados no projeto raramente são valores comercialmente disponíveis.
Para um atenuador resistivo em T simétrico, balanceado, com

impedância característica de 75 Ω, atenuação de 33 dB e resistores com tolerância de ±10%, tem-se o quadro a seguir.

Componente	Valor teórico	Valor comercial
R1	71,72 Ω	68 Ω
R2	3,36 Ω	3,3 Ω
R3	71,72 Ω	68 Ω

QUADRO 4.18: VALORES DOS COMPONENTES.

Nesse caso, com o circuito corretamente terminado em 75 Ω, tem-se que o valor refletido de entrada é de 71,23 Ω, o que acarreta um coeficiente de reflexão igual a –0,026 (Z_L = 71,23 Ω e Z_G = 75 Ω). Para esse valor de coeficiente de reflexão, a perda por transmissão na entrada e na saída (o circuito é simétrico) é igual a 0,03 dB, totalizando uma perda de 0,06 dB. A atenuação final do circuito com resistores comerciais do Quadro 4.18 é de 32,71 dB. Quanto maior a diferença entre o valor teórico e o valor comercial utilizado, maiores serão as perdas por descasamento.

Exercício 211: A figura a seguir apresenta uma instalação típica de uma estação do serviço móvel pessoal (*base transceiver station*), ***BTS***.
O detector de TOE destina-se a informar quando valores excessivos são atingidos, o que poderia trazer danos ao transmissor. As impedâncias de saída do transmissor, do cabo coaxial e da antena são, nominalmente, iguais a 50 Ω. Esse é um valor nominal porque, no processo de fabricação dos dispositivos, pequenos afastamentos desse valor podem ocorrer. Considere a situação descrita a seguir. Na saída de um transmissor, a TOE é igual a 1,25. A potência de saída do transmissor é de 12 W. A atenuação característica do cabo é de 1,2 dB/100 pés. O comprimento do cabo é de 15 m. Cada conector contribui com uma atenuação de 0,4 dB. Determine:

a) o coeficiente de reflexão na saída do transmissor;
b) a potência efetivamente entregue ao conjunto cabo-antena;
c) a atenuação devida ao conjunto conectores-cabo; e
d) a potência efetivamente entregue à antena. Considere que na antena a VSWR é igual a 1.

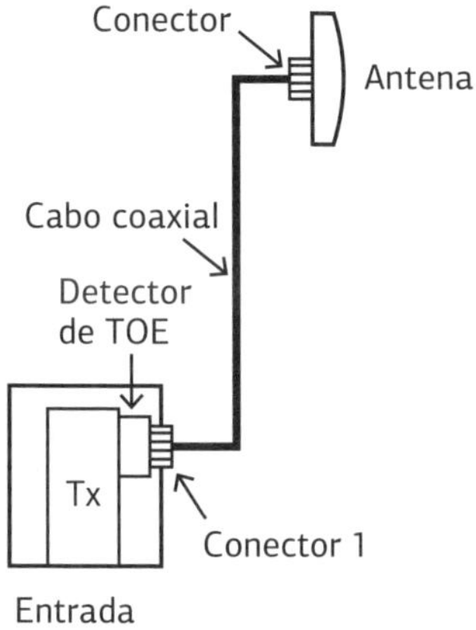

FIGURA 4.53: ESTAÇÃO RADIOBASE.

Exercício 212: Medidas em uma instalação indicaram um valor de TOE igual a 1,3 entre o cabo e a antena. A potência aplicada é de 5 W. Determine:

a) a perda por transmissão;
b) a potência efetivamente aplicada à antena; e
c) a potência perdida pelo descasamento.

Exercício 213: Um transmissor cuja potência de saída é de 20 W é ligado por um cabo cuja atenuação é de 3 dB a uma antena cujo ganho na direção considerada é de 5 dBi. A medida da TOE entre o transmissor e antena indicou um valor de 3. Determine a EIRP.

Exercício 214: Ao realizar-se a medida de TOE em uma instalação, obteve-se 1. Pode-se afirmar com certeza que na extremidade oposta da linha existe um curto-circuito no sistema irradiante?

Exercício 215: Um alto valor da perda de retorno significa que um cabo está casado com a carga a ele conectada, sendo, portanto, um bom indicativo de que o sistema está funcionando corretamente?

Exercício 216: Se a TOE medida na ligação gerador-linha de transmissão é 3, e o percentual de 9% da potência fornecida pela linha é devolvido por causa da reflexão, comprove que um transmissor com potência máxima disponível de 100 W entregará à carga 68,25 W.

Exercício 217: De modo geral, ondas refletidas não são desejadas nas linhas de transmissão dos sistemas de comunicações. Uma perda de retorno igual a 0 dB para linhas sem perdas indica uma linha casada?

Exercício 218: A medida de TOE em um sistema radiante é igual a 1,3. Comprove que a perda por descasamento é da ordem de 0,07 dB ou cerca de 1,7%.

Exercício 219: Para um sistema radiante, a perda de retorno é definida pela relação em dB entre a potência refletida e a potência incidente?

Para a condição ideal de carga casada, ou seja, 100% da potência entregue à carga, há os seguintes valores:

- carga casada ($Z_L = Z_G$);
- $\rho = 0$;
- TOE = 1;
- perda por retorno (*return loss*) = ∞ dB;
- perda de transmissão (*transmission loss*) = 0 dB;
- porcentagem de potência refletida: 0%; e
- porcentagem de potência transmitida: 100%.

Exercício 220: Para uma medida são necessários um atenuador em T, simétrico, não balanceado, impedâncias terminais de 50 Ω, atenuação de 10 dB e potência máxima de entrada de 5 W. Determine:

a) os valores teóricos dos resistores do atenuador;
b) a impedância refletida na entrada quando o atenuador é carregado com 50 Ω, considerando-se os valores teóricos dos resistores do atenuador;
c) a impedância refletida na saída quando o atenuador é carregado com 50 Ω na entrada (gerador), considerando-se os valores teóricos dos resistores do atenuador;
d) o coeficiente de reflexão na entrada quando o atenuador é carregado com 50 Ω na saída (carga);
e) a TOE na entrada quando o atenuador é carregado com 50 Ω (carga), considerando-se os valores teóricos dos resistores do atenuador;
f) o coeficiente de reflexão na saída quando o atenuador é carregado com 50 Ω na entrada, considerando-se os valores teóricos dos resistores do atenuador;

g) a TOE na saída quando o atenuador é carregado com 50 Ω na entrada, considerando-se os valores teóricos dos resistores do atenuador;
h) a impedância de entrada quando o atenuador é deixado sem carga, considerando-se os valores teóricos dos resistores do atenuador;
i) o coeficiente de reflexão na entrada quando o atenuador é deixado sem carga, considerando-se os valores teóricos dos resistores do atenuador;
j) a TOE na entrada quando o atenuador é deixado sem carga, considerando-se os valores teóricos dos resistores do atenuador;
k) a potência sobre uma carga de 50 Ω quando a potência de entrada aplicada ao atenuador é igual a 2 W, considerando-se os valores teóricos dos resistores do atenuador;
l) a tensão sobre a carga quando a potência de entrada aplicada ao atenuador é de 2 W, considerando-se os valores teóricos dos resistores do atenuador;
m) a tensão na entrada quando a potência sobre a carga é de 250 mW, considerando-se os valores teóricos dos resistores do atenuador; e
n) a potência dissipada sobre cada resistor do atenuador e da carga quando a potência aplicada de entrada é o máximo valor nominal, considerando-se os valores teóricos dos resistores do atenuador.

Exercício 221: Para uma medida, são necessários um atenuador em T, simétrico, não balanceado, impedâncias terminais de 50 Ω, atenuação de 10 dB e potência máxima de entrada de 5 W. A fim de reduzir o custo, foi decidido pela utilização de resistores comerciais com tolerância de ± 1%. Determine:

a) os valores comerciais dos resistores do atenuador;
b) a impedância refletida na entrada quando o atenuador é carregado com 50 Ω;
c) a impedância refletida na saída quando o atenuador é carregado com 50 Ω na entrada (gerador);
d) o coeficiente de reflexão na entrada quando o atenuador é carregado com 50 Ω na saída (carga);
e) a TOE na entrada quando o atenuador é carregado com 50 Ω (carga);
f) o coeficiente de reflexão na saída quando o atenuador é carregado com 50 Ω na entrada;
g) a TOE na saída quando o atenuador é carregado com 50 Ω na entrada;

h) a impedância de entrada quando o atenuador é deixado sem carga;
i) a TOE na entrada quando o atenuador é deixado sem carga;
j) a atenuação do dispositivo;
k) a potência sobre uma carga de 50 Ω quando a potência de entrada aplicada ao atenuador é igual a 2 W;
l) a tensão sobre a carga quando a potência de entrada aplicada ao atenuador é de 2 W;
m) a tensão na entrada quando a potência sobre a carga é de 250 mW; e
n) a potência dissipada sobre cada resistor do atenuador e da carga quando a potência aplicada de entrada é o máximo valor nominal.

4.11 BLINDAGEM ELETROMAGNÉTICA

Dispositivos como aparelhos de ressonância magnética e medidas que podem ser afetadas por campos eletromagnéticos externos exigem que a operação seja realizada em um ambiente com reduzido valor de campos eletromagnéticos interferentes, o que é conhecido como interferência eletromagnética (*electromagnetic interference*), ***EMI***. Em outras situações, requer-se que os campos eletromagnéticos produzidos por um equipamento permaneçam dentro de certos limites e não degradem o funcionamento de outros equipamentos próximos, no que é conhecido por compatibilidade eletromagnética (*electromagnetic compatibility*), ***EMC***. Isso é obtido, dentre outros métodos, por meio da blindagem eletromagnética.

4.11.1 EFICIÊNCIA DE BLINDAGEM

A eficiência de uma blindagem a campos elétricos, $S_{E,dB}$, é definida por:

$$S_{E,dB} = 20 \times \log_{10}(E_{o,V/m} / E_{i,V/m})$$

EQUAÇÃO 4.110: EFICIÊNCIA DE BLINDAGEM ELÉTRICA.

Em que:

$E_{o,V/m}$: campo elétrico externo à blindagem, expresso em V/m; e

$E_{i,V/m}$: campo elétrico interno à blindagem, expresso em V/m.

Exercício 222: O campo elétrico externo a uma Gaiola de Faraday é de 2 V/m, e o campo interno é de 2,5 mV/m. Determine a eficiência de blindagem elétrica dessa instalação.

Exercício 223: Em um *set-up* de teste de compatibilidade eletromagnética, o campo elétrico interno a uma Gaiola de Faraday decorrente de um transmissor é de 20 V/m, e o campo externo é de 1,2 mV/m. Determine a eficiência de blindagem elétrica dessa instalação.

Exercício 224: Em um *set-up* de teste de EMI, o campo elétrico externo a uma Gaiola de Faraday é de 66 dBmV/m, e o campo interno é de 7,96 dBmV/m. Determine a eficiência de blindagem elétrica dessa instalação.

A eficiência de uma blindagem a campos magnéticos, $S_{M,dB}$, é definida por:

$$S_{M,dB} = 20 \times \log_{10}(H_{o,AV/m} / H_{i,AV/m})$$

EQUAÇÃO 4.111: EFICIÊNCIA DE BLINDAGEM MAGNÉTICA.

Em que:

$H_{o,AV/m}$: campo magnético externo à blindagem, expresso em A/m; e

$H_{i,AV/m}$: campo magnético interno à blindagem, expresso em A/m.

Exercício 225: Em um *set-up* de teste de EMC, o campo elétrico interno é 20 mA/m, e o campo externo é de 1,2 μA/m. Determine a eficiência de blindagem magnética dessa instalação.

Exercício 226: Em um *set-up* de teste de EMI, o campo magnético externo a uma instalação é de 26 dBmA/m, e o campo interno é –52,04 dBmA/m. Determine a eficiência de blindagem magnética dessa instalação.

A blindagem para campos elétricos baseia-se na reflexão e na profundidade pelicular dos materiais condutores, portanto, requer uma reduzida espessura de material. A blindagem magnética requer um processo de absorção da energia.

A blindagem para campos magnéticos de baixa frequência e alta intensidade requer grossas paredes de materiais com elevada permeabilidade magnética. A relação entre o campo elétrico e o campo magnético de uma onda eletromagnética é conhecida como impedância característica do meio.

Na condição de onda plana, campo distante e no vácuo, a relação entre o campo elétrico e o campo magnético de uma onda eletromagnética é denominada de impedância característica do vácuo e é igual a 120 × π, ou 377 Ω.

4.11.2 ATENUAÇÃO POR ABSORÇÃO

Ao passar por um meio absorvente, a onda eletromagnética sofre um decréscimo exponencial de sua amplitude em razão da distância percorrida nesse meio.

Define-se a profundidade pelicular como a distância percorrida pela onda, em determinado material, que provoca uma atenuação para 1 / e ou 36,78% de seu valor original, o que equivale a uma atenuação de 1 Np ou 8,686 dB.

Após penetrar no material, a amplitude do campo elétrico da onda em decorrência da distância e da profundidade pelicular da frequência no material considerado, $E_{final,V/m}$, é definida por:

$$E_{final,V/m} = E_{inicial,V/m} \times e^{-d/\delta}$$

EQUAÇÃO 4.112: AMPLITUDE DA ONDA.

Em que:
E_{final}: intensidade de campo elétrico a determinada distância percorrida no material, expressa em V/m;
$E_{inicial}$: intensidade de campo elétrico ao penetrar no material, expressa em V/m;
d: distância percorrida pela onda eletromagnética no material, expressa em m; e
δ: profundidade pelicular da frequência no material considerado, expressa em m.

Se uma onda percorre a distância equivalente a cinco profundidades peliculares em determinado material, a atenuação relativa ao valor inicial é de 5 × 8,686 dB = 43,43 dB.

A perda ou atenuação por absorção, $A_{absorção,dB}$, é definida por:

$$A_{absorção,dB} = (d/\delta) \times 8{,}686 \text{ dB}$$

EQUAÇÃO 4.113: ATENUAÇÃO POR ABSORÇÃO.

Em que:
d: distância percorrida pela onda no material considerado, expressa em m; e
δ: profundidade pelicular da onda na frequência e no material considerados, expressa em m.

Exercício 227: Para um material, na frequência de operação, a profundidade pelicular é igual a 0,2 mm. Determine a atenuação por absorção, em dB, após um percurso de 1,8 mm no material considerado.

Exercício 228: Para um material, na frequência de operação, a atenuação máxima especificada por absorção é de 45,3 dB. Determine a distância máxima de percurso em profundidades peliculares nessa condição.

Exercício 229: Para um material, na frequência de operação, a atenuação máxima especificada por absorção é de 45,3 dB, e a profundidade pelicular igual a 1,3 mm. Determine a distância máxima de percurso nessa condição.

A atenuação do campo elétrico para um meio, em determinada frequência é definida por:

$$A_{E,dB} = 20 \times \log_{10}(E_{final,V/m} \ / \ E_{inicial,V/m})$$

EQUAÇÃO 4.114: ATENUAÇÃO DE CAMPO ELÉTRICO.

Em que:
E_{final}: valor final do campo elétrico, expresso em V/m; e
$E_{inicial}$: valor inicial do campo elétrico, expresso em V/m.

A Equação 4.114 é análoga à Equação 4.110.

Exercício 230: O campo elétrico de uma onda eletromagnética apresenta um valor de 200 mV/m imediatamente ao penetrar em um meio cuja profundidade pelicular é de 1,5 cm na frequência de operação. Determine o valor do campo elétrico após a onda percorrer 8 cm.

Exercício 231: Para um material e uma frequência específicos, a profundidade pelicular é de 15 cm. Determine a atenuação sofrida pela onda após um deslocamento de 80 cm nessas condições.

Exercício 232: Para um material e uma frequência específicos, uma onda eletromagnética sofre uma atenuação de 43 dB decorrente da profundidade pelicular. Determine a distância percorrida pela onda em profundidades peliculares.

Exercício 233: Para um meio e uma frequência específicos, uma onda sofre uma atenuação de 43 dB causada pela absorção. Determine a distância percorrida pela onda, considerando-se que para essas condições a profundidade pelicular é igual a 1,2 m.

A profundidade pelicular, expressa em mm, é definida por:

$$\delta_{mm} = 15.915{,}49 \; / \; (f_{kHz} \times \mu_r \times \sigma_{S/m})^{1/2}$$

EQUAÇÃO 4.115 – PROFUNDIDADE PELICULAR.

Em que:

f_{kHz}: frequência de operação, expressa em kHz;

μ_r: permeabilidade relativa do material, adimensional; e

$\sigma_{S/m}$: condutividade do material, expressa em S/m.

O quadro a seguir apresenta a condutividade de diversos materiais.

Material	Valor comercial
Cobre	$5{,}82 \times 10^7$
Alumínio	$3{,}82 \times 10^7$
Prata	$6{,}11 \times 10^7$
Água do mar	5
Aço inoxidável	$1{,}16 \times 10^6$
Solo agriculturável	0,03
Solo seco	$1{,}5 \times 10^{-3}$
Rocha sólida	10^{-3}
Água doce	10^{-3}
Granito	10^{-6}

QUADRO 4.19: CONDUTIVIDADE ELÉTRICA.

FONTE: ABOUT EDUCATION, 2014.

O quadro a seguir apresenta a permeabilidade relativa de diversos materiais.

Material	Permeabilidade relativa, μ_r
Madeira	0,9999995
Prata	0,99999981
Alumínio	1,00000065
Ferro fundido	60
Limalha de ferro	100
Aço de máquina	300
Aço inoxidável (430)	500
Ferrite	1.000
Ferro de transformador	3.000
Ferro silício	3.500
Ferro puro	4.000
Mumetal	20.000
Superliga	100.000

QUADRO 4.20: PERMEABILIDADE RELATIVA.

FONTE: HYPERPHYSICS, 2015.

Observa-se que, com exceção dos materiais magnéticos, a permeabilidade relativa dos materiais é aproximadamente unitária (igual a 1).

O quadro a seguir apresenta a profundidade pelicular, em mm, de diversos materiais, em diversas frequências.

Frequência	Cobre	Alumínio	Aço
60 Hz	8,51	10,89	2,7
100 Hz	6,60	8,46	2,1
1 kHz	2,08	2,667	0,661
10 kHz	0,66	0,814	0,21
100 kHz	0,20	0,257	$66,1 \times 10^{-3}$
1 MHz	0,07	0,0814	$20,9 \times 10^{-3}$
10 MHz	0,02	0,0258	$6,61 \times 10^{-3}$
100 MHz	0,007	0,0081	$2,09 \times 10^{-3}$
1 GHz	0,002	0,0026	$6,61 \times 10^{-4}$
10 GHz	0,0007	0,0008	$2,09 \times 10^{-4}$

QUADRO 4.21: PROFUNDIDADE PELICULAR.

É possível definir-se a atenuação da onda sofrida pelo parâmetro constante em atenuação característica do meio, $\alpha_{Np/m}$, relacionada com a profundidade pelicular por:

$$\alpha_{Np/m} = 1 \ / \ \delta_m$$

EQUAÇÃO 4.116: CONSTANTE DE ATENUAÇÃO.

Em que δ_m é a profundidade pelicular expressa em m.

Para a conversão de Np/m para dB/m, utiliza-se a seguinte relação: 1 Np = 8,686 dB.

É possível caracterizar a variação do campo com a distância e a constante de atenuação por:

$$E_{final,V/m} = E_{inicial,V/m} \times e^{-\alpha d}$$

EQUAÇÃO 4.117: CAMPO ELÉTRICO FINAL.

Em que:
$E_{final,\ V/m}$: intensidade de campo elétrico a determinada distância percorrida no material, expressa em V/m;
$E_{inicial,V/m}$: intensidade de campo elétrico ao penetrar no material, expressa em V/m;
α: constante de atenuação do material, expressa em m; e
d: distância percorrida pela onda no material, expressa em m.

Exercício 234: A constante de atenuação de certo meio em uma frequência é de 12,4 Np/m. Determine a atenuação, em dB, para um trecho de 12 cm.

Exercício 235: O valor inicial do campo elétrico de uma onda eletromagnética é de 13,5 dBmV/m em um meio cuja constante de atenuação para a frequência de operação é de 8,3 Np/m. Determine a intensidade de campo após a onda percorrer 52 cm nesse material.

Exercício 236: O valor final da intensidade de campo elétrico de uma onda eletromagnética é de –4,8 dBmV/m após a onda percorrer 75 cm em um material cuja constante de atenuação é de 19,5 Np/m. Determine o valor do campo inicial.

Exercício 237: Determine a distância percorrida por uma onda eletromagnética para que o campo elétrico seja reduzido a um décimo de seu valor original após percorrer um meio cuja constante de atenuação é de 7,1 Np/m.

Exercício 238: Determine a distância percorrida por uma onda eletromagnética para que o campo elétrico seja reduzido a um centésimo de seu valor original após percorrer um meio cuja constante de atenuação é de 7,1 Np/m.

Exercício 239: Determine a distância percorrida por uma onda eletromagnética para que o campo elétrico seja reduzido a um milionésimo de seu valor original após percorrer um meio cuja constante de atenuação é de 7,1 Np/m.

Exercício 240: Uma onda eletromagnética sofreu uma atenuação de 52,4 dB ao atravessar 25 cm de um material, determine a atenuação característica desse meio, em Np/m, nessas condições.

Exercício 241: Determine a variação percentual sofrida pelo campo elétrico de uma onda ao atravessar 1,4 cm em um meio cuja atenuação característica é de 9,7 Np/m.

A caracterização da redução da onda à medida que se propaga no meio atenuador pode também ser realizada pelo parâmetro *atenuação por absorção*, $A_{abs,dB}$, definida por:

$$A_{abs,dB} = d_{mm} \times 5{,}4576 \times 10^{-4} \times (f_{MHz} \times \mu_r \times \sigma_{S/m})^{1/2}$$

EQUAÇÃO 4.118: ATENUAÇÃO POR ABSORÇÃO.

Em que:
d_{mm}: espessura da parede da blindagem, expressa em mm;
f_{MHz}: frequência de operação, expressa em MHz;
μ_r: permeabilidade relativa do material, adimensional; e
$\sigma_{S/m}$: condutividade do material, expressa em S/m.

Observa-se que a atenuação por absorção é diretamente proporcional à espessura da blindagem e da permeabilidade relativa. De modo geral, a blindagem a campos magnéticos é feita por absorção, e a blindagem a campos elétricos é feita por reflexão.

Exercício 242: Determine a atenuação por absorção de uma folha de cobre com 0,1 mm de espessura, na frequência de 10 MHz.

Exercício 243: Determine a atenuação por absorção de uma folha de alumínio com 0,1 mm de espessura, na frequência de 10 MHz.

Exercício 244: Determine a atenuação por absorção de uma folha de aço com 0,1 mm de espessura, na frequência de 10 MHz.

Exercício 245: Determine a atenuação por absorção de uma folha de cobre com 0,1 mm de espessura, na frequência de 100 MHz.

Exercício 246: Determine a atenuação por absorção de uma folha de alumínio com 0,1 mm de espessura, na frequência de 100 MHz.

Exercício 247: Determine a atenuação por absorção de uma folha de aço com 0,1 mm de espessura, na frequência de 100 MHz.

Exercício 248: Determine a atenuação por absorção de uma folha de cobre com 0,1 mm de espessura, na frequência de 1 GHz.

Exercício 249: Determine a atenuação por absorção de uma folha de alumínio com 0,1 mm de espessura, na frequência de 1 GHz.

Exercício 250: Determine a atenuação por absorção de uma folha de aço com 0,1 mm de espessura, na frequência de 1 GHz.

Os elevados valores teóricos de atenuação por absorção encontrados nos exercícios anteriores podem levar a pensar-se que a blindagem de campos eletromagnéticos é simples. Nada mais incorreto. O vazamento de energia é atribuído a juntas, pequenos orifícios e linhas de alimentação. Os exercícios anteriores consideram uma blindagem sólida, sem tampas, orifícios para potenciômetros, chaves, mostradores, entradas de alimentação, entrada e saída de sinal, orifícios de ventilação, dobradiças e juntas. Estruturas blindadas, por exemplo, câmaras de ressonância magnética, requerem um cuidadoso projeto de blindagem de campos elétricos e de campos magnéticos, de baixas e altas frequências, por sinais irradiados e por sinais conduzidos.

A quantidade de sinal que vaza de uma descontinuidade na blindagem é função de:

- máxima dimensão da abertura;
- impedância da onda; e
- frequência da onda da fonte.

Exercício 251: Determine a maior dimensão de abertura para atender-se ao critério de λ/100 na frequência de 2,4 GHz.

Exercício 252: Uma blindagem apresenta um rasgo cuja dimensão máxima é de 0,2 mm. Determine a frequência máxima de operação para atender-se ao critério de λ/100.

4.11.3 ATENUAÇÃO POR REFLEXÃO A ONDAS PLANAS

Ao incidir em uma superfície, a onda sofre reflexão. Parte da energia penetra no material e parte da energia é refletida. Esse é, basicamente, o princípio do radar. No caso de uma onda eletromagnética plana incidente, a atenuação por reflexão é definida por:

$$R_{dB} = 63{,}52 + 10 \times \log_{10}[\sigma_{S/m} / (2 \times f_{MHz} \times \mu_r)]$$

EQUAÇÃO 4.119: ATENUAÇÃO POR REFLEXÃO.

Em que:

f_{MHz}: frequência de operação, expressa em MHz;
$\sigma_{S/m}$: condutividade do material, expressa em S/m; e
μ_r: permeabilidade relativa do material, adimensional.

Exercício 253: Determine a atenuação por reflexão de uma folha de cobre, na frequência de 10 MHz. Considere a onda plana.

Exercício 254: Determine a atenuação por reflexão de uma folha de alumínio, na frequência de 10 MHz. Considere a onda plana.

Exercício 255: Determine a atenuação por reflexão de uma folha de aço, na frequência de 10 MHz. Considere a onda plana.

Exercício 256: Determine a atenuação por reflexão de uma folha de cobre, na frequência de 100 MHz. Considere a onda plana.

Exercício 257: Determine a atenuação por reflexão de uma folha de alumínio, na frequência de 100 MHz. Considere a onda plana.

Exercício 258: Determine a atenuação por reflexão de uma folha de aço, na frequência de 100 MHz. Considere a onda plana.

Exercício 259: Determine a atenuação por reflexão de uma folha de cobre, na frequência de 1 GHz. Considere a onda plana.

Exercício 260: Determine a atenuação por reflexão de uma folha de alumínio, na frequência de 1 GHz. Considere a onda plana.

Exercício 261: Determine a atenuação por reflexão de uma folha de aço, na frequência de 1 GHz. Considere a onda plana.

4.11.4 ATENUAÇÃO TOTAL DE BLINDAGEM

A atenuação total teórica da blindagem (descontando os vazamentos) é igual à soma das atenuações por absorção e por reflexão, ou seja:

$$At_{total,dB} = At_{reflexão,dB} + At_{absorção,dB}$$

EQUAÇÃO 4.120: ATENUAÇÃO TOTAL.

Exercício 262: Determine a atenuação total teórica de uma placa de cobre, com 0,1 mm de espessura, na frequência de 10 MHz.

Exercício 263: Determine a atenuação total teórica de uma placa de alumínio, com 0,1 mm de espessura, na frequência de 10 MHz.

Exercício 264: Determine a atenuação total teórica de uma placa de aço, com 0,1 mm de espessura, na frequência de 10 MHz.

Exercício 265: Determine a atenuação total teórica de uma placa de cobre, com 0,1 mm de espessura, na frequência de 100 MHz.

Exercício 266: Determine a atenuação total teórica de uma placa de alumínio, com 0,1 mm de espessura, na frequência de 100 MHz.

Exercício 267: Determine a atenuação total teórica de uma placa de aço, com 0,1 mm de espessura, na frequência de 100 MHz.

Exercício 268: Determine a atenuação total teórica de uma placa de cobre, com 0,1 mm de espessura, na frequência de 1 GHz.

Exercício 269: Determine a atenuação total teórica de uma placa de alumínio, com 0,1 mm de espessura, na frequência de 1 GHz.

Exercício 270: Determine a atenuação total teórica de uma placa de aço, com 0,1 mm de espessura, na frequência de 10 MHz.

4.12 RESPOSTAS DOS EXERCÍCIOS

1. Como a potência de saída é maior que a potência de entrada, diz-se que ocorreu ganho de potência, ou simplesmente ganho. O ganho é definido por: $G_p = P_{saída} / P_{entrada} = 15\ W / 1 \times 10^{-3} = 1.500$ vezes. O ganho do amplificador é de 1.500 vezes.

2. Como a potência de saída é maior que a potência de entrada, diz-se que ocorreu ganho de potência, ou simplesmente ganho. O ganho é definido por: $G_p = P_{saída} / P_{entrada} = 180 \times 10^{-3} / 230 \times 10^{-6} = 782,61$ vezes. O ganho do amplificador é de 782,61 vezes.

3. $P_{saída} = P_{entrada} \times G_p = 1 \times 10^{-3} \times 185,4 = 185,4$ mW.
A potência do sinal de saída é de 185,4 mW.

4. $P_{entrada} = P_{saída} / G_p = 1,54\ W / 250 = 6,16 \times 10^{-3}$ W.
A potência de saída do amplificador é de 6,16 mW.

5. $G_p = 10,5\ W / 10,5\ W = 1$. O ganho do amplificador é igual a 1.

6. Relação = 4,8 W / 10,5 W = 0,457 vez. Considerando-se que a relação é inferior a 1, diz-se que a estrutura introduz atenuação ou perda, igual a 0,457. O sinal de saída é 45,7% do sinal de entrada.

7. $G_{dB} = 10 \times \log_{10}(100\ W / 2\ W) = 10 \times \log_{10}(50) = 16,989$ dB, ou, arredondando-se, 17 dB. Assim, para essas condições, o ganho do amplificador é de 17 dB.

8. $G_{p,dB} = 10 \times \log_{10}(15\ W / 10^{-3}\ W) = 41,76$ dB. Como G_p é maior que 0 dB, diz-se que a estrutura apresenta um ganho de potência de 41,76 dB, ou simplesmente um ganho de 41,76 dB.

9. $G_{dB} = 10 \times \log_{10}(180 \times 10^{-3}\ W / 230 \times 10^{-6}\ W) = 28,93$ dB.
O ganho do dispositivo é de 28,93 dB.

10. $G_{dB} = 10 \times \log_{10}(10,5\ W / 10,5\ W) = 10 \times \log_{10}(1) = 0$ dB.
O ganho do dispositivo é de 0 dB.

11. $G_{,dB} = 10 \times \log_{10}(4{,}8 / 10{,}5) = -3{,}4$ dB. O dispositivo não apresenta ganho, e sim uma atenuação igual a 3,4 dB.

12. 8 dB $\equiv 10^{8/10} = 10^{0,8} = 6{,}31$ vezes. $P_{saída} = G_p \times P_{entrada} = 6{,}31 \times 12{,}5$ mW = 78,88 mW.

13. $P_{saída} = 6{,}31 \times 12{,}5$ mW = 78,88 mW.

14. +8,2 dB = + 8 dB + 0,2 dB $\equiv 6{,}31 \times 1{,}047 = 6{,}607$ vezes ou $10^{8,2/10} = 6{,}607$. $P_{saída} = 6{,}607 \times 12{,}5$ W = 82,59 W.

15. +15,2 dB = + 10 dB + 5 dB + 0,2 dB $\equiv 10 \times 3{,}162 \times 1{,}047 = 33{,}106$ vezes ou $10^{15,2/10} = 33{,}106$. $P_{saída} = 33{,}106 \times 12{,}5$ mW = 413,83 mW.

16. +32,5 dB = + 30 dB + 2 dB + 0,5 dB $\equiv 1.000 \times 1{,}585 \times 1{,}122 = 1.778{,}37$ vezes ou $10^{32,5/10} = 1.778{,}37$. $P_{saída} = 1.778{,}37 \times 12{,}5$ mW = 22,3 W.

17. +52,3 dB = + 30 dB + 20 dB + 2 dB + 0,3 dB $\equiv 1.000 \times 100 \times 1{,}585 \times 1{,}071 = 169.753{,}5$ vezes ou $10^{52,3/10} = 169.753{,}5$. $P_{saída} = 169.753{,}5 \times 12{,}5$ mW = 2.121,92 W ou 2,12 kW.

18. $P_{saída,dBW} = P_{entrada,dBW} + G_{dB} = -30$ dBW + 20 dB = −10 dBW.
$P_{saída,W} = 10^{-10/10} = 0{,}1$ W ou 100 mW.

19. $P_{entrada,\ dBW} = P_{saída,dBW} - G_{dB} = 10$ dBW − 40 dB = −30 dBW.
$P_{saída,W} = 10^{-30/10} = 0{,}001$ W ou 1 mW.

20. $G_{dB} = P_{saída,dBW} - P_{entrada,dBW} = 20$ dBW − (− 30 dBW) = 20 dBW + 30 dBW = 50 dBW.

21. $G_{p,dB} = 30$ dBk − 0 dBk = 30 dB.
O ganho é de 30 dB (equivalente a $10^{30/10} = 10^3 = 1.000$ vezes).

22. $P_{saída,dBk} = P_{entrada,dBk} + G_{dB} = 0{,}32$ dBk + 12,7 dB = 13,02 dBk.

23. $P_{entrada,dBk} = P_{saída,dBk} - G_{dB} = 12$ dBk − 28 dB = -16 dBk = 14 dBW = 25,12 W.

24. $P_{saída,dBk} = P_{entrada,dBk} + G_{dB} = -8{,}7$ dBk + 12,4 dB = 3,7 dBk = 33,7 dBW = 2.344,23 W.

25. $G_p = 30$ dBk − 0 dBk = 30 dB. $P_{saída,dBk} = P_{entrada,dBk} + G_{dB} = -15{,}8$ dBk + 30 dB = 14,2 dBk ou 44,2 dBW ou 26.302,7 W.

26. $P_{saída,dBm} = P_{entrada,dBm} + G_{dB} = -30$ dBm + 20 dB = –10 dBm. $P_{saída,mW} = 10^{-10/10} = 0{,}1$ mW ou 100 μW.

27. $P_{entrada,\ dBm} = P_{saída,dBm} - G_{dB} = 10$ dBm – 40 dB = – 30 dBm. $P_{saída,mW} = 10^{-30/10} = 0{,}001$ mW ou 1 μW.

28. $G_{dB} = P_{saída,dBm} - P_{entrada,dBm} = 20$ dBm – (–30 dBm) = 20 dBm + 30 dBm = 50 dB, equivalente a um ganho, em potência, de $10^{50/10}$ = 100.000 vezes.

29.

a) $P_{saída,dBm} = P_{entrada,dBm} + G_{dB} = -\ 20$ dBm + 40 dB = 20 dBm.
b) Potência de saída em dBW = 20 dBm – 30 dB = –10 dBm.
Potência de saída em W = $10^{-10/10} = 10^{-1}$
$V_{rms,saída}$ = (10–1 W × 50 Ω)$^{1/2}$ = 2,236 mV.
c) Potência de entrada em dBW = – 20 dBm –30 dB = – 50 dBW.
Potência de entrada em W = $10^{-50/10} = 10^{-5}$ W
$V_{rms,entrada} = (10^{-5}\ \text{W} \times 50\ \Omega)^{1/2}$ = 22,36 mV.

30.

a) $G_{tensão,dB} = 20 \times \log_{10}(V_{saída} / V_{entrada}) = 20 \times \log_{10}(3 / 0{,}2) = 20 \times \log_{10}(15) = 23{,}52$ dB.
b) $P_W = V^2 / Z = (200 \times 10^{-3})^2 / 100 = 0{,}4$ mW e 0,4 mW = –3,979 dBm.
c) $P_W = V^2 / Z = (3)^2 / 100 = 90$ mW e 90 mW = 19,54 dBm.
d) $G_{potência,dB}$ = 19,54 dBm – (–3,979 dBm) = 23,52 dB.

31.

a) $10^{-3} / (10 \times 10^{-6}) = 100$. A tensão de saída é 100 vezes maior que a tensão de entrada.
b) $G_{tensão,dB} = 20 \times \log_{10}(100) = 40$ dB.

32. Um sinal de 15 mV, aplicado a um amplificador de 15 dB de ganho, resulta na saída um sinal 5,62 vezes maior, ou seja, 84,3 mV, uma vez que $10^{15/20} = 5{,}62$. Observe que $V_{saída} = V_{entrada} \times$ Ganho de tensão (linear).

33. Caso se deseje amplificar um sinal de tensão em 5 vezes, será usado um amplificador de tensão de 14 dB, uma vez que $10^{14/20} = 5$.
Ou seja, um ganho de 14 dB em tensão equivale a multiplicar a amplitude do sinal de tensão por 5.

34. Um ganho de tensão de 18,5 dB equivale a $10^{18,5/20} = 8,41$ vezes. O sinal de saída é definido por $V_{saída} = V_{entrada} \times$ Ganho de tensão = 100×10^{-3} V × 8,41 = 841 mV.

35.

a) 30 dB = 10 × $\log_{10}(P_1/P_2)$, assim a relação de potência, P_1/P_2, é igual a $10^{30/10} = 1.000$.

b) 30 dB = 20 × $\log_{10}(V_1/V_2)$, assim a relação de tensão, V_1/V_2, é igual a $10^{30/20} = 31,6$.

Ao empregar essas equações, para tensão e corrente, observe que devem ser comparadas em relação às mesmas impedâncias.

36. Relação em dB = 20 × $\log_{10}(V_1/V_2)$ + 10 × $\log_{10}(R_2 / R_1)$ = 20 × $\log_{10}(20 \times 0^{-3} / 20 \times 10^{-6})$ + 10 × $\log_{10}(250 / 100)$ = 20 × $\log_{10}(1.000)$ + 10 × $\log_{10}(2,5)$ = 60 + 3,98 = 63,98 dB.

37. Uma potência de 13 dBm equivale a $10^{13/10} = 20$ mW.

a) Ganho total = Ganho do amplificador 1 × Ganho do amplificador 2 = 15,5 × 30,8 = 477,4 vezes.

b) Potência de saída = Potência de entrada × Ganho total de potência = 20×10^{-3} W × 477,4 = 9,548 W.

38. O ganho total da estrutura é definido por: $G_{t,dB} = G_{1,dB} + G_{2,dB}$ = 6 dB + 12 dB = 18 dB.

39. O ganho total da estrutura é definido por: $G_{t,dB} = G_{1,dB} + G_{2,dB}$ = 12 dB + 6 dB = 18 dB. Para o cálculo do ganho, não importa a ordem. Na prática, porém, é fundamental observar a linearidade dos amplificadores. De maneira geral, inicia-se com baixos valores de potência de entrada, aumentando-se até os estágios finais.

40. $P_{saída,dBm} = P_{entrada,dBm} + G_{t,dB}$ = −10 dBm + 18 dB = 8 dBm; e $P_{saída,mW} = 10^{8/10} = 10^{0,8} = 6,3$ mW

Alternativamente podia-se obter a solução de: −10 dBm = 0,1 mW; 18 dB de ganho de potência = $10^{18/10} = 10^{1,8} = 63,1$ vezes; e $P_{saída,mW} = P_{entrada,mW} \times$ Ganho = 0,1 mW × 63,1 = 6,3 mW.

41. $P_{entrada,dBm} = P_{saída,dBm} - G_{t,dB}$ = −10 dBm −18 dB = −28 dBm. Essa potência equivale a $10^{-28/10} = 10^{-2,8} = 1,58 \times 10^{-3}$ mW = 1,58 μW.

Alternativamente, podia-se obter a solução de: - 10 dBm = 0,1 mW; 18 dB de ganho de potência = $10^{18/10}$ = $10^{1,8}$ = 63,1 vezes; e $P_{entrada,mW}$ = $P_{saída,mW}$ / Ganho = 0,1 mW / 63,1 = 1,58 μW.

42. Relação = 100 mW / 1 mW = 100. Sendo o valor superior a 1, é ganho. Logo o dispositivo é um amplificador.

43. Relação = 1 mW / 100 mW = 0,01. Sendo o valor inferior a 1, é atenuação. Logo o dispositivo é um atenuador.

44. Relação = 25 W / 100 W = 0,25 ou 25%. Ocorreu atenuação.

45. Relação = 1 W / 10 W = 0,1 ou 10%. Ocorreu atenuação.

46. Relação = 5 W / 10 W = 0,5 ou 50%. Ocorreu atenuação.

47. Relação = 25 W / 31,25 W = 0,8 ou 80%.

48. Relação = 1 W / 100 W = 0,01 ou 1%. Ocorreu atenuação.

49. A_{dB} = 10 × $\log_{10}$(25 W / 10 W) = –6 dB. Observe o sinal negativo. A atenuação é igual a 6 dB.

50. A_{dB} = 10 × $\log_{10}$(1 W / 10 W) = –10 dB. Observe o sinal negativo. A atenuação é igual a 10 dB.

51. A_{dB} = 10 × $\log_{10}$(5 W / 10 W) = –3 dB. Observe o sinal negativo. A atenuação é igual a 3 dB.

52. A_{dB} = 10 × $\log_{10}$(25 W / 31,25 W) = –0,97 dB. A atenuação é de 0,97 dB. A saída é $10^{-0,97/10}$ = 0,7998 ou 79,98% do sinal de entrada.

53. A_{dB} = 10 × $\log_{10}$(1 W / 100 W) = –20 dB, ou seja, a saída é $10^{-20/10}$ = 0,01 ou 1% do sinal de entrada.

54. –10 dBW = 20 dBm. A relação entre a potência de saída e a potência de entrada é igual a $P_{saída,dBm}$ – $P_{entrada,dBm}$ = 20 dBm – 10 dBm = 10 dB. Considerando-se que o valor é superior a 0 dB, diz-se que houve amplificação ou ganho.

55. –10 dBW = 20 dBm. Relação entre potência de saída e potência de entrada = $P_{saída,dBm}$ – $P_{entrada,dBm}$ = 10 dBm – 20 dBm = –10 dB. Considerando-se que o valor é inferior a 0 dB, diz-se que houve atenuação.

56. –20 dBW = 10 dBm. Relação entre potência de saída e potência de entrada = $P_{saída,dBm} - P_{entrada,dBm}$ = 10 dBm – 10 dBm = 0 dB. Considerando-se que o valor é igual a 0 dB, diz-se que houve um ganho unitário.

57. Nesse caso, a atenuação introduzida pelo cabo é igual a 10 × $\log_{10}$(5 mW / 10 mW) = 10 × $\log_{10}$(0,5) = –3 dB. Diz-se, então, que a atenuação é igual a 3 dB. Observe que deliberadamente foi omitido o termo "menos". Se é atenuação, por definição, tem-se um sinal negativo antes do número. Assim, uma atenuação de "3 dB" é, na verdade, de –3dB.

58. A atenuação referente ao segmento de cabo é igual a 2,5 dB × 20 m / 100 m = 0,5 dB.

59. A atenuação característica desse cabo é igual a 8 dB × 100 / 25 m = 32 dB / 100 m. A cada 100 m de cabo, a atenuação é de 32 dB. A atenuação característica dos cabos coaxiais também pode ser expressa em dB/100 pés. Nesse caso, deve-se considerar para a conversão 1 pé = 30,48 cm.

60. Uma atenuação de 10 dB equivale a multiplicar-se a potência do sinal de entrada por A = $10^{-10/10}$ = 0,1. A potência de saída é definida por $P_{entrada,dBm}$ × Atenuação = 25 mW × 0,1 = 2,5 mW.

61. Uma atenuação de 3 dB equivale a multiplicar-se a potência do sinal de entrada por A = $10^{-3/10}$ = 0,5. Na saída, tem-se uma potência igual a 10 mW × 0,5 = 5 mW.

62. A atenuação introduzida pelo cabo é de 8 dB × 20 / 100 = 1,6 dB. Esse valor de atenuação corresponde a A = $10^{-1,6/10}$ = 0,691831 ou 69,1831%. Assim, na saída do cabo, tem-se uma potência de 100 W × 0,691831 = 69,1831 W.

63. A atenuação introduzida pelo cabo é de 10 × $\log_{10}$(70,8 / 100) = –1,499667423 ou cerca de 1,5 dB (observe que o sinal foi "esquecido"). A atenuação característica do cabo é, então, definida por 1,5 dB × 100 / 20 m = 7,5 dB / 100 m.

64. $A_{dB} = P_{saída,\ dBm} - P_{entrada,dBm}$ = 27,8 dBW – 43,2 dBW = – 15,4 dB. O valor da atenuação é de 15,4 dB.

65. $P_{saída,dBm} = A_{dB} + P_{entrada,dBm}$ = – 12 dB + 15 dBm = 3 dBm.
A potência de saída é igual a 3 dBm.

66. $P_{entrada,dBm} = P_{saída,dBm} - A_{dB}$ = 15 dBm – (–17 dB) = 15 dBm + 17 dB = 32 dBm. A potência de entrada é igual a 32 dBm.

67. A_{dB} = 20 dBm – 40 dBm = –20 dB.
O dispositivo introduz uma atenuação, ou perda, de 20 dB.

68. 50 W = 17 dBW = 47 dBm.
Atenuação = 30 dBm – 47 dBm = –17 dB. O valor da atenuação introduzida pelo atenuador é de 17 dB. O valor da atenuação a ser introduzida entre o gerador de sinal e o instrumento é de, no mínimo, 17 dB.

69. $A_{dB} = 20 \times \log_{10}(20 \times 10^{-3} / 100 \times 10^{-3})$ = –13,979 dB.

70. $A_{dB} = 20 \times \log_{10}(1 / 10)$ = –20 dB. O valor da atenuação é de 20 dB.

71. $A_{dB} = 20 \times \log_{10}(5/10)$ = –6 dB. O valor da atenuação é de 6 dB.

72. $A_{dB} = 20 \times \log_{10}(25\ \mu V / 100\ \mu V) = 20 \times \log_{10}(0{,}25)$ = –12 dB.
O valor da atenuação é de 12 dB.

73.

a) O ganho de tensão do dispositivo é de $20 \times \log_{10}(350\ mV / 20\ mV) = 20 \times \log_{10}(17{,}5)$ = 24,86 dB.

b) A relação de potência do dispositivo é igual a $20 \times \log_{10}(350 / 20) - 10 \times \log_{10}(200/100)$ = 24,86 dB – 3 dB = 21,86 dB.
O ganho de potência é de 21,86 dB.

74.

a) O ganho de tensão é de $20 \times \log_{10}(8 / 1{,}2)$ = 16,48 dB.
Um ganho de tensão de 16,48 dB.

b) A relação de potência é igual a $20 \times \log_{10}(8 / 1{,}2) - 10 \times \log_{10}(1.000 / 100)$ = 16,48 dB – 10 dB = 6,48 dB. Um ganho de potência de 6,48 dB.

75. A_{dB} = 0,2 dB + 2,8 dB + 0,3 dB = 3,3 dB. $A = 10^{-3{,}3/10}$ = 0,468 ou 46,8% do valor de entrada. Observe o valor negativo da atenuação.

76. Do exercício anterior: $P_{saída}$ = 100 W × 0,468 = 46,8 W.
Alternativamente: $P_{saída,dBW}$ = 20 dBW – 3,3 dB = 16,7 dBW = 46,8 W.

77. A atenuação total é igual a 0,2 dB + 2,8 dB + 0,3 dB = 3,3 dB, o que equivale a $10^{-3,3/10} = 0,468 = 46,8\%$.

78. Do exercício anterior, a atenuação é igual a 0,468. $P_{saída} = 100\ W \times 0,468 = 46,8\ W$.

79. Um dos elementos da estrutura introduz uma atenuação. $G_{t,dB} = 6\ dB - 5\ dB + 12\ dB = 13\ dB$. O ganho final da estrutura é de 13 dB (20 vezes em potência).

80. $P_{saída,dBm} = P_{entrada,dBm} + G_{t,dB} = -65\ dBm + 13\ dB = -52\ dBm$.

$P_{saída,mW} = 10^{-52/10} = 10^{-5,2} = 6,3 \times 10^{-6}\ mW = 6,3\ nW$.

81. $P_{entrada,dBm} = P_{saída,dBm} - G_{t,dB} = -70\ dBm - 13\ dB = -83\ dBm$.

Essa potência equivale a $10^{-83/10} = 10^{-8,3} = 5,0 \times 10^{-9}\ mW = 5,0\ pW$.

82. Se o dispositivo é um divisor de 3 dB, cada saída está 3 dB abaixo do valor de entrada.

a) $P_{saída,1} = -10\ dBm - 3\ dB = -13\ dBm$.

b) $P_{saída,2} = -10\ dBm - 3\ dB = -13\ dBm$.

83. A potência de saída em cada porta é igual a $P_{entrada} - 3\ dB - 0,6\ dB = 5,7\ dBm - 3\ dB - 0,6\ dB = 2,1\ dBm$.

84. Percentual = $10^{-3/10} \times 10^{-0,6/10} = 0,5 \times 0,87 = 0,4355$ ou 43,55% do sinal de entrada em potência, em cada porta de saída.

85. A potência disponível em cada porta de saída é igual a 20 mW × 0,4355 = 8,71 mW. Talvez você esteja se perguntando: “Se em cada porta de saída há 8,73 mW, a potência de saída total é de apenas 17,46 mW. No entanto, apliquei 20 mW; onde estão os 2,54 mW que estão faltando?” Muito simples: o divisor está dissipando essa potência. Da próxima vez, se quiser reduzir as perdas, utilize um divisor de melhor qualidade e menor atenuação adicional.

86.

Ponto	Nível do sinal, dBmV
1	30
2	27
3	9
4	31
5	27
6	15
7	30

QUADRO 4.22: NÍVEIS DE SINAL.

87.

a) Ganho total, em dB= Ganho do amplificador 1, em dB + Ganho do amplificador 2, em dB = 6,2 dB + 15,7 dB = 21,9 dB.
O ganho total do dispositivo é igual a 21,9 dB.

b) $P_{saída,dBm} = P_{entrada,dBm} + G_{dB}$ = 23 dBm + 21,9 dB = 44,9 dBm ou 14,9 dBW ou $10^{14,9/10}$ = 30,9 W. A potência de saída é de 30,9 W.

c) G1 = 6,2 dB ≡ $10^{6,2/10}$ = 4,17; NF1 = 5,4 dB ≡ F1 = $10^{5,4/10}$ = 3,47; NF2 = 10,8 dB ≡ F2 = $10^{10,8/10}$ = 12,02. O Fator de ruído total é definido por F_{total} = F1 + (F2 – 1) / G1 = 3,47 + (12,02 – 1) / 4,17 = 6,11. A figura de ruído total é definida por $NF_{total} = 10 \times \log_{10}(6,11)$ = 7,86 dB;

d) A contribuição do segundo estágio para a figura de ruído total é definida por: NF_{total} – NF1 = 7,86 dB – 5,4 dB = 2,46 dB.

e) A relação sinal-ruído na saída do dispositivo é definida por: $SNR_{saída,dB} = SNR_{entrada,dB} - NF_{total}$ = 36,5 dB – 7,86 dB = 28,64 dB. A relação sinal-ruído de entrada sofreu na saída uma degradação de 7,86 dB.

88.

a) Ganho total, em dB = Ganho do amplificador 1, dB + Ganho do amplificador 2, dB = 8 dB + 15 dB = 23 dB. O ganho total do dispositivo é de 23 dB.

b) NF1 = 3 dB ≡ F1 = $10^{0,3}$ = 2; G1 = 8 dB ≡ $10^{0,8}$ = 6,31; NF2 = 8 dB ≡ F2 = 100,8 = 6,31. F_{total} = 2 + (6,31 – 1) / 6,61 = 2,84. Logo $NF_{t,dB} = 10 \times \log_{10}(F_{total}) = 10 \times \log_{10}(2,84)$ = 4,53 dB. A figura de ruído total é igual a 4,53 dB.

c) $IP3_{in,t,mW}$ = 1 / (1/10 + 6,3/100) = 6,1 mW, logo $IP3_{in,t,dBm}$ = 10 x $\log_{10}(6,1)$ = 7,88 dBm. O ponto de interceptação de terceira ordem é igual a 7,88 dBm.

89.

a) Ganho total, em dB = 6 dB – 6 dB + 25 dB = 25 dB.
b) F = 11,33, logo NF_t = 10 × $\log_{10}$(F) = 10,6 dB.
c) $IP3_{in,t}$ = 0,096 mW, logo IP3,t = −10,17 dBm.
d) SNR_{in} = - 90 dBm - (−121 dB) = 31 dB.
e) SNR_{out} = 31 dB - 10,6 dB = 20,4 dB.
f) Sensibilidade = - 144 + 10 × $\log_{10}$(200) + 10,6 dB = −110,39 dBm.
g) MDS = −110,39 dBm.

90. IP3 = ½ x 80 – 35 = + 5 dBm. O IP3 é igual a +5 dBm.

91.

a) Esse nível é a sensibilidade ou MDS. MDS_{dBm} = - 168,6 dBm + 10 × $\log_{10}$(T) + 10 × $\log_{10}$(BW) + 14,5 dB = −168,6 dBm + 10 × $\log_{10}$(300) + 10 × $\log_{10}$(200) + 14,5 dB = - 106,3 dBm. O menor sinal discernível é igual a −106,3 dBm.
b) $SFDR_{dB}$ = (2/3)[$IP3_{dBm}$ – NF_{dB} + 144 dB - 10 × $\log_{10}$(BW)] = (2/3)[10 dBm – 14,5 dB + 144 dB - 10 × $\log_{10}$(200)] = 77,7 dB.
c) Sinal mínimo, em dBm = MDS_{dBm} + $SFDR_{dB}$ = - 106,3 dBm + 77,7 dB = −28,6 dBm.

92. K = $10^{-10/10}$ = 10^{-1} = 0,1. R2 = 2 ×$(50 \times 50 \times 0,1)^{1/2}$ / (1 – 0,1) = 35,14 Ω; R3 = (1 + 0,1) × 50 / (1 – 0,1) – 35,14 = 25,97 Ω; R1 = (1 + 0,1) × 50 / (1 – 0,1) – 25,97 = 35,14 Ω.

93. K = $10^{-13/10}$ = $10^{-1,3}$ = 0,05. R2 = 2 ×$(0,05 \times 300 \times 75)^{1/2}$ / (1 – 0,05) = 70,61 Ω; R3 = (1 + 0,05) × 75 / (1 – 0,05) – 70,76 = 12,28 Ω; R1 = (1 + 0,05) × 300 / (1 – 0,05) – 70,76 = 260,8 Ω.

94. K = $10^{-13/10}$ = $10^{-1,3}$ = 0,05. R2 = 2 × 75 × $0,05^{1/2}$ / (1 – 0,05) = 35,3 Ω; R1 = R3 = [75 × (1 + 0,05) / (1 – 0,05) – 35,4] = 47,6 Ω.

95. Da Tabela 4.6 ou da Equação 32, tem-se que R1 = R3 = 8,55 Ω e R2 = 141,9 Ω.

96. Considerando que a atenuação total de um circuito em cascata é a soma das atenuações de cada circuito, um atenuador de 13 dB pode ser construído com um atenuador de 3 dB em cascata com um atenuador de 10 dB, conforme mostra a figura a seguir.

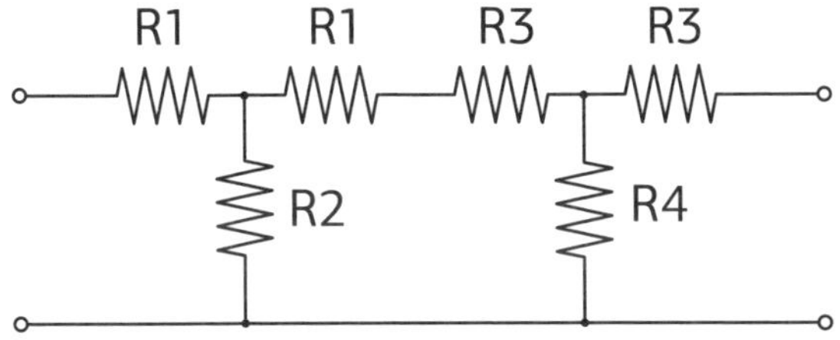

FIGURA 4.54: ATENUADOR.

A estrutura R1, R2 e R1 faz parte do atenuador de 3 dB. A estrutura R3, R4 e R3 faz parte do atenuador de 10 dB. O atenuador de 10 dB poderia igualmente ser colocado em primeiro e o atenuador de 3 dB em seguida sem alterar o resultado final de atenuação total. Especial atenção deve ser dirigida à especificação de potência de dissipação máxima dos resistores e a potência aplicada. Para essa configuração, os valores dos resistores são:

R1 = 8,55 Ω; R2 = 141,9 Ω; R3 = 25,97 Ω; R4 = 35,14 Ω.

97. $P_o = 0{,}1 \times P_i$. Atenuação = $10 \times \log_{10}(0{,}1 \times P_{in} / P_{in}) = -10$ dB.
O valor da atenuação a ser introduzida pelo atenuador é 10 dB.

98. $P_o = 0{,}9 \times P_i$. Atenuação = $10 \times \log_{10}(0{,}9 \times P_{in} / P_{in}) = -0{,}46$ dB.
O valor da atenuação a ser introduzida pelo atenuador é 0,46 dB.

99. Atenuação = $20 \times \log_{10}(0{,}1 \times V_{in} / V_{in}) = -20$ dB.
O valor da atenuação a ser introduzida pelo atenuador é 20 dB.

100. Atenuação = $20 \times \log_{10}(0{,}9 \times V_{in} / V_{in}) = -0{,}91$ dB.
O valor da atenuação a ser introduzida pelo atenuador é 0,91 dB.

101. Atenuação = $20 \times \log_{10}(0{,}2 \times V_{in} / V_{in}) = -13{,}98$ dB.
O valor da atenuação a ser introduzida pelo atenuador é 13,98 dB.

102. Atenuação = $10^{-10/20} = 0{,}316$. Tensão de saída = Tensão de entrada × Atenuação = 50 mV × 0,316 = 15,8 mV.

103. Atenuação = $10^{-20/20} = 0{,}1$. Tensão de saída = Tensão de entrada × Atenuação = 50 mV × 0,1 = 5 mV.

104.

a) Valor do atenuador = 15 dBm – (–20 dBm) = 35 dB.

R1 = R3 = 48,25 Ω;

R2 = 1,78 Ω;

b) $f_{portadora}$: 4,200 GHz; $P_{portadora}$: –30 dBm;

$f_{espúrio}$: 4,205 GHz; $P_{espúrio}$: –60 dBm.

Ref level: -20 dBm Step: 10 dB

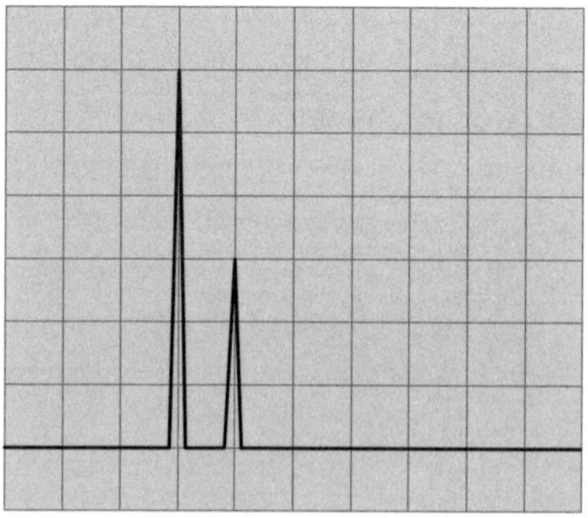

Center freq: 4,210 GHz Span: 50 MHz

FIGURA 4.55: ANALISADOR DE ESPECTRO.

105. R1 = R3 = 25,97 Ω; R2 = 35,14 Ω; P1 = 520 mW; P2 = 330 mW; P3 = 50 mW.

106. R1 = R3 = 46,93 Ω; R2 = 3,16 Ω; P1 = 940 mW; P2 = 60 mW; P3 = 0,9 mW.

107. R1 = R3 = 46,93 Ω; R2 = 3,16 Ω; P1 = 9,39 W; P2 = 590 mW; P3 = 10 mW.

108. R1 = R3 = 46,93 Ω; R2 = 3,16 Ω; P1 = 93,87 W; P2 = 5,94 W; P3 = 9 mW.

109. R1 = 86,43 Ω @ 13,02 W, utilizam-se 86,6 Ω; R2 = 527,05 Ω @ 1,66 W, utilizam-se 523 Ω; R3 = 86,43 Ω @ 0,07 W, utilizam-se 86,6 Ω.

110. R1 = 78,43 Ω @ 47,81 W, utilizam-se 82 Ω; R2 = 1.674,22 Ω @ 1,75 W, utilizam-se 1.800 Ω; R3 = 78,43 Ω @ 0,02 W, utilizam-se 82 Ω.

111. O valor do indutor é definido por L = R / (2 × π × 1.000) = 8 / (2 × π × 1.000) = 1,27 mH. A curva de resposta pode ser vista na Figura 4.27.

112. O valor do indutor é definido por L = R / (2 × π × 100 × 10^6) = 50 / (2 × π × 10^8) = 79,6 nH.

113. A frequência de corte é definida por: $1 / (2 \times \pi \times 0{,}15 \times 10^{-3}) =$ 1.061 Hz ou 1,06 kHz.

O módulo da função de transferência é definido por: $|v_o/v_i)| = 1 / [1 + (1.061 / 1.061)^2]^{1/2} = 0{,}707$.

O módulo da tensão de saída é definido por:
$|v_o| = 0{,}707 \times |v_i| = 0{,}707 \times 10$ mV = 7,07 mV.

A relação em dB é definida por $20 \times \log_{10}|v_o/v_i| = 20 \times \log_{10}(0{,}707) =$ −3 dB, ou seja, uma atenuação de 3 dB. Esse é o motivo pelo qual a frequência "f_c" é também chamada de frequência de 3 dB: porque nesta frequência o circuito introduz uma atenuação de potência igual a 3 dB.

114. O módulo da função de transferência de tensão é definido por: $|v_o/v_i| = 1 / [1 + (2.122 / 1.061)^2]^{1/2} = 0{,}4472$.

O módulo da tensão de saída é definido por:
$|v_o| = 0{,}4472 \times |v_i| = 0{,}4472 \times 10$ mV = 4,472 mV.

A relação em dB é definida por $20 \times \log_{10}|v_o/v_i| = 20 \times \log_{10}(0{,}4472) =$ −7 dB, ou seja, uma atenuação de 7 dB.

115. O módulo da função de transferência é definido por: $| v_o/v_i| = 1 / [1 + (10.610 / 1.061)^2]^{1/2} = 0{,}0995$.

O módulo da tensão de saída é definido por:
$|v_o| = 0{,}0995 \times |v_i| = 0{,}0995 \times 10$ mV = 995 μV.

A relação em dB é definida por $20 \times \log_{10}|v_o/v_i| = 20 \times \log_{10}(0{,}0995) =$ −20 dB, ou seja, uma atenuação de 20 dB. Como essa frequência é 10 vezes maior que a frequência de corte, diz-se que a malha tem uma atenuação característica de 20 dB/década (leiam-se 20 dB por década).

116. O gráfico do módulo da função de transferência (curva de resposta) de tensão está mostrado na figura a seguir. O eixo das abscissas é o eixo das frequências. O eixo das coordenadas é obtido de $20 \times \log_{10}(|v_o/v_i|)$. É usado 20 vezes porque é uma relação de tensão, v_o/v_i.

A frequência de corte do filtro é definida por $1 / (2 \times \pi \times R \times C) =$ 100 Hz. Esse gráfico é a representação da Equação 4.70.

Cada década equivale a multiplicar por 10. Três décadas equivalem a multiplicar-se por 10 × 10 × 10 = 1.000 vezes a frequência de referência, ou seja, a frequência limite do gráfico é igual a 1.000 × 100 Hz = 105 Hz. O gráfico cobre a faixa de 1 Hz até 100 kHz, uma largura de cinco décadas no total. Duas décadas abaixo da frequência de corte e três décadas acima. Observa-se a inclinação da curva após a frequência de corte. Cada vez que a frequência de operação aumenta dez vezes, a atenuação correspondente aumenta 20 dB. Por isso, diz-se que esse circuito apresenta uma variação de atenuação de 20 dB por década ou –20 dB/década. As frequências altas, acima da frequência de corte, são cada vez mais atenuadas. Na frequência de corte, a atenuação é de 3 dB.

Na prática, os circuitos reais não apresentam o comportamento previsível da figura a seguir. Vale ressaltar que as capacitâncias parasíticas diminuem a atenuação fora da banda.

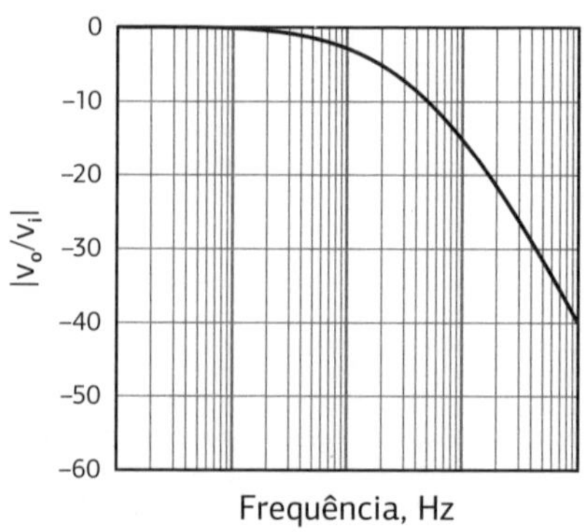

FIGURA 4.56 – CURVA DE RESPOSTA.

117. O valor do capacitor é definido por: C = 1 / (2 × π × 8 × 10^3) = 19,9 μF.

118. O valor do capacitor é definido por: C = 1 / (2 × π × 50 × 10^8) = 31,8 pF.

119. O valor do indutor é definido por: L = 1 / [C × (2 × π × f)^2] = 1 / [220 × 10^{-6} × (2 × π × 1.000)^2] = 115,1 μH.

120. O valor do indutor é definido por: $L = 1 / [C \times (2 \times \pi \times f)^2] = 1 / [220 \times 10^{-12} \times (2 \times \pi \times 10^8)^2] = 11{,}51$ nH.

121. O valor do indutor é definido por: $L = 1 / [C \times (2 \times \pi \times f)^2] = 1 / [22 \times 10^{-3} \times (2 \times \pi \times 60)^2] = 319{,}8$ µH.

122. O valor do indutor é definido por: $L = 1 / [C \times (2 \times \pi \times f)^2] = 1 / [22 \times 10^{-9} \times (2 \times \pi \times 3{,}58 \times 10^6)^2] = 89{,}8$ nH.

123. O valor do indutor é definido por: $L = 1 / [C \times (2 \times \pi \times f)^2] = 1 / [220 \times 10^{-12} \times (2 \times \pi \times 10^8)^2] = 11{,}5$ nH.

124. Substituindo pelos valores dados, tem-se que:
$n = (35 - 15) / [20 \times \log_{10}(8.000 / 2.000)] = 1{,}6$.

Adota-se o valor inteiro imediatamente superior. Logo, para a resposta de atenuação fornecida, será necessário utilizar-se um filtro de segunda ordem.

125. $n = (30 - 3) / [20 \times \log_{10}(350 / 100)] = 2{,}48$.
Será necessário um filtro de terceira ordem para atender-se à especificação de corte.

126. $N = 25 / [20 \times \log_{10}(250 / 108)] = 3{,}4$.
Será necessário um filtro de quarta ordem para atender-se à especificação de corte.

127. $A_{f,i,dB} = A_{f,s,dB} - n \times 20 \times \log_{10}(fs / fi) = 42 - 3 \times 20 \times \log_{10}(8 / 2) = 5{,}9$ dB. A atenuação do filtro é igual a 5,9 dB.

128. $A_{f,s,dB} = n \times 20 \times \log_{10}(f_s / f_i) + A_{f,i,dB} = 3 \times 20 \times \log_{10}(18 / 6) + 12$ dB $= 40{,}6$ dB.

Na frequência de 18 kHz, a atenuação desse filtro é igual a 40,6 dB.

129. C1 = 4,9 µF; L2 = 159,1 µH; C3 = 4,9 µF.

130.

a) A ordem mínima do filtro é definida por:
$n = (28 - 3) / [20 \times \log_{10}(216 / 108)] = 4{,}15$.

Será utilizada uma estrutura de quinta ordem, cujo circuito é mostrado na Figura 4.37, com os seguintes valores dos componentes:

$L1 = L5 = (50 \times 6{,}18) / (2 \times \pi \times 108 \times 10^6) = 45{,}53$ nH;
$L3 = (50 \times 2) / (2 \times \pi \times 108 \times 10^6) = 147{,}4$ nH;
$C2 = C4 = 1{,}618 / (2 \times \pi \times 108 \times 10^6 \times 50) = 47{,}73$ pF.

b) A atenuação na frequência de 200 MHz para o filtro PB de quinta ordem com frequência de corte (3 dB) em 108 MHz, é definida por: $A{,}dB = [5 \times 20 \times \log_{10}(200 / 108)] + 3\ dB = 29{,}76$ dB.

A atenuação em 200 MHz é de 29,76 dB, logo o filtro montado não atende à especificação de atenuação.

131. Uma relação sinal-ruído de 17 dB equivale a $10^{17/10} = 50$.
A capacidade máxima do canal é definida por: $C = 200 \times 10^3 \times \log_2(1 + 50) = 200 \times 10^3 \times \log_2(51) = 200 \times 10^3 \times \log_{10}(51) / \log_{10}(2) = 200 \times 10^3 \times \log_{10}(51) / 0{,}30103 = 200 \times 10^3 \times 1{,}70757 / 0{,}30103 = 1{,}1345 \times 10^6$ bps = 1,1345 Mbps.

132. Uma relação sinal-ruído de 14 dB equivale a $10^{14/10} = 25{,}1$.
Assim, $512 \times 10^3 = BW \times \log_2(1 + 25{,}1) = BW \times \log_2(26{,}1) = BW \times \log_{10}(26{,}1) / \log_{10}(2)$, e assim $BW = 512 \times 10^3 \times \log_{10}(2) / \log_{10}(26{,}1) = 108{,}93 \times 10^3$ Hz = 108,93 kHz.

133. $50.000 = 20.000 \log_2(1 + S / N)$, logo $2{,}5 = \log_2(1 + S/N)$. Assim, $1 + S / N = 22{,}5$, logo $S/N = 2^{2{,}5} - 1 = 5{,}657$. A relação sinal-ruído mínima é igual a 5,66. A relação sinal-ruído é geralmente expressa em dB. Assim, $(S / N)dB = 10 \times \log_{10}(S / N) = 10 \times \log_{10}(5{,}66) = 7{,}5$ dB.

134. $S / N = 2^4 - 1 = 15$ ou 11,76 dB.

135. $S / N = 10^{17/10} = 10^{1{,}7} = 50{,}1$. Assim: $50{,}1 = 2^\eta - 1$, em que $\eta = C/BW$ (eficiência espectral). Fazendo-se $\log_{10}(51{,}1) = \eta \times \log_{10}(2)$, tem-se que $\eta = C / BW = 5{,}68$ bps/Hz.

136. $S / N = 10^{18/10} = 10^{1{,}8} = 63{,}1$. Assim: $63{,}1 = 2^\eta - 1$, onde $\eta = C / BW$ (eficiência espectral). Fazendo-se $\log_{10}(63{,}1) = \eta \times \log_{10}(2)$, tem-se que $\eta = C/BW = 6$ bps/Hz, logo $C = 6 \times 300 \times 10^3 = 1{,}8$ Mbps.

137. $S / N = 10^{37/10} = 10^{3{,}7} = 5.012$. Assim: $5.012 = 2^\eta - 1$, onde $\eta = C / BW$ (eficiência espectral). Fazendo-se $\log_{10}(5.012) = \eta \times \log_{10}(2)$, tem-se que $\eta = C / BW = 12{,}29$ bps/Hz, logo $BW = 270 \times 10^3 / 12{,}29 = 21{,}97$ kHz.

138. Autoinformação do símbolo $I_A = \log_2(1 / 0{,}3) = \log_{10}(1 / 0{,}3) / \log_{10}(2) = 1{,}737$ bit.
Autoinformação do símbolo $I_B = \log_2(1 / 0{,}7) = \log_{10}(1 / 0{,}7) / \log_{10}(2) = 0{,}5146$ bit.

139. Autoinformação do símbolo $IA = \log_2(1 / 0{,}1) = \log_{10}(1 / 0{,}1) / \log_{10}(2) = 3{,}32$ bits.
Autoinformação do símbolo $IB = \log_2(1 / 0{,}9) = \log_{10}(1/ 0{,}9) / \log_{10}(2) = 0{,}15$ bit.

140. Se os símbolos são equiprováveis, tem-se $P(A) = P(B) = 0{,}5$.
Autoinformação do símbolo $I_A = \log_2(1 / 0{,}5) = \log_{10}(1 / 0{,}5) / \log_{10}(2) = 1$ bit.
Autoinformação do símbolo $I_B = \log_2(1/0{,}5) = \log_{10}(1/ 0{,}5) / \log_{10}(2) = 1$ bit.

141. A EIRP é definida por: $P_{t,dBW} + G_{t,dBi} + A_{i,dB}$, em que $\boldsymbol{P_{t,dBW}}$ é a potência de saída do transmissor, expressa em dBW; $\boldsymbol{G_{t,dBi}}$ é o ganho da antena transmissora expresso em dBi; e $\boldsymbol{A_{i,dB}}$ é o somatório das perdas por instalação. Assim, $EIRP_{dBW} = 10 \times \log_{10}(100) + 6$ dBi – 1,8 dB = 20 dBW + 6 dBi – 1,8 dB = 24,2 dBW ≡ $10^{24,2/10} = 263$ W.

142. $EIRP_{dBW} = 10 \times \log_{10}(100) + 4$ dBi – 1,8 dB = 20 dBW + 4 dBi – 1,8 dB = 22,2 dBW ≡ 1022,2/10 = 166 W.

143. $EIRP_{dBW} = 10 \times \log_{10}(100) + 2$ dBi – 1,8 dB = 20 dBW + 2 dBi – 1,8 dB = 20,2 dBW ≡ $10^{20,2/10} = 104{,}7$ W. $S_{W/m^2} = 104{,}7 / (4 \times \pi \times 20^2) = 0{,}0208$ W/m².

144. $A_{o,dB} = 92{,}4 + 20 \times \log_{10}(1{,}2) + 20 \times \log_{10}(1{,}8) = 92{,}4 + 1{,}58 + 5{,}1 = 99{,}1$ dB. A perda por espaço livre é 99,1 dB.

145. $A_{o,dB} = 92{,}4 + 20 \times \log_{10}(37.800) + 20 \times \log_{10}(12) = 92{,}4 + 91{,}55 + 21{,}6 = 205{,}6$ dB. A perda por espaço livre é 205,6 dB.

146. $A_{o,dB} = 92{,}4 + 20 \times \log_{10}(37.800) + 20 \times \log_{10}(6) = 92{,}4 + 91{,}55 + 15{,}56 = 199{,}5$ dB. A perda por espaço livre é 199,5 dB.

147. $A_{o,dB} = 92{,}4 + 20 \times \log_{10}(0{,}03) + 20 \times \log_{10}(2{,}4) = 92{,}4 - 30{,}45 + 7{,}6 = 69{,}6$ dB. A perda por espaço livre é 69,6 dB.

148. $A_{o,dB}$ = 92,4 + 20 × $\log_{10}$(2,4 × 0,3) = 89,6 dB. A perda por espaço livre é de 89,6 dB.

149. Cálculo da atenuação por espaço livre:
$A_{o,dB}$ = 92,4 + 20 × $\log_{10}$(1,2) + 20 × $\log_{10}$(1,8) = 99,1 dB.

Cálculo do somatório das atenuações:
$\Sigma A_{,dB} = A_{o,dB} + A_{cabos,dB} + A_{conectores,dB}$ = 99,1 dB + 1,2 dB + 1,8 dB = 102,1dB (na verdade, –102,1 dB).

Cálculo do somatório dos ganhos:
$\Sigma G_{,dB} = G_{,antena\ TX,dB} + G_{,antena\ RX,dB}$ = 12 dB + 2 dB = 14 dB.

Equação do equilíbrio de potência:
$P_{r,dBm} = P_{t,dBW} + \Sigma G_{,dB} + \Sigma A_{,dB} - M_{,dB}$ + 30 dB = 13 dBW + 14 dB - 102,1 dB - 6 dB + 30 dB = -51,1 dBm.

A intensidade do sinal recebido é de –51,1 dBm.

150. Cálculo da atenuação por espaço livre:
$A_{o,dB}$ = 92,4 + 20× $\log_{10}$(1,2) + 20 × $\log_{10}$(37) = 125,4 dB.

Cálculo do somatório das atenuações:
$\Sigma A_{,dB} = A_{o,dB} + A_{excesso\ ao\ espaço\ livre,dB} + A_{cabos,dB} + A_{conectores,dB}$ = 125,4 dB + 18 dB + 0,2 dB + 1,2 dB = 144,6 dB (na verdade, –144,6 dB).

Cálculo do somatório dos ganhos:
$\Sigma G_{,dB} = G_{,antena\ TX,\ dB} + G_{,antena\ RX,\ dB}$ = 25 dB + 23 dB = 48 dB.

Equação do equilíbrio de potência:
$P_{r,dBm} = P_{t,dBW} + \Sigma G_{,dB} + \Sigma A_{,dB} - M_{,dB}$ + 30 dB = 3 dBW + 48 dB - 144,6 dB - 6 dB + 30 dB = - 69,6 dBm.

O sinal recebido é de –69,6 dBm.

151. Do Anexo 1, tem-se que a atenuação característica do cabo coaxial RG-58 C/U na frequência de 20 MHz é de 2,1 dB / 30,48 m.
A atenuação de um trecho de 10 m é de 0,69 dB. Assim, $P_{saída,dBW} = P_{transmissor,dBW}$ + Atenuação do $cabo_{,dB}$ + Ganho da $antena_{,dBi}$ = 10 × $\log_{10}$(40) - 0,69 dB + 12 dB = 16 dBW - 0,69 dB + 12 dB = 27,31 dBW ou $10^{27,31/10}$ = 538 W.

152. Do Anexo 1, tem-se que a atenuação característica do cabo coaxial RG-58 C/U na frequência de 900 MHz é 20 dB / 30,48 m. A atenuação de um trecho de 20 m é 13,1 dB. $P_{saída,dBW}$ = $P_{transmissor,dBW}$ + Atenuação do $cabo_{,dB}$ + Ganho da $antena_{,dBi}$ = 10 × $\log_{10}(20)$ - 13,1 dB + 18 dB = 13 dBW - 13,1 dB + 18 dB = 17,9 dBW ou $10^{17,9/10}$ = 61,7 W.

153. Do Anexo 1, tem-se que a atenuação característica do cabo coaxial RG-58 C/U na frequência de 2,2 GHz é 39 dB / 30,48 m. A atenuação de um trecho de 2 m é 2,6 dB. $P_{saída,\ dBW}$ = $P_{transmissor,\ dBW}$ – Atenuação do $cabo_{,dB}$ + Ganho da $antena_{,dB}$ = 10 ×$\log_{10}(2)$ - 2,6 dB + 28 dB = 3 dBW - 2,6 dB + 28 dB = 28,4 dBW ou $10^{28,4/10}$ = 691,8 W.

154. Cálculo da atenuação por espaço livre:
$A_{0,dB}$ = 92,4 dB + 20 × $\log_{10}(f_{GHz})$ + 20 × $\log_{10}(d_{km})$ = 92,44 + 20 × $\log_{10}(4)$ + 20 × $\log_{10}(20)$ = 92,4 dB + 12 dB + 13 dB = 117,4 dB.

Cálculo da atenuação total:
$A_{total,dB}$ = 117,4 dB + 10 dB = 127,4 dB (na verdade, –127,4 dB).

Cálculo da equação do equilíbrio de potência:
$P_{r,dBm}$ = $P_{t,dBW}$ + ΣG_{dB} + ΣA_{dB} = 10 × $\log_{10}$(1 W / 1 W) + 2 × 20 dB - 121,4 dB = 10 × $\log_{10}(1)$ + 2 × 20 dB - 127,44 dB = 0 dB + 40 dB - 127,4 dB = -87,4 dBm.

Assim, o nível de sinal na entrada do receptor é de –87,4 dBm.

155. Cálculo da atenuação por espaço livre:
$L_{o,dB}$ = 92,4 + 20 × $\log_{10}(6)$ + 20 × $\log_{10}(38100)$ = 153,8 dB.

Cálculo da atenuação total:
At_{dB} = 153,8 + 12 = 165,8 dB.
Na Figura 4.40, observa-se que a EIRP no Rio de Janeiro é de 36 dBW.

Cálculo da potência do sinal recebido:
$P_{r,dBm}$ = $P_{erp,dBW}$ + $G_{r,dB}$ + $At_{,dB}$ + 30 dB = 36 dBW + 22 dB – 165,8 dB + 30 = –77,8 dBm. O sinal recebido é de –77,8 dBm.

156. No obstáculo, o raio da primeira zona de Fresnel é de 6 m. $\Delta h/R_F$ = –9/6 = –1,5 (enlace obstruído, a relação é negativa), o que corresponde a uma atenuação por obstáculo igual a 19 dB. Da equação do equilíbrio de potência, tem-se que: -75 dBm = 30 dBW + 28 dBi – 92,4 dB – 20 × $\log_{10}(13{,}333 \times 10)$ – 19 dB – MdB + 30 dB. Logo a margem M é igual a 9,1 dB, o que leva a uma confiabilidade do enlace superior a 50%.

157. $R_F = 17{,}32 \times [(3 \times 2) / (4 \times 5)]^{1/2} = 9{,}5$ m. A liberação é de 0,6 × 9,5 m = 5,7 m. A altura máxima do obstáculo é de 100 m – 5,7 m = 94,3 m.

158. Atenuação por espaço livre = $L_{0,dB} = 92{,}4 + 20\log_{10}(14 \times 1{,}8) =$ 120,43 dB. $\Delta h/R_F = -1$ (enlace obstruído), logo a atenuação por obstrução é igual a 16 dB. O somatório das atenuações é igual a $\sum At_{dB}$ = 120,43 dB + 4,5 dB + 16,8 dB = 141,73 dB. Cálculo da potência recebida: Pr,dBm = 15 dBW + 12 dB – 141,73 dB + 30 dB = – 84,73 dB.

159. 30° e 11 dB, respectivamente.

160. G = 11.058,4 ≡ 40,4 dBi.

161. P = 10 × $\log_{10}(1)$ + 40,4 dBi = 0 dBW + 40,4 dB = 40,4 dBW ≡ 11,06 kW.

162. O ganho total do conjunto, desprezando eventuais perdas, é de 15 dBi.

163. O ganho máximo total do conjunto, desprezando eventuais perdas do combinador, é igual a 18 dBi.

164. Inicialmente converte-se o ganho da antena em dBi para relação de potências: $G = 10^{GdB/10} = 10^{28/10} = 10^{2,8} = 631$. Tem-se ainda que: f = 14 GHz e ρ = 0,6. Substituindo-se na Equação 4.87, tem-se que d = $95{,}5 \times 10^{-3} \times (631/0{,}6)^{1/2} / 14 = 0{,}2212$ m. O diâmetro da antena é de 22 cm.

165. $G_{dB} = 40$ dB $= 10^4 = 10.000$; $f_{GHz} = 4$ GHz; ρ = 0,69. Substituindo-se pelos valores do exercício anterior, tem-se que d = 2,96 m.

166. A atenuação introduzida pelo cabo é calculada por: $A_{,dB} = 10 \times \log_{10}(2 / 10) = -7$dB. Diz-se que a atenuação é de 7 dB.

167. Na saída do cabo, tem-se um sinal cuja potência é igual a $P_{saída,dBm} = A_{,dB} + P_{entrada,\,dBm} = -7$ dB + 10 dBm = 3 dBm ou, equivalentemente, $10^{3/10} = 1{,}9953$ mW, arredondando-se: 2 mW.

168. Na entrada do cabo, a potência é igual a $P_{entrada,dBm} = P_{saída,dBm} - A_{,dB}$ = 10 dBm – (-3 dB) = 13 dBm ou, equivalentemente, $10^{13/10}$ = 19,95 mW, arredondando-se: 20 mW.

169. Na entrada do cabo, a potência é igual a $P_{entrada,dBm} = P_{saída,dBm} - A_{,dB}$ = 10 × $\log_{10}(100)$ – (– 3 dB) = 20 dBm + 3 dB = 23 dBm ou, equivalentemente, $10^{23/10}$ = 200 mW.

170. Do Anexo 1, a atenuação característica em 20 MHz é igual a 6,56 dB / 100 m. A atenuação em 10 m de cabo é igual a (6,56 dB / 100 m) × 10 m = 0,66 dB.

171. Do Anexo 1, a atenuação característica em 900 MHz é igual a 65,6 dB / 100 m. A atenuação em 20 m de cabo é igual a (65,6 dB / 100 m) × 20 m = 13,1 dB.

172. Do Anexo 1 a atenuação característica em 2.200 MHz é igual a 131,2 dB / 100 m. A atenuação em 8 m de cabo é igual a (131,2 dB / 100 m) × 8 m = 10,5 dB.

173. Uma atenuação característica de 3,4 dB / 100 pés equivale a 3,4 dB / 30,48 m. Para um segmento de 25 m de cabo, a atenuação introduzida pelo cabo é igual a 25 m × 3,4 dB / 30,48 m = 2,79 dB. A potência de saída é definida por $P_{saída}$ = –40 dBW – 2,79 dB = –42,79 dBW ≡ –12,79 dBm.

174. Do Anexo 1, tem-se que a atenuação característica do cabo RG-58 na frequência de 20 MHz é igual a 2 dB / 100 pés ou 2 dB / 30,48 m. Um segmento de 10 m desse cabo, na frequência de 20 MHz, introduz uma atenuação de 0,66 dB (–0,66 dB). A potência de saída é definida por: $P_{saída,dBW} = P_{transmissor,dBW}$ + Atenuação do $cabo_{,dB}$ = 10 × $\log_{10}(40)$ – 0,66 dB = 16 dBW – 0,66 dB = 15,34 dBW ou $10^{15,34/10}$ = 34,2 W. Equivalentemente, é possível converter uma atenuação de 0,66 dB para uma relação percentual de 0,859 e a potência de saída é definida por 40 W × 0,859 = 34,4 W. A diferença entre os dois resultados deve-se às aproximações no cálculo dos logaritmos.

175. $P_{saída,dBW} = P_{transmissor,dBW}$ + Atenuação do $cabo_{,dB}$ = 10 × $\log_{10}(20)$ – 0,66 dB = 13 dBW – 13,1 dB = – 0,1 dBW ou $10^{-0,1/10}$ = 0,97 W ou 970 mW.

176. $P_{saída,dBW} = P_{transmissor,dBW}$ + Atenuação do $cabo_{,dB}$ = 10 × $\log_{10}(4)$ - 10,5 dB = 6 dBW - 10,5 dB = - 4,5 dBW ou $10^{4,5/10}$ = 0,35 W ou 350 mW.

177. Atenuação característica do cabo = 10 dB/100 m. Atenuação do comprimento total referente ao cabo = 10 × (4 + 3 + 1) = 80 dB. Atenuação total do cabo e dos divisores = 80 dB + 3,2 dB + 12 dB = 95,2 dB. Potência de sinal entregue ao assinante = - 63 dBW + 85 dB - 95,2 dB = -73,2 dBW.

Essa potência é equivalente a 4,79 × 10^{-8} W, que sobre 75 Ω leva a uma tensão igual a 1,9 mV ou equivalente a 5,6 dBmV, inferior ao nível especificado e que não atende à norma.

178. Do Quadro 4.14, obtém-se que a atenuação característica do cabo RG-06 na frequência de 550 MHz é igual a 16,1 dB. A atenuação de um segmento de 20 m de cabo é definida por $At_{,cabo,dB}$ = 16,1 dB / 100 m × 20 m / 100 m = 3,22 dB. A tensão de saída é definida por $U_{saída,dBmV}$ = 20 dBmV – 3,22 dB – 3 dB = 13,78 dBmV, ou, equivalentemente, $10^{13,78/20}$ = 4,89 mV.

Essa tensão sobre 75 Ω (impedância característica dos cabos de RF de vídeo) equivale a uma potência de $(4,89 \times 10^{-3})^2$ / 75 = 3,19 × 10^{-7} W, o equivalente a 10 × $\log_{10}(3,19 \times 10^{-4})$ = –35 dBm.
A afirmação do instalador está incorreta.

179. Atenuação do cabo = 0,28 dB. Potência de saída = 30 dBm – 0,28 dB = 29,72 dBm, equivalente a 937,6 mW.

Essa potência sobre 75 Ω fornece uma tensão de V = $(937,6 \times 10^{-3} \times 75)^{1/2}$ = 8,39 V, equivalente a 20 × $\log_{10}(8,39 \times 10^3)$ = 78,5 dBmV.
A afirmação está incorreta.

180. No enlace, é considerado o somatório dos ganhos igual a 0 (não há amplificadores).

Cálculo da atenuação total do enlace:
ΣA,dB = Atenuação da fibra, dB + Atenuação por conectores, dB + Atenuação por emendas, dB = 0,5 dB/km × 2,5 km + 0,5 dB + 0,6 dB = 1,25 dB + 0,5 dB + 0,6 dB = 2,35 dB (–2,35 dB).

Cálculo da potência do sinal no ponto considerado:
$P_{r,dBm} = P_{t,dBm} + \Sigma G_{,dB} + \Sigma A_{,dB} = -15$ dBm – 2,35 dB = –17,35 dBm.

Assim, a potência do sinal no ponto considerado é de –17,35 dBm.

181. No enlace, é considerado o somatório dos ganhos igual a 0 (não há amplificadores).

Cálculo da atenuação total do enlace: ΣA_{dB} = Atenuação da fibra, dB + Atenuação por conectores, dB + Atenuação por emendas, dB = 1,25 dB + 0,5 dB + 0,6 dB = 2,35 dB (–2,35 dB).

Cálculo da potência do sinal no ponto considerado:
$P_{r,dBm} = P_{t,dBm} + \Sigma G_{,dB} + \Sigma A_{,dB} = 0$ dBm – 2,35 dB = –2,35 dBm.

Assim, a potência do sinal no ponto considerado é de –2,35 dBm.

182. Cálculo da distância máxima sem amplificador:
–30 dBm = 0 dBm + 0 dB – (0,5 × d_{km}) – 5 × 0,1 dB – 2 × 0,5 dB – 6 dB.
22,5 = 0,5 × d_{km}, logo d_{km} = 45 km.

Assim, a distância máxima de enlace é de 45 km.

183. Perdas por enlace = 4 dB/km × 0,4 km = 1,6 dB.
Perdas por conectores = 2 × 0,5 dB = 1,0 dB.
Somatório das atenuações = 1,6 dB + 1,0 dB = 2,6 dB (–2,6 dB).

Substituindo pelos valores fornecidos e calculados, tem-se que:
–30 dBm = –15 dBm – 2,6 dB – MdB.
Logo a margem de segurança do sistema é M = 12,4 dB.

184. Equação de equilíbrio de potência do enlace:
$P_{r,dBm} = P_{t,dBm} + \Sigma A_{dB} - M_{dB}$.

– 50 dBm = – 2 dBm – 0,8 dB/km × d_{km} – 6 dB – 2 dB. Logo d = 50 km.
Assim, serão necessários dois repetidores para o enlace de 130 km.

185. Atenuação do segmento, dB = Atenuação característica, dB/km × Comprimento do trecho, km = 0,5 dB / km × 2,5 = 1,25 dB.
A atenuação do trecho é de 1,25 dB, o que corresponde a multiplicar o sinal de entrada por $10^{-1,25/10}$ = 0,749 ou 74,9%.

186. Atenuação total do trecho = 0,4 × (1,5 + 2,0 + 0,5) + 2 × 0,75 + 2 × 0,2 = 1,6 dB + 1,5 dB + 0,4 dB = 3,5 dB. Potência na extremidade da fibra = - 20 dBm – 3,5 dB = –23,5 dBm. Sim, atende. O nível mínimo é atendido. A margem é igual a –23,5 dBm –(- 25 dBm) = 1,5 dB.

187. $P_{n,dBm} = -144 + 10 \times \log_{10}(4) = -138$ dBm. A potência média de ruído térmico disponível em um canal de voz telefônico na temperatura de 300 K é de -138 dBm.

188. $P_{n,dBm} = -144 + 10 \times \log_{10}(200) = -121$ dBm. A potência média de ruído térmico disponível em um canal GSM na temperatura de 300 K é de -121 dBm.

189. $Pn = -168{,}6$ dBm $+ 10 \times \log_{10}(T_K) + 10\times \log_{10}(BW_{kHz}) = -168{,}6$ dBm $+ 10 \times \log_{10}(1.500) + 10\times \log_{10}(200) = -168{,}6$ dBm + 31,8 dB + 23 dB = -113,8 dBm. A potência média de ruído térmico disponível em um canal com 200 kHz de largura de banda na temperatura de ruído de 1.500 K é de -113,8 dBm.

190. $P_{n,dBm} = -144 + 10 \times \log_{10}(200) + 12$ dB = - 121 dBm + 12 dB = -109 dBm. A potência média de ruído térmico é igual a -109 dBm.

191. $SNR_{entrada,dB}$ = -85 dBm – (- 123 dBm) = - 85 dBm + 123 dBm = 38 dB. A relação sinal-ruído é adimensional e geralmente expressa em dB.

192. Considerando-se que a relação sinal-ruído é uma relação de potências, tem-se que: $SNR_{dB} = 20 \times \log_{10}(V_{sinal,V} / V_{ruído,V})$.

Em que:
$V_{sinal,V}$: amplitude do sinal, expressa em V; e
$V_{ruído,V}$: amplitude do ruído, expressa em V.

Assim:
$SNR_{dB} = 20 \times \log_{10}(V_{sinal,V} / V_{ruído,V}) = 20 \times \log_{10}(20 \times 10^{-6}\ V / 0{,}1 \times 10^{-6}\ V) = 46$ dB

A relação sinal-ruído de entrada é de 26 dB.

193. $SNR_{saída,dB} = SNR_{entrada,dB} - NF_{dB}$ = 38 dB – 12 dB = 26 dB. A relação sinal-ruído de saída em um amplificador analógico é sempre menor que a relação sinal-ruído de entrada. A degradação é igual à figura de ruído do amplificador, nesse caso, 12 dB.

194. $SNR_{entrada\ mínima,dB}$ = 48 dB + 17 dB = 65 dB. Assim, para atender-se ao requisito de 48 dB de relação sinal-ruído na saída do amplificador, é necessária uma relação sinal-ruído de entrada mínima de 65 dB.

195. A sensibilidade desse equipamento é igual a – 123 dBm – 10 dB = –133 dBm.

196. Cálculo da potência de ruído térmico:
$P_{n,\ dBm}$ = - 144 + 10 × $\log_{10}(200)$ = -121 dBm.

Cálculo da potência mínima de recepção:
$S_{mín,dBm}$= $P_{n,dBm}$+ $N_{exc,dB}$ + NF_{dB} + $SNR_{mín,dB}$ + M_{dB} = - 121 dBm+ 12 dB + 15 dB + 17 dB + 6 dB = -71 dBm. Para a operação no grau de serviço e na confiabilidade especificada, a potência mínima do sinal recebido deve ser de –71 dBm.

197. TOE = (1 + 0,3) / (1 – 0,3) = 1,857. O valor da relação de onda estacionária é de 1,857.

198. TOE = (1 + 0,3) / (1 – 0,3) = 1,857. O valor da relação de onda estacionária é de 1,857. Observe que o valor utilizado é o módulo. Por isso, é obtido o mesmo valor do Exercício 197.

199.

a) ρ = (100 – 50) / (100 + 50) = 1/3; e

b) TOE = (1 + 1/3) / (1 – 1/3) = 2.

200.

a) ρ = (25 – 50) / (25 + 50) = - 1/3; e

b) TOE = (1 + 1/3) / (1 – 1/3) = 2.

201.

a) ρ = (50 – 50) / (50 + 50) = 0; e

b) TOE = (1 + 0) / (1 – 0) =1.

Essa é a situação ideal de máxima transferência de energia da fonte para a carga, a condição de carga casada.

202. $|\rho| = (1{,}3 - 1) / (1{,}3 + 1) = 0{,}13$. A faixa de excursão permitida para o coeficiente de reflexão é definida por: $-0{,}13 \leq \rho \leq 0{,}13$.

203. Uma TOE igual a 1,3 corresponde a um módulo do coeficiente de reflexão igual a 0,13. RL,dB = 20 × $\log_{10}(0{,}13) = -17{,}72$ dB.

204. Uma TOE igual a 1,1 corresponde a um módulo do coeficiente de reflexão igual a $|\rho| = (1{,}1 - 1) / (1{,}1 + 1) = 0{,}091$. Este valor de módulo de coeficiente de reflexão corresponde a um valor de perda de retorno igual a RL,dB = 20 × $\log_{10}(0{,}091) = -20{,}82$ dB.

205. O coeficiente de reflexão é igual a (50 – 75) / (50 + 75) = – 0,2. O valor da perda de retorno é igual a 20 × $\log_{10}(0{,}2) = -13{,}98$ dB.

206. A perda de transmissão é $T_{L,dB} = 10 \times \log_{10}(1 - 0{,}2)^2 = 0{,}177$ dB. Esse é o valor de potência perdida ao se comparar a potência que seria transferida à carga se esta fosse igual a 75 Ω. É uma perda de potência resultante do descasamento.

207. Na situação de carga casada, o coeficiente de reflexão é igual a 0, e a perda de transmissão é igual a 0 dB.

208. Nessa situação, o módulo do coficiente de reflexão é igual a 0,2. A porcentagem de potência refletida é igual a $P_{ref,\%} = 100 \times (0{,}2)^2 = 4\%$.

209. Nessa situação, o módulo do coeficiente de reflexão é igual a 0,2. A porcentagem de potência transmitida é igual a 100 × (1 – 0,04) = 96%.

210.

a) $\rho = 0{,}4 / 1{,}4 = 0{,}286$ (ver Equação 4.104).
b) $R_{L,dB} = 20 \times \log_{10}(0{,}286) = -10{,}87$ dB (ver Equação 4.105).
c) $T_{L,dB} = 10 \times \log_{10}[(1 + 1{,}4^2) / (4 \times 1{,}4)] = 0{,}12$ dB (ver Equação 4.106).
d) $P_{ref,\%} = 100\% \times (0{,}286)^2 = 8{,}18\%$ (ver Equação 4.107).
e) $P_{trans,\%} = 100\% - 8{,}18\% = 91{,}82\%$ (ver Equação 4.108).
f) $P_{L,ef,W} = 200$ W × 0,9182 = 183,6 W (ver Equação 4.109).

211.

a) $\rho = 0{,}25 / 2{,}25 = 0{,}111$.
b) $P_{L,ef,W} = 12 \times 0{,}9877 = 11{,}85$ W.
c) A atenuação do cabo é definida por: 1,2 × 15 (100 × 0,3048) = 0,59 dB.

A atenuação total dos conectores é definida por: $2 \times 0{,}4$ dB = 0,8 dB.
A atenuação total, decorrente do cabo e dos conectores, é definida por: 0,59 dB + 0,8 dB = 1,39 dB.

d) A potência efetivamente aplicada à antena é definida por: $P_{ant,ef,W} = 10 \times \log_{10}(P_t) + T_{L,dB} + At_{dB} = 10 \times \log_{10}(12) - 0{,}05$ dB $- 1{,}39$ dB = 9,335 dBW ≡ 8,61 W.

212.

a) A perda por transmissão é definida por $T_{L,dB} = 10 \times \log_{10}[(2{,}3)^2 / 5{,}2] =$ 0,07 dB.

b) A potência efetivamente aplicada à antena é definida por: $P_{antena} = 10 \times \log_{10}(5) - 0{,}07$ dB = 6,92 dBW ≡ 4,92 W.

c) A potência perdida pelo descasamento é igual a 5 W – 4,92 W = 0,08 W ou 80 mW.

213. $EIRP = P_{t,dBW} + A_{t,cabo,dB} + T_{L,dB} + G_{t,dBi} = 10 \times \log_{10}(20) - 3$ dB $- 1{,}25$ dB + 5 dBi = 13,76 dBW ≡ 23,8 W.

214. Incorreto. Uma TOE igual a 1 significa que todo sinal aplicado é efetivamente absorvido ou transferido para a carga. Uma situação de curto-circuito ou de circuito aberto levaria a uma TOE infinita (na prática, valores muito elevados).

215. Correto, em parte. Se a medida é realizada na conexão da antena, um elevado valor de perda de retorno é um bom indicativo de que o sinal aplicado está sendo efetivamente absorvido pela antena. Desde que o acoplador direcional e o analisador de espectro estejam em boas condições de funcionamento. Se, no entanto, em um sistema, o cabo utilizado entre o transmissor e a carga apresentar uma elevada atenuação, e a medida for realizada na saída do transmissor, o valor da perda de retorno poderá ser elevado sem que isso signifique um bom casamento com a carga. O que está acontecendo é que quase nenhum sinal chega à carga e o que é refletido (retorno) é novamente atenuado pelo cabo. Ou seja, quase não há sinal refletido.

216. Correto. Se a TOE é igual a 3, o coeficiente de reflexão é igual a 0,5. Na carga, o coeficiente de reflexão é igual a 0,3 ($0{,}09^{1/2}$). A perda total de potência é igual a $(1 - 0{,}5^2) \times (1 - 0{,}09) = 0{,}6825$, ou

68,25%. Assim, a potência efetivamente entregue à carga é igual a 100 W x 0,6825 = 68,25 W.

217. Incorreto. Esse valor indica linha aberta ou em curto-circuito.

218. Correto. TL,dB = 10 × $\log_{10}$[4 × 1,3] / [2,3^2] = −0,0745 dB ≡ 0,982 ou uma redução de 1,7%.

219. Correto. Em sistemas radiantes, o ideal é uma perda de transmissão igual a 0 e uma perda de retorno infinita, o que significa que não há potência refletida e toda potência incidente é absorvida, ou transferida, para a carga.

220.

a) R1= 25,97 Ω, R2= 35,14 Ω, R3= 25,97 Ω.
b) 50 Ω.
c) 50 Ω.
d) 0.
e) 1.
f) 0.
g) 1.
h) R_{in} = R1 + R2 = 25,97 Ω + 35,14 Ω = 61,11 Ω.
i) 0,1.
j) 1,22.
k) 200 mW (1/10 da potência de entrada).
l) v_{rms} = (0,2 × 50)$^{1/2}$ = 3,16 V.
m) v_{rms} = (0,25 × 10 × 50)$^{1/2}$ = 11,18 V.
n) P1= 2,6 W, P2= 1,64 W, P3= 0,26 W, PL= 0,5 W.

221.

a) Cálculo de R1 e R3: os valores mais próximos do valor teórico de 25,97 Ω cuja tolerância é de ± 1% são 25,50 Ω, com uma diferença de −1,8% em relação ao valor nominal e 26,10 Ω, com uma diferença de +0,5% em relação ao valor nominal. Será escolhido o valor com a menor diferença percentual, 26,10 Ω para R1 e R3. De modo análogo, será escolhido o valor de 34,80 Ω para R2 (diferença de −0,98% em relação ao valor nominal).
b) 49,98 Ω.
c) 49,98 Ω.

d) -0,0002.
e) 1,0.
f) -0,0002.
g) 1,0.
h) 60,9 Ω.
i) 1,24.
j) −10,07 dB.
k) 0,2 W.
l) 3,16 V.
m) $v_{rms} = (0{,}25 \times 10{,}16 \times 50)^{1/2} = 11{,}27$ V.
n) P1 = 2,61 W; P2 = 1,64 W; P3 = 0,26 W; PL = 0,49 W.

222. A eficiência de blindagem é definida por: $S = 20 \times \log_{10}[2 / (2{,}5 \times 10^{-3})] = 58{,}06$ dB.

223. A eficiência de blindagem é definida por: $S = 20 \times \log_{10}(1{,}2 \times 10^{-3} / 20) = -84{,}4$ dB. O sinal negativo indica que o campo externo é menor que o interno.

224. A eficiência de blindagem é definida por: S = 66 dBmV/m – 7,96 dBmV/m = 58,04 dB.

225. A eficiência de blindagem é definida por: $S = 20 \times \log_{10}[1{,}2 \times 10^{-6} / (20 \times 10^{-3})] = -84{,}4$ dB. O sinal negativo indica que o campo externo é menor que o interno.

226. A eficiência de blindagem é definida por: S = 26 dBmA/m – (- 52,04 dBmA/m) = 78,04 dB.

227. $At_{dB} = 8{,}686 \times (1{,}8 / 0{,}2) = 78{,}17$ dB.

228. 45,3 = 8,686 × n, logo n = 5,22 profundidades peliculares.

229. 45,3 = 8,686 × n, logo n = 5,22 profundidades peliculares.
A distância é igual a d = 5,22 × 1,3 mm = 6,79 mm.

230. $E_{final} = 200 \times 10^{-3} \times e^{-8/1{,}5} = 966$ µV/m.

231. $At_{dB} = 8{,}686 \times (80/15) = 46{,}3$ dB.

232. 43 dB = 8,686 × n, logo n = 4,95 profundidades peliculares.

233. 43 dB = 8,686 × n, logo n = 4,95 profundidades peliculares. A distância é igual a d = 4,95 × 1,2 m = 5,94 m.

234. At_{dB} = 8,686 × 12,4 × 0,12 = 12,93 dB.

235. At_{dB} = 8,686 × 8,3 × 0,52 = 37,5 dB. E_{final} = 20 × $\log_{10}$(13,5) – 37,5 dB = 22,61 dBmV/m – 35,5 dB = –12,89 dBmV/m ≡ $10^{-12,89/20}$ = 0,23 mV/m. O valor final do campo elétrico é de 230 μV/m.

236. At_{dB} = 8,686 × 19,5 × 0,75 = 127,3 dB. $E_{inicial}$ = – 4,8 dBmV/m – (– 127,03 dB) = 122,23 dBmV/m. O valor inicial do campo elétrico é de 122,23 dBmV/m.

237. 0,1 = $e^{-7,1}$ × d , logo a distância é de d = 32,4 cm.

238. 0,01 = $e^{-7,1}$ × d, logo a distância é de d = 64,9 cm.

239. 10–6 = $e^{-7,1}$ × d, logo a distância é de d = 1,95 m.

240. 52,4 dB = $At_{dB/m}$ × 0,25 m, logo $At_{dB/m}$ = 209,6 dB/m. At,Np/m = 209,6 / 8,686 = 24,13 Np/m. A atenuação característica é de 24,13 Np/m.

241. At_{dB} = 8,686 × 9,7 × 0,014 = 1,18 dB ou equivalente a $10^{-1,18/10}$ = 0,762, ou 76,2% do valor inicial ou, ainda, uma redução de 23,8% em relação ao valor inicial.

242. A atenuação por absorção de uma folha de cobre com 0,1 mm de espessura, em 10 MHz, é igual a 41,64 dB.

243. A atenuação por absorção de uma folha de alumínio com 0,1 mm de espessura, em 10 MHz, é igual a 33,73 dB.

244. A atenuação por absorção de uma folha de aço com 0,1 mm de espessura, em 10 MHz, é igual a 5,88 dB (um valor reduzido).

245. A atenuação por absorção de uma folha de cobre com 0,1 mm de espessura, em 100 MHz, é igual a 131,66 dB.

246. A atenuação por absorção de uma folha de alumínio com 0,1 mm de espessura, em 100 MHz, é igual a 106,67 dB.

247. A atenuação por absorção de uma folha de aço com 0,1 mm de espessura, em 100 MHz é igual a 18,59 dB (um valor reduzido).

248. A atenuação por absorção de uma folha de cobre com 0,1 mm de espessura, em 11GHz, é igual a 416,4 dB. (Um valor irrealizável na prática; um valor prático é da ordem de 90 dB para blindagem.)

249. A atenuação por absorção de uma folha de alumínio com 0,1 mm de espessura, em 1 GHz, é igual a 337,3 dB. (Um valor irrealizável na prática; um valor prático é da ordem de 90 dB para blindagem.)

250. A atenuação por absorção de uma folha de aço com 0,1 mm de espessura, em 1 GHz, é igual a 58,78 dB.

251. λ = 0,3 / 2,4 = 0,125 m. A dimensão máxima é definida por λ /100 = 1,25 mm.

252. λ / 100 = 0,2 × 10−3, logo λ = 0,02 m. fGHz = 0,3 / 0,02 = 15 GHz.

253. A atenuação por reflexão de uma folha de cobre, em 10 MHz, é igual a 98,2 dB.

254. A atenuação por reflexão de uma folha de alumínio, em 10 MHz, é igual a 96,3 dB.

255. A atenuação por reflexão de uma folha de aço, em 10 MHz, é igual a 54,17 dB.

256. A atenuação por reflexão de uma folha de cobre, em 100 MHz, é igual a 88 dB.

257. A atenuação por reflexão de uma folha de alumínio, em 100 MHz, é igual a 86,3 dB.

258. A atenuação por reflexão de uma folha de aço, em 100 MHz, é igual a 44,17 dB.

259. A atenuação por reflexão de uma folha de cobre, em 1 GHz, é igual a 78,16 dB.

260. A atenuação por reflexão de uma folha de alumínio, em 1 GHz, é igual a 76,3 dB.

261. A atenuação por reflexão de uma folha de aço, em 1 GHz, é igual a 34,17 dB.

262. Atenuação teórica total de blindagem = 41,64 dB + 98 dB = 139,64 dB. (Um valor elevado; um valor limite mais conservador seria 90 dB.)

263. Atenuação teórica total de blindagem = 33,73 dB + 96,3 dB = 130,03 dB. (Um valor elevado; um valor limite mais conservador seria 90 dB.)

264. Atenuação teórica total de blindagem = 5,88 dB + 54,17 dB = 60,05 dB.

265. Atenuação teórica total de blindagem = 131,66 dB + 88,16 dB = 219,82 dB. (Um valor elevado; um valor limite mais conservador seria 90 dB.)

266. Atenuação teórica total de blindagem = 106,67 dB + 86,33 dB = 193 dB. (Um valor elevado; um valor limite mais conservador seria 90 dB.)

267. Atenuação teórica total de blindagem = 18,59 dB + 44,17 dB = 62,76 dB.

268. Atenuação teórica total de blindagem = 416,35 dB + 78, 16 dB = 494,51 dB. (Um valor elevado; um valor limite mais conservador seria 90 dB.)

269. Atenuação teórica total de blindagem = 337,31 dB + 76,33 dB = 413,64 dB. (Um valor elevado; um valor limite mais conservador seria 90 dB.)

270. Atenuação teórica total de blindagem = 58,78 dB + 34,17 dB = 92,95 dB.

Anexos

ANEXO 1

Atenuação, dB/100 pés @ 25°C, Z_C = 50 Ω

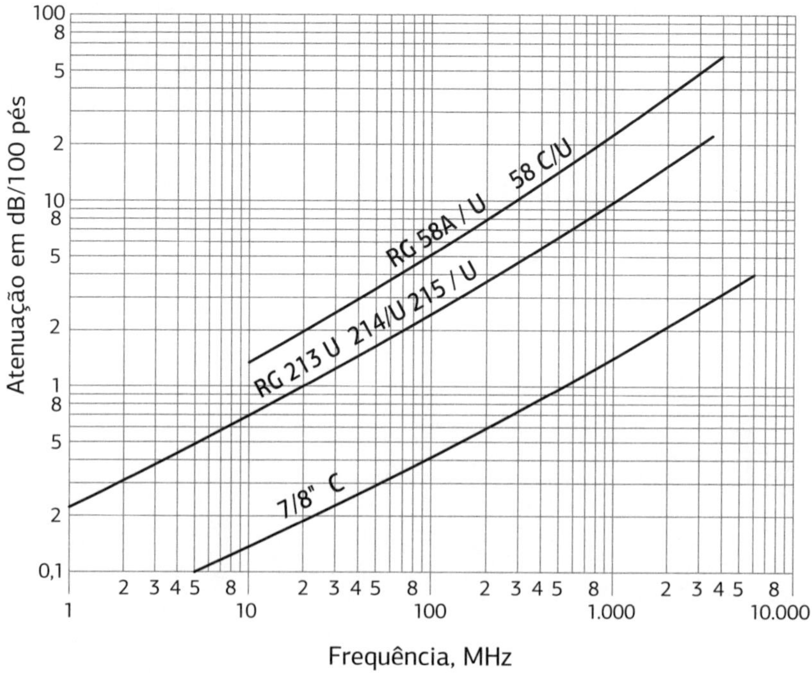

FONTE: RF ELEKTRONIK, 2015; SIGNAL CONTROL PRODUCTS, 2015.

ANEXO 2

Ganhos e atenuações para níveis de potência

dB	Ganho	Atenuação
0	1	1
0,1	1,02	0,98
0,2	1,05	0,95
0,3	1,07	0,93
0,4	1,10	0,91
0,5	1,12	0,89
0,6	1,15	0,87
0,7	1,17	0,85
0,8	1,20	0,83
0,9	1,23	0,81
1	1,26	0,79
2	1,58	0,63
3	2,00	0,50
4	2,51	0,40
5	3,16	0,32
6	4,00	0,25
7	5,01	0,20
8	6,31	0,16
9	7,94	0,13
10	10,00	0,10
20	10^{2}	10^{-2}
30	10^{3}	10^{-3}
40	10^{4}	10^{-4}
50	10^{5}	10^{-5}
60	10^{6}	10^{-6}
70	10^{7}	10^{-7}
80	10^{8}	10^{-8}
90	10^{9}	10^{-9}
100	10^{10}	10^{-10}
110	10^{11}	10^{-11}

ANEXO 3

Ganhos e atenuações para níveis de tensão

dB	Ganho	Atenuação	dB	Ganho	Atenuação
0	1	1	22	0,08	12,59
0,5	0,944	1,059	23	0,07	14,13
1	0,891	1,122	24	0,06	15,85
1,5	0,841	1,189	25	0,056	17,78
2	0,794	1,259	26	0,05	19,95
2,5	0,750	1,334	27	0,045	22,39
3	0,708	1,413	28	0,04	25,12
3,5	0,668	1,496	29	0,035	28,18
4	0,631	1,585	30	0,032	31,62
4,5	0,596	1,679	31	0,028	35,48
5	0,562	1,778	32	0,025	39,81
5,5	0,531	1,884	33	0,022	44,67
6	0,501	1,995	34	0,020	50,12
6,5	0,473	2,113	35	0,018	56,23
7	0,447	2,239	36	0,016	63,1
7,5	0,422	2,371	37	0,014	70,8
8	0,398	2,512	38	0,0125	79,43
8,5	0,376	2,661	39	0,011	89,13
9	0,355	2,818	40	0,01	100
9,5	0,335	2,985	41	0,0089	112,20
10	0,316	3,162	42	0,0079	125,89
11	0,28	3,55	43	0,007	141,25
12	0,25	3,98	44	0,0063	158,49
13	0,22	4,47	45	0,0056	177,83
14	0,20	5,01	46	0,005	199,53
15	0,18	5,62	47	0,0044	223,87
16	0,16	6,31	48	0,0039	251,19
17	0,14	7,08	49	0,0035	281,84
18	0,13	7,94	50	0,0031	316,23
19	0,11	8,91	55	0,0017	562,34
20	0,10	10	60	0,001	1.000
21	0,09	11,22			

Referências

ABOUT EDUCATION. Table of Electrical Resistivity and Conductivity. Disponível em: <http://chemistry.about.com/od/moleculescompounds/a/Table-Of-Electrical-Resistivity-And-Conductivity.htm>, 2014. Acesso em: 11 mar. 2015.

AGÊNCIA NACIONAL DE TELECOMUNICAÇÕES (ANATEL). Resolução nº 303, de 2 de julho de 2002. Disponível em: <http://legislacao.anatel.gov.br/legislacao.anatel.gov.br/resolucoes/2002/128-resolucao-303#art3>. Acesso em: 7 mar. 2015.

BELDEN WIRE & CABLE COMPANY. Headend Cables. 2006. Disponível em: <http://www.belden.com/docs/upload/headend-brochure-headend-brochure.pdf>. Acesso em: 7 mar. 2015.

CALIXTO, Alfredo. Vibração, som e luz. Conceitos fundamentais. Disponível em: <www.ergonomia.ufpr.br/RuidosVibellumCalixto.doc>. Acesso em: 7 mar. 2015.

CORNING INCORPORATED. Optical Fiber. 2006. Disponível em: <http://www.corning.com/docs/opticalfiber/pi1463.pdf>. Acesso em: 7 mar. 2015.

FEDERAL COMMUNICATIONS COMMISSION. Office of Engineering and Technology. Millimeter Wave Propagation: Spectrum Management Implications. July, 1997. Disponível em: http://transition.fcc.gov/Bureaus/Engineering_Technology/Documents/bulletins/oet70/oet70.pdf. Acesso em: 7 mar. 2015.

HELFRICK, A. D.; COOPER, W. D. *Instrumentação eletrônica moderna e técnicas de medição*. Rio de Janeiro: Prentice Hall do Brasil, 1994. 324p.

HYPERPHYSICS. Magnetic Susceptibilities of Paramagnetic and Diamagnetic Materials at 20°C. Disponível em: <http://hyperphysics.phy-astr.gsu.edu/hbase/tables/magprop.html>. Acesso em: 11 mar. 2015.

INSTITUTO BRASILEIRO DE GEOGRAFIA E ESTATÍSTICA. Brasil. Grandes regiões. Disponível em: <http://7a12.ibge.gov.br/images/7a12/mapas/Brasil/brasil_grandes_regioes.pdf>. Acesso em: 7 mar. 2015.

INTERNATIONAL TELECOMMUNICATION UNION (ITU). Recommendation P.526-6 (10/99). 1999. Disponível em: <http://www.itu.int/rec/R-REC-P.526-6-199910-S/en>. Acesso em 7 mar. 2015.

LIMA JÚNIOR, A. W. *Fibras ópticas*. Rio de Janeiro: Express Books, 1998. 191p.

MAOR, E. *e: a história de um número*. São Paulo: Record, 2003. 291p.

MATHYS, P. Using Filter Tables. Disponível em: <http://ecee.colorado.edu/~mathys/ecen2420/pdf/UsingFilterTables.pdf>. Acesso em: 7 mar. 2015.

MULTI COMMUNICATION SYSTEMS. Cable Attenuation. 2006. Disponível em: <http://www.multicominc.com/wp-content/uploads/Attenuation.pdf> Acesso em: 11 mar. 2015.

NASCIMENTO, J. do. *Telecomunicações*. 2. ed. São Paulo: Makron Books, 2000. 341p.

OTT, H. W. *Noise reduction techniques in electronic systems*. Nova York: John Wiley & Sons, 1976. 294p.

PRYSMIAN GROUP. Disponível em: <http://www.prysmiangroup.com/>. Acesso em: 7 mar. 2015.

RESISTOR GUIDE. Resistor values: Standard resistor values. Disponível em: <http://www.resistorguide.com/resistor-values>. Acesso em: 7 mar. 2015.

RFELEKTRONIK. Disponível em: <http://www.rfelektronik.se/>. Acesso em: 11 mar. 2015.

RIBEIRO, J. A. J. *Propagação das ondas eletromagnéticas*. São Paulo: Érica, 2004. 390p.

SHAKESPEARE, W. *O mercador de Veneza*. São Paulo: Martin Claret, 2006. 129p.

SIGNAL CONTROL PRODUCTS. “Heliax Coaxial Cables”. Disponível em: <http://www.signalcontrol.com/products/andrew/Andrew_LDF450A_SevenEighths_Inch_Coax_Cable.pdf>. Acesso em: 11 mar. 2015.

SILVEIRA, J. L. da. *Comunicação de dados e sistemas de teleprocessamento.* São Paulo: McGraw-Hill, 1991. 199p.

THE FIBER OPTIC ASSOCIATION. Guide to Fiber Optics & Premises Cabling. 2004. Disponível em: <http://thefoa.org/tech/loss-est.htm>. Acesso em 11 mar. 2015.

UNIVERSAL RADIO. Coaxial Cable. 2002. Disponível em: <http://www.universal-radio.com/catalog/cable/coaxperf.html>. Acesso em: 11 mar. 2015.

U.S. DEPARTMENT OF HEALTH AND HUMAN SERVICES. Criteria for a recommended standard: Occupational Noise Exposure. Public Health Service. Centers for Disease Control and Prevention. National Institute for Occupational Safety and Health. Cincinnati, Ohio, June 1998. Disponível em: <www.cdc.gov.niosh/docs/98-126/pdfs/98-126.pdf>. Acesso em: 7 mar. 2015.

WEIGHTED HEARING RESPONSE. Disponível em: <http://paperclip.rcs.ac.uk/index.php/Weighted_Hearing_Response>. Acesso em: 7 mar. 2015.

Índice remissivo

Anotações

A Editora Senac Rio de Janeiro publica livros nas áreas de Beleza e Estética, Ciências Humanas, Comunicação e Artes, Desenvolvimento Social, Design e Arquitetura, Educação, Gastronomia e Enologia, Gestão e Negócios, Informática, Meio Ambiente, Moda, Saúde e Turismo e Hotelaria.

Visite o site **www.rj.senac.br/editora**, escolha os títulos de sua preferência e boa leitura.

Fique atento aos nossos próximos lançamentos! À venda nas melhores livrarias do país.

Editora Senac Rio de Janeiro

Tel.: (21) 2545-4819 (Comercial)

comercial.editora@rj.senac.br

Disque-Senac: (21) 4002-2002

Este livro foi composto na tipografia Centro Sans, por Estúdio Insólito, e impresso pela Finaliza Gráfica e Editora Ltda., em papel offset 90g/m^2, para a Editora Senac Rio de Janeiro, em abril de 2015.